Martin Neumann

LAS CASAS

Martin Neumann

LAS CASAS

Die unglaubliche Geschichte von der Entdeckung der Neuen Welt

Herder
Freiburg – Basel – Wien

Technische Herstellung: Ebner Ulm 1990
ISBN 3-451-22066-0

Inhalt

»Die Entdeckung Amerikas ist das größte Ereignis
seit der Erschaffung der Welt,
ausgenommen die Fleischwerdung
und den Opfertod unseres Erlösers.«

López de Gómara

». . . seit man Westindien, in einer bösen Stunde
für Spanien, entdeckte . . .« –
». . . hätte es doch Gott gefallen,
daß sie niemals dorthin gefahren wären . . .«

Bartolomé de las Casas

ERSTER TEIL

Prolog

Die Konquistadoren waren tot. Siebzig Jahre war es her, daß Columbus mit der Eroberung Haitis den mörderischen Reigen eröffnet hatte. Alle, die mit ihm gefahren und die nach ihm gekommen waren – Balboa, Pizarro, Cortés und wie immer sie hießen –, lebten nicht mehr; im Bett entschlafen kaum einer, gefallen im Kampf, auf dem Vormarsch verunglückt, ermordet, hingerichtet, umgekommen so oder so. Die Zeit der Conquista war vorbei. Man schrieb 1564.

Las Casas machte sein Testament. Er war jetzt achtzig Jahre alt. Zwar hatte er sich für seinen Lebensabend ins Dominikanerkolleg San Gregorio in Valladolid eingekauft, doch seine Amtsgeschäfte als Prokurator ließen ihm keine Ruhe. Der Anwalt aller Indios vor Kaiser, Prinz und Indienrat lebte am Hof, wo immer der gerade Station machte. Als Prinz Philipp König wurde, schrieb er seinem Generalquartiermeister: »In Anbetracht dessen, daß Fray Bartolomé de las Casas, vom Orden des Heiligen Dominikus, gewesener Bischof von Chiapa, dem Kaiser meinem Herrn – Gott hab' ihn selig – diente, daß er mir gedient hat und dient, ist es unser Wille, daß er jederzeit, wenn er an meinem Hofe weilt, Wohnung erhalte; und wir erlegen euch auf, ihn gut unterzubringen, damit er so aufgehoben sei, wie es dem Rang seiner Person zukommt.«[1]

Nun, da König Philipp Madrid endgültig zur Landeshauptstadt gemacht und seinen Hof dort fest angesiedelt hatte, wohnte Las Casas im Dominikanerkloster Nuestra Señora de Atocha, unmittelbar vor den Toren der Stadt. Die Klosterkirche war das bevorzugte Gotteshaus der königlichen Familie und des Hofes.

»Im Namen der Heiligsten Dreifaltigkeit, des Vaters, des Sohnes und des Heiligen Geistes, wahrhaft ein Gott, – der Bischof Fray Bartolomé de las Casas, wie jeder gläubige Christ am Ende seines Lebens und angesichts des Todes gehalten, Zeugnis abzulegen von sich selbst . . .«[2]

Der Kaiser war seit sechs Jahren tot. Mit siebzehn war er als König Carlos I. aus Flandern nach Kastilien gekommen, und seit dieser Zeit hatte ihm Las Casas gedient. Er hatte am Krankenbett des Königs Ferdinand von Aragón gestanden, Karls Großvater, und zum ersten Mal Klage erhoben über die entsetzlichen Mißstände in den Kolonien der Neuen Welt. Damals, vor fast fünfzig Jahren, hatte er seine Arbeit im Dienste der Krone und zum Wohle der Indios aufgenommen.

». . . und so bekenne ich öffentlich meinen Willen, im heiligen katholischen Glauben zu sterben und zu leben, und daß ich alles glaube und halte, was die Heilige Römische Kirche glaubt und hält . . .«

Vor zweiundvierzig Jahren war er in den Dominikanerorden eingetreten, und im Jahr darauf hatte er die Profeß abgelegt, in Santo Domingo auf der Insel Española. Damals war der König von Spanien zum deutschen Kaiser gewählt worden und hieß nun Karl V. Auf dem Reichstag in Worms hatte man die Sache Martin Luthers verhandelt. Jetzt lebte keiner der Reformatoren mehr. Auch der große Streiter der Gegenreformation, Ignatius von Loyola, war tot. Das Konzil von Trient war vorbei. Aber England und Holland, Dänemark, Norwegen, Schweden und Finnland, große Teile Deutschlands, der Schweiz und Frankreichs waren der katholischen Kirche verloren. Als Las Casas das Dominikanerhabit anlegte, hatte Martin Luther die Kutte ausgezogen. Der Kaiser, so jung er war, hatte begriffen, worum es ging, – und nein gesagt zur Lehre des Reformators. »Diese Meinung ist gegen die ganze Christenheit sowohl während der vergangenen tausend Jahre und mehr, als auch in der Gegenwart. Dieser Ansicht nach wäre die ganze genannte Christenheit immer im Irrtum gewesen und würde es auch heute noch sein.«[3]

»Immer im Irrtum gewesen« – über sich selbst, sollte das heißen, im Irrglauben befangen, wirklich und wahrhaftig christlich zu sein. Damals schrieb Martin Luther, wie zur Bestätigung dessen: »Es gibt wenig Christen auf Erden, da zweifle du nicht daran. Denn die Welt und die Masse ist und bleibt unchristlich, auch wenn sie alle getauft sind und Christen heißen; die Christen dagegen wohnen, wie man zu sagen pflegt, fern voneinander.«[4] Auch Las Casas machte sich über die Christlichkeit seiner Zeitgenossen, die sämtlich getauft waren und Christen hießen, keine Illusionen. »Was für Seelenhirten werden alle die weltlichen Spanier sein, die dorthin gehen, so hochnäsig und ritterlich sie sein mögen? Sie kennen kaum das Credo und die Zehn Gebote, und die meisten nicht einmal diese, und nicht die Dinge, die zu ihrem Heile dienen.«[5] Und er nennt sie mit böser Ironie beim Namen: Cortés und seine heilige Gefolgschaft, Balboa mit seinen 130 Aposteln, Pizarro und seine heiligen Jünger.[6]

Las Casas entwarf seine letzte Denkschrift. Durch Krankheit gehindert, konnte er sie nicht mehr selbst im Indienrat vortragen. Auf Anordnung Philipps II. wurde sie im Plenum und in Gegenwart des Beauftragten des Hofes verlesen.

»Mit dieser dringlichen Bitte, die ich Euren Hoheiten am Ende und zum Abschluß meines Lebens vorlege, glaube ich den Dienst abgeschlossen zu haben, zu dem Gott mich berief: Abhilfe zu schaffen in einer so übergroßen Anzahl von Beschwerden vor dem göttlichen Gericht – wenn ich auch fürchten muß, daß Gott mich strafen wird, weil ich wegen meiner Nachlässigkeit so wenig bewirkt habe. Ich fasse zusammen, was ich zu diesem Thema meine beweisen zu können:

Erstens – daß alle die Kriege, die man conquistas nennt, in höchstem Grade ungerecht waren und sind;

zweitens – daß wir uns alle Königreiche und Herrschaften in Westindien widerrechtlich angeeignet haben;

drittens – daß die encomiendas oder repartimientos von Indios in höchstem Grade ungerecht sind, in sich böse und tyrannisch, und also tyrannisch eine solche Statthalterschaft;

viertens – daß alle, die Indios zuteilen, Todsünde begehen, und ebenso die, die sie annehmen. Wenn sie jene nicht freilassen, gibt es für sie keine Erlösung;

fünftens – daß der König, unser Herr, den Gott schütze und erhalte, mit all der Macht, die Gott ihm gab, die Kriege und Raubzüge nicht rechtfertigen kann, die jenen Menschen angetan wurden, und ebensowenig die repartimientos oder encomiendas;

sechstens – daß alles Gold und Silber, alle Perlen und sonstigen Schätze, die nach Spanien gelangt sind oder von unseren Spaniern in Westindien gehandelt werden, ausnahmslos geraubt sind;

siebtens – daß diejenigen, die durch Eroberungszüge oder Indiozuteilungen Raub begingen oder noch heute begehen, und die, die daran teilhaben, nicht Erlösung erlangen können, wenn sie das Geraubte nicht zurückgeben;

achtens – daß die Ureinwohner aller dieser Länder und überall dort, wo wir in Westindien eingedrungen sind, das Recht erworben haben, einen gerechten Krieg gegen uns zu führen und uns vom Antlitz der Erde zu vertilgen, und dieses Recht wird ihnen bleiben bis zum Tage des Jüngsten Gerichts.«[7]

Kindheit

Von Bartolomé de las Casas wissen seine Biografen nur, daß er um 1484 in Sevilla geboren wurde und in sehr einfachen Verhältnissen aufwuchs.* Sein Vater, Pedro de las Casas, soll ein »bescheidener Kaufmann« aus Tarifa gewesen sein, und seine Mutter, deren Name nicht überliefert ist, soll in Sevilla eine Backstube betrieben haben. Er hatte eine Schwester, Isabel de Sosa, die später den Zimmermann Cristóbal Rodriguez heiratete. Ein Onkel, Francisco de Peñalosa, gehörte zur Palastwache der Königin. Bartolomé besuchte die Kathedralschule in Sevilla und begann danach das Studium der alten Sprachen, Geschichte und Philosophie. Vielleicht hat er zu dieser Zeit die niederen Weihen empfangen, als Vorstufe zu einer späteren Priesterweihe, aber auch dies ist, wie so vieles zu Beginn seiner Lebensbahn, nur eine Annahme. Viel ist dies wahrlich nicht.

Doch Bartolomé de las Casas sieht in der Rückschau seiner »Historia de las Indias« den Anfang seiner Biografie ganz anders, nämlich hineingenommen in die unglaubliche Geschichte von der Entdeckung einer Neuen Welt. Er war acht Jahre alt, als Columbus nach glücklicher Heimkehr seinen Einzug in Sevilla hielt. Es war Palmsonntag, der 31. März 1493. Hier nahm er den Brief der Könige in Empfang mit der Anrede, die alles enthielt, was er ersehnt hatte: »Don Cristóbal Colón, unser Admiral des Ozeanischen Meeres und Vizekönig und Gouverneur der Inseln, die man in Westindien entdeckt hat.« Dieser Brief berief ihn an den Hof zu Barcelona. Columbus bestätigte den Empfang des Schreibens und beeilte sich abzureisen. Hier nun meldet sich Bartolomé zum erstenmal als Zeitzeuge zu Wort.

»Nachdem er den Brief abgesandt hatte, brach Don Cristóbal Colón, jetzt Admiral, von Sevilla auf mit allem Gepränge, das möglich war; er führte mit sich die Indios – es waren sieben, die ihm nach den vergangenen Strapazen geblieben waren, die übrigen waren umgekommen. Ich sah sie damals in Sevilla; sie waren untergebracht beim Arco de las Imagines nahe Sankt Nicolas. Er trug mit sich grüne Papageien, prächtig und bunt, und guaizas, das waren Masken, verfertigt aus Edelsteinen und Fischknochen, wie unregelmäßig geformte Perlen, und einige Gürtel derselben Art, reich gemustert mit feinstem Gold, und viele andere Dinge, von denen man in Spanien zuvor nie etwas gehört oder gesehen hatte.«[8]

Columbus kam bald nach Sevilla zurück, denn von hier aus wurde seine zweite Reise organisiert. Eine Flotte von siebzehn Schiffen mit tausendfünfhundert Mann war zusammenzustellen und auszurüsten. Bartolomé und sein Elternhaus wurden in den Strudel der Ereignisse hineingezogen. Sein Vater und sein Onkel waren fest entschlossen, sich an der Reise zu beteiligen und »drüben« ihr Glück zu suchen.

»Als Hauptmann des Kriegsvolks ging ein Francisco de Peñalosa mit, Gefolgsmann der Königin. Er dient dort drei Jahre und kehrt dann nach Kastilien zurück. Die Königin schätzte ihn sehr und schickte ihn zu Alonso de Lugo, dem Eroberer Teneriffas; er sollte als ranghöchster Offizier ein Landeunternehmen bei Kap Aguer und Azamor anführen.« (Er fiel dort nach heldenhaftem Kampf). »Dieser Francisco de Peñalosa war mein Onkel, Bruder meines Vaters, der mit dem Admiral und dem Bruder auf dieser Reise nach Española fuhr. Mein Vater blieb bei dem Admiral, während mein Onkel nach Spanien zurückkehrte und 1499 oder 1500 starb.«[9]

Bartolomé blieb in dem vaterlosen Haushalt mit Mutter und Schwester zurück. Drei Jahre später sah er Columbus abermals. Ein Hurikan hatte dessen Schiffe auf Española zerstört, und so mußte er dort zwei neue bauen lassen, die ersten, die in Westindien entstanden.

»Als die Schiffe verlorengingen – und das war ein großer Kummer und Schmerz für den Admiral – ordnete er an, zwei Karavellen zu bauen. Eine davon habe ich gesehen, sie hieß ›India‹; und er trug die braune Kutte, denn er war dem Heiligen Franziskus sehr ergeben. Und ich sah ihn in Sevilla zu der Zeit, als er dort ankam, gekleidet beinah wie ein Bruder des Franziskanerordens.«[10]

Die nächste Erinnerung gilt der – nur kurzfristigen – Rückkehr des Vaters. Columbus hatte nach seiner dritten Überfahrt fünf Schiffe mit Indiosklaven beladen lassen und diese Fracht unverzüglich nach Spanien abgefertigt.

»Am 18. Oktober dieses Jahres 1498 gingen die fünf Schiffe unter Segel, auf denen mein Vater von dieser Insel nach Kastilien zurückkehrte. Sie waren mit Indios beladen, die man zu Sklaven gemacht hatte; es werden insgesamt sechshundert gewesen sein, und für die Passage der übrigen gab man den Schiffseignern weitere zweihundert Sklaven.«[11]

Pedro de las Casas brachte seinem vierzehnjährigen Sohn einen jungen Indio mit, den ihm der Admiral geschenkt hatte.

»Als die Königin erfuhr, der Admiral habe jedem, der mit ihm gekommen sei, einen Sklaven zugedacht, und das waren dreihundert, war sie sehr verärgert und sagte: ›Welche Vollmacht hat der Admiral, meine Vasallen an irgend jemand zu verschenken?‹ Sie ließ in Granada und Sevilla öffentlich bekanntmachen, jeder, der vom Admiral einen Indio erhalten und nach Kastilien gebracht habe, müsse diesen, bei Androhung der Todesstrafe, mit den nächsten Schiffen zurückschicken. Und mein Vater, dem der Admiral einen geschenkt hatte und den nun ich besaß und der einige Zeit mit mir zusammenlebte, fuhr mit dem Komtur

Bobadilla auf jene Insel zurück und nahm ihn mit, und dort sah ich ihn später wieder und verkehrte mit ihm.«[12]

Francisco de Bobadilla, Komtur des Calatrava-Ordens, fuhr nach Santo Domingo, um nach dem Willen der Könige Columbus als Gouverneur abzulösen. Was nicht zu seinem Auftrag gehörte: er ließ den Entdecker der Neuen Welt und seine beiden Brüder in Ketten legen und so nach Spanien zurücktransportieren.

Da Bartolomés Vater mit dem Indiojungen Ende 1498 in Sevilla eintraf und Bobadilla erst im Juni 1500 mit ihm absegelte, müssen Bartolomé und sein Page anderthalb Lebensjahre miteinander geteilt haben, und es ist nicht schwer sich vorzustellen, wie diese achtzehn Monate Las Casas in seiner Einstellung zu den Indios geformt haben.

In wenigen Sätzen hat Bartolomé de las Casas zusammengefaßt, was ihn, seiner Meinung nach, in der Jugend am meisten geprägt hat: die Entdeckung Amerikas durch Christoph Columbus und die beginnende Besiedlung des Kontinents durch Männer, wie es sein Vater und sein Onkel waren. Er hat sicher auch den Aufstieg aus dem Nichts und die Ernennung zum Admiral und Vizekönig wahrgenommen und dann den Sturz und die Aberkennung der Gouverneurswürde, aber nicht das zählte.

Verübtes Unrecht, erlittenes Unrecht – nichts konnte rückgängig machen, was für Las Casas unumstößlich feststand: daß die Entdeckung Amerikas ein Werk der göttlichen Vorsehung war und daß sie zu diesem Zweck den geeigneten Mann ausgewählt und ihm für alle erkennbar seinen Namne so voller Vorbedeutung gegeben hat – Cristóbal, der Christusträger, und Colón, der Kolonist, der Kolonisator. Der von niemand vorhergesagte und von Columbus entdeckte Kontinent, er konnte einfach nicht von der göttlichen Vorsehung in die Mitte des »Ozeanischen Meeres« gelegt worden sein als ein verbotenes Land, zu dem der Zutritt verwehrt war, und der für seine Entdecker nur eine Schiffahrtsstraße im äußersten Süden bereithielt, die es allenfalls ermöglichte, die andere Seite des Erdballs und die Gewürzinseln zu erreichen. Für Las Casas war es keine Frage, daß eine Begegnung der Völker und ihr Zusammenleben von der Vorsehung gewollt war. Für ihn war Columbus ein von Gott Berufener, als Entdecker und Kolonisator »nach Namen und Werk der erste Besiedler«[13]. Er war fest entschlossen, in seine Fußstapfen zu treten.

Eine große Zeit

Aufstieg aus dem Nichts . . . Acht Jahre lang hatte Columbus gewartet, antichambriert, gehofft gegen jede Hoffnung, dann wurde es Wirklichkeit. Am 30. April 1492 schlossen die spanischen Könige, Isabella von Kastilien und Ferdinand von Aragón, den denkwürdigen Vertrag mit Christoph Columbus, mit einem Mann also, den niemand wirklich kannte, einem Menschen ohne Rang und Namen – und doch gaben sie es ihm schriftlich, »daß Ihr abreist auf unsern Befehl, um mit unseren Leuten gewisse Inseln und Festlande im Ozeanischen Meer zu entdecken und zu erobern«[14]. Hätte er Erfolg, dann wäre er mit einem Schlag Admiral und Vizekönig, und Gouverneur dieser Inseln und Festlande, und nach ihm erbten Söhne und Enkel Ämter und Titel.

Schauplatz dieses Abkommens war die Stadt Granada, erst zu Beginn des Jahres von den spanischen Königen wieder in Besitz genommen. Auch hier hatten sich außergewöhnliche Dinge zugetragen. Als die Heere der Reconquista zu Beginn des 13. Jahrhunderts in Andalusien einmarschierten und eine Stadt nach der anderen zurückeroberten, da wurde Granada nicht bekriegt. Als die Stadt Jaen durch Ferdinand III. von Kastilien belagert wurde, da bot ihm der bedrängte Emir von Granada sich selbst und seine Untertanen als Vasallen an. Ferdinand akzeptierte, die Reconquista war zu Ende, und es entstand das Vasallenkönigreich Granada unter dem ehemaligen Emir Ibn Nasr, dem ersten der Dynastie der Nasriden. Er schwur den Lehnseid und leistete seinem Lehnsherrn Tribut, in Geld und in Kriegsdiensten. Als 1248 Sevilla zurückerobert wurde, da kämpfte der Maurenkönig von Granada auf der Seite der christlichen Spanier gegen seine Landsleute und Glaubensgenossen. Über zwei Jahrhunderte herrschte Frieden. Doch 1476 kündigte König Muley Hassan die Tributzahlung auf. Erst sechs Jahre später fühlten sich die spanischen Herrscher stark genug, den Fehdehandschuh aufzunehmen. Am 2. Januar 1492 zogen sie nach einem zehnjährigen Krieg in Granada ein. Es war ein Höhepunkt ihrer langen gemeinsamen Regierungszeit.

Auch diese hatte keineswegs spektakulär begonnen. Den Anstoß gab wohl Isabella, lange Jahre abgeschobene und beiseitegedrängte Prinzessin aus zweiter Ehe ihres königlichen Vaters, fern vom Hof des regierenden Stiefbruders. Dann nahm sie ihr Leben selbst in die Hand. Gegen alle stiefbrüderlichen Ehepläne heiratete sie heimlich Ferdinand von Aragón – sie war achtzehn, er siebzehn. Fünf Jahre lang waren beide nichts. 1474 starb ihr Stiefbruder, und ohne den fälligen Thronstreit abzuwarten, ergriff sie die Krone und gab sie nicht wieder her.

Fünf Jahre danach wurde Ferdinand König von Aragón. Durch diese Ehe wurde Spanien – jedenfalls in der Regierungspraxis – ein geeintes Reich, bereit zu großen Taten. Die letzten noch unabhängigen Kanarischen Inseln wurden erobert – Gran Canaria, Las Palmas und Teneriffa –, die Reconquista wurde zum Abschluß gebracht, Aragón gewann das Königreich Neapel mit Sizilien, und für die vereinigten Königreiche Kastilien und León wurde die Neue Welt entdeckt und erobert. Niccolò Machiavelli schrieb bewundernd: »Nichts verschafft einem Fürsten so hohe Ehre wie große Unternehmungen und außergewöhnliche Beweise hohen Mutes. In der Gegenwart haben wir Ferdinand von Aragón, den jetzigen König von Spanien. Man kann ihn einen neuen Fürsten nennen, denn obwohl er zunächst ein schwacher König war, ist er durch seinen Ruf und Ruhm zum ersten Herrscher der Christenheit geworden.«[15]

Als Columbus von seiner ersten Reise glücklich zurückgekehrt war, sprach Papst Alexander VI., der Spanier Rodrigo Borja, Isabella und Ferdinand die alleinige Oberherrschaft über die neuentdeckten (und die noch zu entdeckenden) Völker zu und übertrug ausschließlich ihnen die Mission in diesen Ländern und den Aufbau der dortigen Kirche. Erst jetzt hatte diese, die sich nach ihrem Selbstverständnis »katholisch«, das heißt »allgemein« nannte, ihren gesamten Wirkungskreis zu Gesicht zu bekommen, und so ist es nicht verwunderlich, daß ein Abglanz dieser »Katholizität« auch auf die spanischen Könige fiel. In seiner Schenkungsbulle »Inter cetera« apostrophierte sie der Papst zweimal als »wahre katholische Könige und Fürsten«, und der Hofchronist, der ganz Europa mit Nachrichten aus Spanien und nun auch aus der Neuen Welt versorgte, griff dieses Wort sofort auf und brachte es noch im selben Jahr in Umlauf.*

Seefahrer und Soldat

Am 13. Februar, dem ersten Fastensonntag des Jahres 1502, verließ eine riesige Flotte – zweiunddreißig Schiffe mit zweitausendfünfhundert Männern an Bord – den Hafen von Sanlúcar de Barrameda. Nicolas de Ovando, Komtur von Lares im Ritterorden von Alcántara, hatte den Auftrag, Francisco de Bobadilla als Gouverneur von Española abzulösen. In seinem Gefolge reiste Bartolomé de las Casas, noch keine achtzehn Jahre alt. Hernán Cortés aus Medellin, nur wenige Monate jünger, hätte ebenfalls mitreisen sollen, war aber bei einem nächtlichen Liebesabenteuer vom Dach gefallen und nicht transportfähig. Wahrscheinlich dabei war Francisco Pizarro aus Trujillo, schon fünfundzwanzig.

Eine Woche nach Abfahrt, nahe den Kanarischen Inseln, so berichtet Las Casas in seiner »Historia«, geriet die Flotte in einen Orkan und wurde völlig auseinandergetrieben. Doch als man sich, wie es in solchen Fällen Vorschrift war, im Hafen von San Sebastian de la Gomera sammelte, zeigte sich, daß nur ein Schiff untergegangen war. Die Flotte wurde in zwei Geschwader aufgeteilt, und am 15. April lief der schnellere Teil der Armada in Santo Domingo ein. Das erste, was Las Casas – noch vor dem Landgang – hörte, war: »Hier steht alles gut! Wir haben neue Goldminen entdeckt, und die Indios haben einen Aufstand gewagt!« Die Antwort darauf konnte nur Krieg sein, ein »gerechter Krieg« nach der Sprachregelung der Zeit, und das hieß: alle Gefangenen durften als Sklaven verkauft werden. »Dies habe ich mit meinen eigenen Ohren gehört, denn ich kam auf dieser Reise mit dem Komtur von Lares auf die Insel.«[16]

Krieg stand bevor. Als Nicolas de Ovando das Regiment auf Española übernahm, waren zwei der Indiokönigreiche noch nicht von den Spaniern besetzt. An beiden Feldzügen zur blutigen Unterwerfung der dort ansässigen Indios hat Las Casas teilgenommen. Er schreibt darüber in der »Historia« und im »Allerkürzesten Bericht von der Zerstörung Westindiens«.

Es muß Augenblicke gegeben haben, in denen ihm das Soldatenleben gefallen hat.

»Ich will von einer Begebenheit erzählen, die ich einen Indio vollbringen sah, heldenhaft und wert, angehört und gerühmt zu werden. Es hatte sich von allen anderen ein riesiger Indio entfernt, hochgewachsen, wie die anderen nackt von oben bis unten, bewaffnet mit einem Bogen und nur einem Pfeil. Der machte Zeichen, als wolle er einen Christen herausfordern, vorzutreten. Nicht weit von ihm stand ein Spanier namens Alejos Gómez, stattlich, von hohem Wuchs und sehr erfahren, Indios umzubringen. Er war allen Spaniern im Schwertkampf überlegen, denn er konnte einen Indio mit einem Hieb in zwei Stücke hauen. Der nun löste sich von den anderen und rief ihnen zu, sie sollten ihn mit dem Indio allein lassen – er werde ihn totschlagen. Seine Waffen waren ein umgeschnallter Degen, ein Kurzschwert, ein Spieß und ein lederner Schild. Als der Indio ihn kommen sah, ging er auf ihn zu, als wäre er in voller Rüstung und der Spanier ein Kater. Alejos Gómez nahm den Spieß in die Hand, die den Schild führte, und bewarf den Indio mit Steinen, die es reichlich gab. Der Indio machte lediglich einige Finten, als wolle er seinen Pfeil abschießen, und hüpfte, um den Steinen auszuweichen, von einer Stelle zur anderen, und das mit einer Leichtigkeit, als wäre er ein Sperber. Als die Spanier sie auf diese Weise kämpfen sahen, und die Indios auch, hörten sie auf zu fechten und sahen zu. Einige Male sprang der Indio auf Alejos Gómez zu, als wolle er ihn in den Boden schlagen. Der deckte sich mit seinem Schild und griff weiterhin Steine auf und schleuderte sie gegen den Indio, und der sprang weiterhin von Fleck zu Fleck und machte seine Finten. Schließlich hatte er so wenig Respekt vor dem Spanier, daß er dermaßen nah an ihn heranging, als wolle er seinen Pfeil auf dessen Schild setzen. Alejos Gómez mußte sich zusammendrücken wie ein Knäuel, um sich unter dem Schild zu bergen, und als er den Gegner so nahe sah, ließ er die Steine fallen, nahm den Spieß und warf und meinte, ihn getroffen zu haben. Doch der Indio machte einen Satz rückwärts und sprang lachend und spottend davon – mit Pfeil und Bogen, ohne sie benutzt zu haben, und mit seinem nackten Körper ohne Wunden und Schrunden. Alle Indios eilten auf ihn zu mit großem Geschrei und Gelächter. Sie verspotteten Alejos Gómez und seine Gefährten und lobten ihren Mitstreiter wegen seiner Behendigkeit und Leichtfüßigkeit, aber auch wegen seiner Kraft. Die Spanier blieben verblüfft unter sich, und Alejos Gómez selbst war vergnügter, als wenn er ihn getötet hätte, und alle rühmten den Indio nicht wenig. Es war ganz gewiß ein Spektakel von großer Fröhlichkeit, und jeder unserer Fürsten oder aus einem anderen Land hätte es voller Freude gesehen und den Indio mit besonderer Gunst ausgezeichnet. Alles, was ich hier geschrieben habe, ist wahr, denn ich habe es so gesehen, wie ich es erzählt habe.«[17]

Doch es geschahen auch Dinge, deren man sich schämen mußte.

»Nach dem Tode des Königs Behechio verblieb die Herrschaft bei seiner Schwester Anacaona. Eines Tages kam der Gouverneur der Insel mit sechzig Berittenen und dreihundert Mann Fußvolk, wobei die zu Pferde allein ausgereicht hätten, um die ganze Insel und das Festland zu verwüsten. Es fanden sich dreihundert Edle des Landes ein, denen man freies Geleit zugesichert hatte. Die meisten von ihnen ließ er durch arglistige Täuschung in ein strohernes Haus führen; dann befahl er es anzuzünden und sie lebendigen Leibes zu verbrennen. Andere wurden aufgespießt, und Ungezählte mit dem Schwert erschlagen. Die Königin Anacaona hat man, um ihr Ehre zu erweisen, gehängt. Einige, die der unmenschlichen Grausamkeit entfliehen konnten, retteten sich auf eine kleine Insel, die acht Meilen entfernt im Meer lag. Doch der Gouverneur verurteilte alle, die entkommen waren, zur Sklaverei, weil sie der Schlachtbank entflohen waren.«[18]

Was in der »Brevisima« als eine unerklärliche Teufelei erscheint, stellt sich in der »Historia« als überlegt geplante Aktion heraus. Danach befanden sich Ovando und seine Männer schon einige Tage als Gäste am Hof der Königin, gut untergebracht, auf das beste bewirtet und mit Ballspielen und Tänzen unterhalten.

»Der Großkomtur hatte wenig Freude daran, denn er war entschlossen, in Kürze das durchzuführen, was von den Spaniern häufig geübt und praktiziert wurde: wenn sie in eine Provinz kamen, in der viele Menschen lebten, und mit denen verglichen sie immer nur wenige waren, dann begannen sie ein großes und grausames Gemetzel, um tief in ihre Herzen die Angst einzupflanzen, so daß sie, wenn sie nur das Wort ›Christen‹ hörten, zitterten wie vor dem Teufel selbst.«[19]

Daß Bartolomé de las Casas nicht nur Augenzeuge des Blutbades war, läßt sich aus einem Satz erahnen, der unmittelbar an die Versklavung der Überlebenden anschließt:

». . . und einen von ihnen bekam ich, und sie gaben ihn mir für ebendies . . .«[20]

Biograf des Columbus

Las Casas ging der Frage nach, wann, wo und wie das Unheil begann, das über die Indios hereingebrochen war. Er fand die Antwort in dem ältesten Dokument, das es überhaupt in der ganzen Entdeckungsgeschichte gab, dem Bordbuch des Columbus von seiner ersten Reise. Das Original ging verloren. Glücklicherweise ist die Zusammenfassung, die Las Casas davon herstellte, erhalten geblieben.

Am 12. Oktober 1492 betrat Columbus auf der Bahama-Insel Guanahani den Boden der Neuen Welt. Zwei Tage später trug er in sein Bordbuch ein:

»Sonntag, 14. Oktober. Diese Menschen sind ganz arglos im Umgang mit Waffen, wie Eure Hoheiten an den sieben sehen werden, die ich einfangen ließ, um sie mitzunehmen und sie unsere Sprache zu lehren und dann zurückzubringen, – es sei denn, daß Eure Hoheiten befehlen, sie alle nach Kastilien zu bringen, oder auf der Insel selbst gefangen zu halten, denn mit fünfzig Mann kann man sie alle unterjochen und sie machen lassen, was man will.«[21]

Am 16. Dezember, nun auf Española, führt Columbus den Gedanken weiter aus:

»Sie tragen keine Waffen, gehen alle nackt und wissen gar nichts vom Waffengebrauch, ja, sie sind sogar ziemlich feige. Wohl tausend von ihnen könnten drei von unseren Männern nicht standhalten. Daher sind sie wie geschaffen, daß man ihnen Befehle erteilt und sie zwingt, zu arbeiten und das Feld zu bestellen und alles übrige zu tun, was nötig ist, Siedlungen anzulegen, zu lernen, Kleider zu tragen und unsere Sitten anzunehmen.«[22]

Die »Historia de las Indias« ist zur Hälfte eine Columbus-Biografie. Sie berichtet von den abenteuerlichen vier Reisen des Admirals und dem Aufstieg und Fall des Vizekönigs. Doch sie zeigt ihn nicht nur als das Opfer von Undank und Intrigen, sondern auch als einen Schuldiggewordenen, der als erster die Weichen falsch stellte und so der gesamten Entwicklung eine verhängnisvolle Richtung gab.

»Es ist hier festzuhalten, daß die natürliche Sanftmut, die einfache, gutartige und bescheidene Veranlagung der Indios, ihre Nacktheit und Waffenlosigkeit bewirkten, daß die Spanier sich erlauben konnten, sie geringzuschätzen, zu härtester Arbeit zu zwingen und sie geradezu wütend zu unterdrücken und zu vernichten. Und das ist sicher: hier ging der Admiral in seinen Worten weiter, als er es hätte tun dürfen, und von dem, was er hier erdachte und aussprach, mußten die Mißhandlungen ihren Ausgang nehmen, die man ihnen später zufügte.«[23]

Zur Jahreswende 1493/94 gründete Columbus die erste Hauptstadt auf Española, nach der Königin »Isabella« genannt, und hier kam es, nur wenige Wochen später, zu den ersten Übergriffen und Ungerechtigkeiten. Das zunächst freundschaftliche Verhalten der Indios schlug um in offene Feindseligkeit.

»Der Admiral merkte von Tag zu Tag, wie sich das ganze Land bewaffnete und die Abscheu vor den Christen wuchs; doch er bedachte nicht, wie sehr die Indios Grund und Recht dazu hatten. Er rüstete, so schnell er konnte, um in den Kampf zu ziehen und die Menschen auf der ganzen Insel mit Waffengewalt zu unterjochen. Zu diesem Zweck wählte er zweihundert Mann Fußvolk und zwanzig Reiter aus, gerüstet mit Armbrüsten und Feldschlangen, Lanzen und Degen und noch anderen, schrecklicheren Waffen: Das waren zwanzig Bluthunde; ließ man sie los und rief ihnen zu: »Pack ihn!«, dann riß jeder von ihnen in einer Stunde hundert Indios in Stücke. Und da die Menschen dieser Insel von Kopf bis Fuß nackt waren, kann man sich leicht vorstellen, was diese grausam wilden Bestien, aufgehetzt durch ihre Hundeführer, angerichtet haben. Hier begann diese vom Teufel erdachte und in Umlauf gebrachte Erfindung und breitete sich aus in ganz Westindien.«[24]

Viele Indios wurden getötet, viele zu Sklaven gemacht, und über fünfhundert wurden auf Schiffe verladen und nach Spanien verschleppt. Las Casas druckt in der »Historia« einen Brief ab, den Columbus einige Jahre später aus ähnlichem Anlaß an seine Könige schrieb.

»Von hier aus kann man, im Namen der Heiligen Dreifaltigkeit, so viel Sklaven verschiffen, wie sich verkaufen lassen, und wenn meine Informationen stimmen, sind das viertausend; das wäre, gering veranschlagt, ein Wert von zwanzig Millionen Maravedis. Dazu kämen viertausend Zentner Brasilholz, die ebensoviel wert sind. Die Auslagen dafür wären sechs Millionen. – Ich glaube, daß die Seeleute sich sehr schnell daran mästen werden. Schon jetzt, so erzählt man sich, sind Eigentümer und Mannschaften der fünf Schiffe reich geworden und wollen wiederkommen. Die Sklaven kosten sie 1500 Maravedis pro Stück, und dazu kommt die Verpflegung. Doch das holt man bei den ersten Verkäufen wieder herein. Und wenn auch noch viele sterben – das muß nicht so bleiben. Mit den Negern und denen von den Kanarischen Inseln war es zunächst nicht anders.«[25]

Dieser so leichthin in betont kaufmännischem Ton vorgelegte Text soll über die Zwangslage hinwegtäuschen, in der sich Columbus befand.

Entgegen allen seinen Versprechungen gab die Insel Española nichts her, was man sich an Reichtümern erhoffte. Geldwert besaßen allein das Brasilholz und die Indiosklaven, sie vor allem.

»Diese waren die hauptsächliche Einnahmequelle des Admirals; damit dachte und hoffte er, den Königen die Kosten zu erstatten, die sie aufwenden mußten, um die Spanier hier drüben zu unterhalten.«[26]

Beginn der Encomienda

Ursprünglich waren die neuentdeckten Länder jenseits des Ozeans nicht zur Aufnahme von Auswanderern bestimmt. Geplant war, Handelsniederlassungen zu gründen, mit nur wenigen Spaniern besetzt, die, von der Krone besoldet, mit den Eingeborenen Tauschhandel treiben sollten. Da ein solcher Tauschhandel friedlich-freundschaftliche Beziehungen voraussetzte, wäre auch eine gewaltlose Mission möglich gewesen, wie sie der Königin offenbar vorschwebte. Angriffskriege und Versklavung der Indios sollten verboten sein. War der Einsatz von Bauern und Arbeitern notwendig, mußten sie in Spanien angefordert werden, und auch sie hätten dann im Sold der Krone gestanden. Und so wurde es tatsächlich noch anfangs des Jahres 1498 gehandhabt.

»Es scheint, daß es in dieser Zeit unter den Arbeitern und Bauern jenen Hochmut noch nicht gab, den sie später an den Tag legten. Da bildeten sie sich dann ein, ungeschliffene Bauernlümmel, die sie waren (und sie bilden es sich heute noch ein), sie brauchten nur hierherzukommen, um nicht mehr arbeiten zu müssen, sondern müßig zu gehen und vom Schweiß anderer zu leben. – Die Zuteilung von Indios an die Christen, als wären sie Kühe oder Ziegen, erhob die Herzen dieser Knechte, die geboren waren, um zu dienen und hart zu arbeiten und zu gehorchen; nun bildeten die sich ein, sie brauchten nur den Fuß auf diesen Boden zu setzen, und schon waren sie keinem mehr dienstbar und mußten nicht mehr den Rücken krumm machen, sondern konnten aufrecht einhergehen und mit der Peitsche in der Hand Peiniger der sanften und demütigen Indios sein.«[27]

Als Columbus 1498 wieder nach Española kam, herrschte dort Aufruhr. Roldán, der Bürgermeister von Isabela, von Columbus selbst mit diesem Amt betraut, rebellierte im Westteil der Insel mit rund siebzig seiner Gefolgsleute. Zu ihnen stieß ein Großteil jener Arbeiter und Bauern, die Columbus angeworben und auf drei Schiffen vorausgeschickt hatte. Sie sollten zu den alten Bedingungen arbeiten, wollten aber lieber selbst Herren sein und über Indios gebieten; so machten sie in kurzer Frist aus freien Ureinwohnern ihre Leibeigenen und Sklaven. Alle Gebiete, die man in der Folgezeit entdeckte und eroberte, wurden zum Einwanderungsland für die vielen, die der Not in Spanien entfliehen wollten, »um die Armut von sich zu werfen, die es in Spanien bei allen Ständen reichlich gab«[28].

»Sie wollten nicht nur herauskommen aus der Armut, sondern reich sein, und nicht irgendwie reich, sondern reich in solcher Fülle, wie man das in früheren Zeiten nicht erdenken konnte, noch je gehört hatte.«[29]

»Das waren die Anfänge, aus denen nach und nach die Repartimientos hervorgingen, die man heute Encomiendas nennt, und die, als Folge davon, zur völligen Vernichtung aller dieser ungezählten Völker führten. Die Spanier, auch die Arbeiter und diejenigen, die besoldet wurden, um das Land zu bebauen und Gold zu schürfen, lernten zu faulenzen und aufrecht einherzugehen und vom Schweiße der Indios zu leben. Jeder nahm sich mit Gewalt drei, vier oder zehn, die ihm dienen mußten, und die Indios in ihrer Sanftmut wußten ihnen nicht zu widerstehen.«[30]

Las Casas spielt hier zum zweitenmal auf ein Wort aus dem 3. Buch Moses an: »Ich habe euch aus Ägypten herausgeführt, damit ihr dort nicht Sklaven wäret. Und ich zerbrach die Hölzer eures Jochs und ließ euch aufrecht einhergehen.«[31] Ein Segenswort – denn das ist es in der Bibel –, das in der dialektischen Umkehr des Las Casas einen bitterbösen Beigeschmack bekommt – »faulenzen und aufrecht einhergehen«, »aufrecht einhergehen mit einer Peitsche in der Hand«.

Ausbau der Encomienda

Als die spanischen Könige Nicolas de Ovando zum Gouverneur Españolas ernannten, gaben sie ihm eine klare, unmißverständlich indiofreundliche Instruktion mit auf den Weg:

»Alle Indios, die auf dieser Insel wohnen, sollen frei und keiner Leibeigenschaft unterworfen sein, von niemand belästigt oder benachteiligt, sondern sie sollen als freie Vasallen leben und in Gerechtigkeit regiert und gehalten werden wie unsere Vasallen in Kastilien.«[32]

Ovando war ein bedeutender Mann, sicher der erste Gouverneur Españolas, der diesen Namen wirklich verdient. Las Casas spricht von ihm mit Zuneigung:

»Der Großkomtur regierte die Spanier auf dieser Insel klug und vernünftig; er war gefürchtet und beliebt und wurde von allen in hohem Maße verehrt. – Er besaß und zeigte große Autorität und war ein Freund der Gerechtigkeit, von hohem Anstand in Worten und Werken und ein Feind von Habsucht und Geldgier. – Dieser Ritter war ein außergewöhnlich besonnener Mann, würdig, über viele Menschen zu herrschen, – nur nicht über Indios, denn ihnen hat er durch sein Regiment, wie sich zeigen wird, nicht abzuschätzenden Schaden zugefügt.«[33 + 34]

». . . nur nicht über Indios« – das war der springende Punkt. Ovando entwickelte für die Insel ein umfangreiches Siedlungsprogramm, das natürlich auf der Zwangsarbeit der Indios basierte, und damit wurde die Instruktion der Könige das Haupthindernis seiner Politik.

»Und so begann der Großkomtur den Weg zu beschreiten, den als erster Francisco Roldán gegangen war, den der Admiral geduldet und den der Komtur Bobadilla erweitert hatte, als er die Indios zwang, den Spaniern Häuser zu bauen und ihre Felder zu bestellen und alle anderen Dienste zu leisten, die sie für nötig hielten; und sie führten sich auf, als wären sie Herren von Geburt und die Indios nicht nur ihre Untertanen und Vasallen, sondern ihre Sklaven. Und dies bestätigte und bekräftigte nun der Großkomtur, und das alles ohne jede Vollmacht und gegen die Instruktion der Könige, wonach die Indios frei und zu keiner Leibeigenschaft verpflichtet seien.«[35]

Damit die nun einmal begonnene Praxis legitimiert würde, mußte es möglich sein, die Indio-Instruktion zu ändern. Ovando schrieb an die Könige, daß die postulierte Freiheit die Indios zur Flucht verleite und daß so jede Form eines guten Zusammenlebens von Spaniern und Indios unmöglich werde. Sie entzögen sich durch Flucht jeglicher Arbeit, auch wenn man ihnen Tagelohn zahle, und fingen an zu vagabundieren. Sie im christlichen Glauben zu unterweisen oder gar zu bekehren sei auf diese Weise nicht möglich.

Das Schreiben Ovandos tat seine Wirkung – »O Könige, wie leicht seid ihr zu betrügen!« Isabella, der die christliche Mission Verpflichtung und Herzenssache war, änderte mit Wirkung vom 20. Dezember 1503 die Instruktion ab. Die Indios sollten von nun an gezwungen werden können, mit den Spaniern zu verkehren und ihnen, gegen angemessene Bezahlung, in Haus und Hof und auf den Feldern und an anderen Arbeitsplätzen dienstbar zu sein. Von Leibeigenschaft war nicht die Rede, aber in der Praxis lief es durch den Arbeitszwang auf dasselbe hinaus. So wurde unter der Regierung Ovandos, beginnend ab 1504, die ganze Bevölkerung Españolas den spanischen Siedlern zugeteilt.

»Auf diese Weise verdammte er alle, Kleine und Große, Kinder und Greise, Männer und Frauen, Schwangere und Stillende, Herren und Vasallen, Fürsten und Knechte, zu absoluter Leibeigenschaft, und daran gingen sie am Ende zugrunde, wie sich zeigen wird.«[36]

Isabella hat von dieser Entwicklung der Dinge nichts mehr erfahren. Sie ist 1504 gestorben. Mit ihrem Tod neigte sich die erste Etappe der Conquista dem Ende zu. Drei Wochen, bevor seine große Gönnerin starb, war Columbus von seiner letzten, mühseligen Reise zurückgekehrt. Er hat sie nicht wiedergesehen, und mit ihr wurden seine letzten Hoffnungen zu Grabe getragen. Anderthalb Jahre später starb auch er.

»Der Güte und dem Erbarmen Gottes möge es genügen, als Genugtuung für alle Schuld, die er in den von ihm entdeckten Ländern auf sich geladen hat, die Drangsale, Ängste und Bitternis anzunehmen und die Gefahren, Mühsale und Anstrengungen, die er sein ganzes Leben lang erduldete, auf daß ihm im anderen Leben ewige Ruhe beschieden sei.«[37]

Die Regierung des Nicolas de Ovando ging zu Ende. 1508 wurde sein Nachfolger bestellt: Diego Colón, zweiter Admiral und Vizekönig, der Sohn des Entdeckers.

»Als der Admiral auf diese Insel kam, lebten hier noch 40000 Indios, so daß in ungefähr einem Jahr, seit der Schatzmeister Pasamonte kam, 20000 umgekommen sind.«[38]

»Als dieser Schatzmeister eintraf, wurden auf der Insel 60000 Indios gezählt, so daß vom Jahre 1494, in dem ihr Unglück begann, bis 1508, also in vierzehn Jahren, über drei Millionen Menschen umkamen, – durch Kriege, als Sklaven nach Kastilien verkauft oder in die Bergwerke geschickt*. Wer von denen, die in den kommenden Jahrhunderten geboren werden, wird das glauben können? Selbst mir, der ich dies schreibe und sah und das Meiste davon erfahren habe, kommt es jetzt so vor, als könne es nicht möglich gewesen sein, doch es sind Tatsachen . . .«[39]

1509 wurde Ovando in allen Ehren abgelöst. Er kehrte nach Spanien zurück und starb dort noch im selben Jahr. Las Casas wird in seinem langen Leben nicht müde werden, die Verbrechen der Conquista anzuprangern und die Täter beim Namen zu nennen. Doch für den Historiker Las Casas ist die Weltgeschichte nicht das Weltgericht und der Geschichtsschreiber nicht der Weltenrichter. Sein Nachruf auf Nicolas de Ovando:

»Möge es Gott gefallen haben, ihm gnädig zu sein, als er ihn vor sein göttliches Gericht berief, denn in Wahrheit, ich habe ihn geliebt – um seiner Tugend und Besonnenheit willen, fern der Verbrechen, die er sich wie blind zuschulden kommen ließ.«[40]

Encomendero und Kleriker

Die Neue Welt wurde in ihren Strukturen erkennbar. Die Spanier, ob Hidalgos oder Bauern und Arbeiter, kamen mittellos herüber, erhielten ihre Indio-Zuteilung und gewannen Geld und Ansehen. Die Indios, ehemals freie Menschen, wurden ihre Sklaven und Leibeigenen. Es entwikkelte sich eine Gesellschaft, auf die am besten das Wort »Als-ob-Feudalismus« paßt.

Welchen Platz nahm Las Casas in dieser Welt ein? Er erhielt eine Encomienda und wurde seßhaft. Man nimmt heute allgemein an, daß er 1506/07 auf einer Romreise die Priesterweihe empfing.* Wenn dies so war: Es hat ihn nicht gehindert, seine Finca zu bewirtschaften und die ihm zugeteilten Indios für sich arbeiten zu lassen. Sein Besitz lag in der Mitte der Insel, wo das Land am fruchtbarsten war, nahe der Stadt Concepción de la Vega, etwa dort, wo Columbus sein Fort Santo Tomás erbaut hatte.

»Am Fuße der Festung lag eine anmutige Ebene, in der ich ein Landgut besaß und bewirtschaftete, als ich noch in einem anderen Stande lebte. In einem kleinem Bach, der Festung gegenüber, ließ ich Gold waschen. Er mündet hier in den Fluß Janique und bildet ein Inselchen von sehr fetter und fruchtbarer Erde. Hier gediehen die ersten Zwiebeln auf der Insel Española, aus dem Samen gezogen, den man aus Kastilien mitgebracht hatte.«[41]

Las Casas übernahm den Auftrag, der an den von ihm verehrten Columbus ergangen war. Er wurde ein Kolonist, wie der es hatte sein sollen und zu Anfang ja auch gewesen war, etwa zu Beginn der zweiten Reise. Noch hatte er aus dem fremden Land nichts herausgewirtschaftet, da brachte er ihm etwas, was es dort nicht gab.

»Am 5. Oktober erreichte er La Gomera und blieb dort zwei Tage. Er nutzte die Zeit, um allerlei Vieh an Bord zu nehmen: Jungkühe, Ziegen und Schafe; dazu acht Schweine, das Stück zu siebzig Maravedis. Von diesen stammen alle Schweine ab, die es bis heute in Westindien gab und gibt, und das sind unzählige. Auch Hühner wurden verladen und Stecklinge und Samen von Orangen und Zitronen, Melonen und jederart Gemüse.«[42]

Was Las Casas von anderen Encomenderos unterschied, war noch nicht seine Einstellung zu den Indios, sondern die zu seinem Beruf. Für ihn war die Encomienda nicht einfach eine Möglichkeit, ohne eigene Arbeit zu Geld zu kommen, sondern ein Auftrag, den die Spanier in der Neuen Welt zu erfüllen hatten.

Die Dominikaner

»In dieser Zeit, im Jahre 1510, ich glaube im Monat September, führte die göttliche Vorsehung den Orden des Heiligen Dominikus auf diese Insel, als Licht in der Finsternis, die damals dort herrschte, und die sich danach über ganz Westindien ergoß und immer mehr ausbreitete.«[43]

Nach Darstellung des Las Casas waren es drei Mönche, die den Orden auf die Insel brachten: Pedro de Córdoba, Antón Montesino und Bernardo de Santo Domingo.

»Und weil zu jener Zeit, da die Dominikaner im Hafen von Santo Domingo ankamen und an Land gingen, der Admiral mit seiner Gemahlin Maria von Toledo die Stadt Concepción de la Vega besuchten und sich dort aufhielten, begab sich der Selige Fray Pedro de Córdoba dorthin, um ihnen seine Ankunft zu melden. Er ging zu Fuß, ernährte sich von Kassavebrot und trank Wasser aus den Bächen, die es dort reichlich gibt, und schlief auf den Feldern und in den Bergen auf dem Boden, die Kapuze auf dem Rükken, dreißig Meilen mühevollen Wegs. – Ich glaube, er kam samstags an, und am Sonntag darauf, in der Oktav von Allerheiligen, hielt er eine Predigt über die Herrlichkeit des Paradieses, die Gott seinen Auserwählten bereitet hat, voll Feuer und Glaubenseifer. Ich habe sie gehört, und als ich sie hörte, fühlte ich mich glücklich. Er ermahnte alle Einwohner, die Indios, die in ihren Häusern dienten, nach dem Essen in die Kirche zu schicken. Sie schickten sie alle, Männer und Frauen, Groß und Klein. Er saß auf einer Bank, das Kruzifix in der Hand, und mit Hilfe einiger Dolmetscher begann er zu predigen von der Schöpfung der Welt bis zum Tod Christi, des Gottessohnes, am Kreuz. Dies war das erste Mal, daß man ihnen und allen auf der ganzen Insel nach so vielen Jahren solches predigte; vorher starben sie alle, ohne ein Wort von Gott gehört zu haben.«[44]

»Die Dominikaner ordneten an, daß an allen Sonn- und Feiertagen nach dem Essen ein Mönch den Indios zu predigen habe, wie es der Diener des Herrn, Fray Pedro de Córdoba, in der Kirche von La Vega eingeführt hatte; und mir, der ich dieses schreibe, wurde eine Zeitlang diese Aufgabe zuteil. Und so wurde es üblich, daß an allen Sonn- und Feiertagen die Kirche überquoll von Indios, wie man es in den Zeiten davor niemals gesehen hatte.«[45]

Die erste Primiz in der Neuen Welt

»In eben diesem Jahr und in eben diesen Tagen, als der Pater Fray Pedro de Córdoba nach La Vega kam, feierte sein erstes Meßopfer ein Kleriker namens Bartolomé de las Casas, aus Sevilla gebürtig, einer von den Alten auf dieser Insel. Dies war die erste Primiz in ganz Westindien, und weil sie die erste war, wurde sie festlich und feierlich begangen in Anwesenheit des Admirals und aller, die sich in der Stadt La Vega befanden. Es waren viele Einwohner der ganzen Insel gekommen, denn es war die Zeit der Goldschmelze, zu der jeder, der mit seinen Indios Gold schürfte, seinen Fund herbeitrug, um ihn schmelzen zu lassen. So kamen viele zusammen, wie man in Kastilien zu Volksfesten an den Orten zusammenkommt, wo man seine Abgaben zu leisten hat. Und da es keinerlei Goldmünzen gab, prägte man in derselben Schmelze, in der man den Königsfünften schmolz und zahlte, irgendwelche Goldstücke wie nachgemachte Castellanos und Dukaten, und diese wurden geopfert, und der Primiziant gab alles seinem Paten, bis auf einige Goldstücke, die besonders schön gelungen waren.

Diese erste Messe hatte eine bemerkenswerte Eigenheit: daß nämlich die Geistlichen, die darin mitwirkten, nicht die Wandlungsworte über den Wein sprechen konnten. Man muß wissen, daß in dieser Messe kein Tropfen Wein getrunken wurde, da es auf der ganzen Insel keinen gab, denn seit vielen Tagen waren keine Schiffe aus Kastilien gekommen.«[46]

Es ist auffällig, daß Las Casas keine Angaben zu seiner Priesterweihe macht. Sicher ist: Der Historiker Las Casas verstand zu datieren, am liebsten doppelt, nach dem bürgerlichen und nach dem kirchlichen Kalender. Er hätte Tag und Ort auch in diesem Falle festhalten können, wenn er es gewollt hätte. Statt dessen aber schreibt er: »In eben diesem Jahr und in eben diesen Tagen, als der Pater Fray Pedro de Córdoba nach La Vega kam, feierte sein erstes Meßopfer ein Kleriker namens Bartolomé de las Casas«, und das heißt, wenn nicht alles täuscht: Die Anfänge des Weltgeistlichen Las Casas sind sozusagen ›nicht der Rede wert‹. Der Kleriker Las Casas betritt den Schauplatz seiner Geschichte zu der Zeit und an dem Ort, da mit Pedro de Córdoba und seinen Ordensbrüdern ein neues Kapitel spanisch-indianischen Zusammenlebens beginnt. So und nicht anders will der Autor Las Casas den Kleriker Las Casas in seine Geschichte eingeführt wissen.

Und auch dies dürfte kein Zufall sein: bis zu diesem Punkt ist Las Casas in seiner »Historia de las Indias« Chronist und Zeitzeuge, und in dieser Eigenschaft spricht er von sich selbst in der ersten Person: »Von all dem Gesagten bin ich Zeuge, denn ich habe es gesehen und war dabei.« Jetzt, zum erstenmal, erscheint er als geschichtliche Gestalt, als Gegenstand des Chronisten, und darum spricht er von sich selbst in der dritten Person.

Im dritten Buch der »Historia« macht der Autor Las Casas den Kleriker Las Casas zu einer Hauptfigur. Er widmet ihm mehr Seiten als jedem der Conquistadoren, ja mehr als allen im dritten Buch genannten Conquistadoren zusammen. Seine Unternehmungen und die der Dominikaner füllen mehr als die Hälfte des dritten Buches aus.

Es gibt also in der »Historia de las Indias« eine »Historia de las Casas«, und diese von ihm selbst aufgezeichnete Geschichte bildet das Kernstück der vorgelegten biografischen Texte.

Die Adventspredigt von 1511

Das dritte Buch der »Historia« beginnt mit einem spektakulären Auftritt der Dominikaner. Sie hatten Zeit gehabt, sich umzusehen, und ihre Frage war: Woher nehmen unsere Landsleute, diese Conquistadoren und Siedler, das Recht, sich Christen zu nennen? Was sie ihren Glauben nannten, war, bei Licht besehen, nichts anderes, als ein wüstes Gemenge abergläubischer Vorstellungen. Sie glaubten an eine ewige Seligkeit, doch die wollten sie nicht durch ein christliches Leben gewinnen, sondern, wie sie es nannten, durch ein »christliches Sterben« – im letzten Augenblick vor dem Exitus Beichte und Absolution, dann war der Sprung in den Himmel gesichert und der Teufel düpiert (und Gott vielleicht auch). Das Ganze war eine abscheuliche Apostasie. Hatte nicht Jesus gesagt: »Was nennt ihr mich ›Herr, Herr‹ und tut nicht, was ich sage?«[47]. Nicht jeder, der zu mir sagt ›Herr, Herr›, wird in das Himmelreich eingehen, sondern wer den Willen meines Vaters tut, der im Himmel ist.«[48] Hatte der Jakobusbrief nicht umißverständlich das Verhältnis von Glaube und Werken dargelegt?

»Was nutzt es, meine Brüder, wenn jemand behauptet, Glauben zu haben, ohne daß er Werke hat? Kann der Glaube ihn retten? Wenn da ein Bruder oder eine Schwester keine Kleider haben und des täglichen Unterhalts entbehren und einer von euch sagt ihnen: ›Geht hin in Frieden, wärmt euch und eßt euch satt‹ – ihr gebt ihnen aber nicht, was dem Leibe not tut –, was nutzt das? So ist es auch mit dem Glauben, wenn er keine Werke hat; für sich allein ist er tot. – Ihr seht also, daß der Mensch aus Werken gerechtfertigt wird, aber nicht aus dem Glauben allein. – Denn wie der Leib ohne Geist tot ist, so ist auch der Glaube ohne Werke tot.«[49]

Der Glaube der meisten Spanier war tot, vielleicht nie zum Leben erwacht. Aber konnte er nicht zum Leben erweckt werden, dann gab es nur eine Konsequenz: keine Zulassung zur Beichte mehr, und folglich keine Absolution. Die Dominikaner von Santo Domingo hatten ihr Thema gefunden. Am 4. Adventssonntag 1511 bestieg Fray Antón Montesino die Kanzel.

»Ihn, der sehr beherzt war, betrauten sie mit der ersten Predigt in dieser Sache, die für die Spanier auf dieser Insel völlig neu war, und das Neue daran war die Behauptung, es sei eine größere Sünde, jene Menschen zu töten, als Wanzen zu töten.«[50]

Am Sonntag war ganz Santo Domingo in der Kirche versammelt, vor allem die Adligen, die der Vizekönig eingeladen hatte, die Beauftragten des Königs und die Ritter, kurz, alle, die die es betraf, ohne daß sie es wußten. Antón Montesino hatte seiner Predigt das Evangelim des Tages zugrunde gelegt: »Ich bin die Stimme eines Rufers in der Wüste«, – und damit war er sofort beim Thema, denn die Wüste in all ihrer Unfruchtbarkeit, das waren die Gewissen der Spanier.

»Ich bin die Stimme Christi in der Wüste dieser Insel.

Diese Stimme sagt, daß ihr alle im Stande der Todsünde seid und in ihr lebt und in ihr sterbt wegen eurer Grausamkeit und Tyrannei gegen jene unschuldigen Menschen. Sagt: Mit welchem Recht und welcher Gerechtigkeit haltet ihr diese Indios in einer so grausamen und schrecklichen Knechtschaft? Mit welcher Befugnis habt ihr diese Völker blutig bekriegt, die ruhig und friedlich in ihren Ländern lebten, habt sie in ungezählter Menge gemartert und gemordet? Ihr unterdrückt sie und plagt sie, ohne ihnen zu essen zu geben und sie in ihren Krankheiten zu heilen, die über sie kommen durch die maßlose Arbeit, die ihr ihnen auferlegt, und sie sterben – oder besser gesagt: ihr tötet sie, um Tag für Tag Gold zu gewinnen. Was tut ihr, um sie im Glauben zu unterweisen, daß sie Gott, ihren Schöpfer, erkennen, getauft werden, Messe hören, Sonn- und Feiertage halten? Sind sie keine Menschen? Haben sie keine vernunftbegabten Seelen? Seid ihr nicht verpflichtet, sie zu lieben wie euch selbst? Das versteht ihr nicht? Das fühlt ihr nicht? Wie tief ist der Schlaf eurer Lethargie! Seid gewiß: In dem Stand, in dem ihr euch befindet, gibt es für euch ebensowenig Erlösung als für Mauren und Türken, die den Glauben an Jesus Christus nicht haben und nicht haben wollen.«

»Die Anwesenden waren betroffen, manche wie von Sinnen, andere noch mehr verhärtet, einige beinah zerknirscht, aber keiner, wie ich später hörte, war bekehrt.«[51]

Was sie da hatten anhören müssen, war nicht die in den Fastenzeiten übliche Verurteilung ihres Lebens und Handelns von der Kanzel herab; das war man gewohnt von Jugend auf und hätte keinen aus der Ruhe gebracht. Aber das hier war etwas anderes, das spürte jeder, hier ging es um etwas Unglaubliches, ganz und gar Unerhörtes: Da stand auf der Kanzel ein spanischer Dominikaner und verkündete in aller Öffentlichkeit, in Gegenwart des Vizekönigs und seiner höchsten Beamten, aber auch der einfachsten Siedler, er verkündete, er und seine Ordensbrüder hätten ab jetzt und ein für allemal Partei ergriffen: für die armseligen, geschundenen und immer noch ungetauften Indios, und gegen die spanischen Conquistadoren und Siedler, die alle getauft waren und Christen hießen, gegen die eigenen Landsleute! Man schrie Verrat!

Nach Tisch trafen sich die Aufgeregten im Haus des Vizekönigs und stellten fest, diese Predigt sei ein Angriff auf den König und seine Herrschaft, denn schließlich habe er die Zuteilung der Indios an die Spanier verfügt. Man begab sich zum Kloster, aber trotz der Proteste und Drohungen weigerte sich Pedro de Córdoba, von dem gemeinsam erarbeiteten Text abzurücken. Er stellte in Aussicht, Pater Montesino werde am kommenden Sonntag das Thema noch einmal behandeln und dort, wo es vielleicht notwendig erscheinen könnte, dies erläutern oder modifizieren. Das Ergebnis war wie zu erwarten. Pater Montesino nahm nichts zurück, belegte die Richtigkeit desen, was er gesagt hatte, mit einer Fülle von Zitaten, und verkündete schließlich, man werde niemand, der im Stande dieser Sünden lebe und davon nicht abstehen wolle, zur Beichte zulassen – »sowenig wie einen unbußfertigen Straßenräuber.«[52]

Man wird annehmen müssen, daß Las Casas diese Predigt nicht gehört hat (er deutet es an) – er war auf seiner Farm oder las Messe in Concepción de la Vega.

Mit der Adventspredigt des Antón Montesino schlug die Entwicklung in der Neuen Welt eine andere Richtung ein, zusätzlich zu der, nach der man angetreten war und die sich nicht mehr rückgängig machen ließ. Für Bartolomé de las Casas wurde, nach der Entdeckung Amerikas durch Columbus, die Predigt des Dominikaners das zweite prägende Ereignis, auch wenn er es jetzt noch nicht wußte.

Die Eroberung Cubas

Bald nach der Adventspredigt verließ Las Casas seine Farm und die Insel Española und fuhr hinüber nach Cuba. Diego Velázquez war von Diego Colón beauftragt worden, diese einzige noch nicht eroberte Insel der Großen Antillen für den Vizekönig in Besitz zu nehmen. Puerto Rico war zwei Jahre zuvor von Juan Ponce de León erobert worden, Jamaica zur gleichen Zeit von Juan de Esquivel. Warum so spät? Warum erst siebzehn, achtzehn, zwanzig Jahre nach der Entdeckung?

Wie des Las Casas Vater und Onkel waren auch Velázquez, Ponce de León und Esquivel auf der zweiten Columbus-Fahrt nach Española gekommen, alle mittellos und alle in der Absicht, ein Stück Welt zu erobern. Die Katholischen Könige waren zwar jederzeit bereit, die erforderlichen Lizenzen zu unterschreiben, doch die wichtigste Bedingung war: der Krone durften keinerlei Kosten entstehen. Der Conquistador war ein durch Vertrag gebundener Privatunternehmer, der für den Feldzug sein Heer selbst anwerben, besolden, verpflegen und transportieren mußte. Alle entstehenden Kosten mußten also aus dem eroberten Land herausgepreßt werden, und erst danach begann sich das Geschäft zu lohnen. Dieses Risiko konnte man eingehen; langwierig war im Grunde nur der Anfang. Man kam nach Española mit nichts anderem als mit »Mantel und Degen«, kämpfte gegen die Indios und bekam eine Encomienda; dann mußte man eben die Indios so lange arbeiten lassen, bis das nötige Geld zusammengerafft war.

Nicht nur für die Arbeiter und Bauern boten die Länder in Übersee die einzige Gelegenheit, der Armut zu entkommen. Dies galt auch, und in noch stärkerem Ausmaß, für die Angehörigen des niederen Adels, für die Hidalgos. Sie besaßen weder Lehen noch ererbte Güter, von denen sie leben konnten, und zugleich verwehrte ihnen ihr Standesbewußtsein, sich durch Handelsgeschäfte oder von ihrer Hände Arbeit zu ernähren. Ihnen allen bot die Conquista eine Chance, doch nicht jedem war Erfolg beschieden. Je schneller die Eingeborenen auf Española ausgerottet wurden, desto mehr Spanier lebten in äußerster Dürftigkeit. Viele waren verschuldet, viele im Gefängnis oder in begründeter Angst, dort zu landen. Jeder neue Feldzug belebte die Hoffnung der Wartenden, wieder oder endlich zum ersten Mal mit einer Zuteilung von Indios ausgestattet zu werden.

Nun also war Diego Velázquez an der Reihe, sein Glück zu versuchen. Er war, schreibt Las Casas, unter allen am besten geeignet, um Cuba zu bevölkern (oder, um es mit sehr viel größerer Wahrheit zu sagen, zu entvölkern und zu zerstören).

»Erstens war er reicher als jeder andere. Zweitens hatte er viel Erfahrung darin, das Blut jener unglücklicher Menschen zu vergießen. Drittens war er bei allen Spaniern, die unter seinem Kommando standen, sehr beliebt, denn er war fröhlich, umgänglich und menschenfreundlich, vergnügt im Gespräch wie unter jungen Männern mit nicht allzu großer Disziplin, wenngleich er, wenn es darauf ankam, Autorität wahrte und dafür sorgte, daß auch die anderen sie wahrten.«[53]

Diego Velázquez hatte im Süden und Südwesten Españolas fünf Städte gegründet und regierte sie nun wie ein kleiner König. Der Ort Salvatierra (heute Les Cayes) diente der Expeditionsflotte als Ausgangshafen. Sie umrundete Haiti und segelte nach Norden. Bei Puerto Palmas, dreißig Kilometer südlich von Baracoa, erreichte sie die Karibik-Küste Cubas. Hier, in der Provinz Maisi, hatte ein Kazike aus dem nordwestlichen Española, dem es gelungen war, den

Spaniern zu entkommen, eine neue Herrschaft installiert. Sein Name war Hatuey. Er wußte, daß ein Krieg gegen die Spanier sinnlos war, und verlegte sich auf hinhaltenden Widerstand. Aber schließlich wurde er doch gefangen und verurteilt, lebendig verbrannt zu werden, wegen des Majestätsverbrechens, wie Las Casas mit bitterem Spott notierte, den Spaniern entkommen zu sein.

»Als man ihn bereits an den Pfahl gebunden hatte, erzählte ihm ein Mönch des Franziskanerordens, um die kurze Zeit zu nutzen, die die Henkersknechte ihm einräumten, etwas von Gott und unserem Glauben, wovon dieser noch niemals etwas gehört hatte. Er sagte ihm, wenn er das glauben wolle, werde er in den Himmel kommen und der ewigen Seligkeit teilhaftig werden, wenn aber nicht, werde er in die Hölle fahren und ewige Qualen erleiden. Hatuey dachte ein wenig nach und fragte dann, ob Christen in den Himmel kämen. Der Mönch sagte: ja, wenn es gute Christen sind. Darauf sagte der Kazike ohne weiteres Nachdenken, dann wolle er nicht in den Himmel, sondern in die Hölle, nur um derartig grausame Menschen nicht sehen und mit ihnen zusammensein zu müssen. So sehen der Ruhm und die Ehre aus, die Gott und unser Glauben durch die Christen gewonnen haben, die nach Westindien gegangen sind.«[54]

Für diesen Feldzug bot Esquivel aus Jamaica militärische Unterstützung an und entsandte Pánfilo de Narváez mit dreißig Bogenschützen. Velázquez machte ihn zu seinem Feldhauptmann und Stellvertreter. Der Sekretär, den Velázquez aus Española mitbrachte, nahm an den kriegerischen Ereignissen nicht teil. Er blieb zunächst in Baracoa, der ersten Stadt, die man auf Cuba gründete, und wurde dort später Gemeinderat. Sein Name war Hernán Cortés.

Vier oder fünf Monate nach der Landung auf Cuba kam auch Bartolomé de las Casas dorthin, angefordert von

Diego Velázquez, mit dem er befreundet war, um die kleine Streitmacht als Feldkaplan zu begleiten. Für etwa zwei Jahre wurde Las Casas dem Hauptmann Narváez zugeordnet und machte fast den gesamten Feldzug mit.

Feldkaplan

Las Casas war jetzt siebenundzwanzig oder achtundzwanzig Jahre alt. Nun erst beginnt, was man im eigentlichen Sinn »die Geschichte des Las Casas« nennen kann. Von hier an wird die »Historia de las Indias« Autobiografie. Aufschlußreich ist, wo und wie der Historiker Las Casas den Kleriker Las Casas ins Spiel bringt. Es handelt sich um eine eher belanglose Szene zu Beginn des Feldzugs. Die kurze Abwesenheit zweier Hauptleute macht es erforderlich, einen Stellvertreter zu berufen, der das Kommando über vierzig Mann zu übernehmen hat. Velázquez ernennt Juan de Grijalva, »einen jungen Mann, noch ohne Bart, aber gut«.

»An seine Seite berief er einen Kleriker, genannt Bartolomé de las Casas, aus Sevilla gebürtig, einer von den ›Alten‹ auf Española; Diego Velázquez schätzte ihn sehr, vor allem wegen seiner Predigten, und erwies ihm viel Gutes. Er bestimmte ihn als Vater und Ratgeber des Juan de Grijalva, und dieser hörte immer auf ihn und tat, was er ihm riet.«[55]

Dies dürfte das Bild sein, das Las Casas von sich selber hatte. Bis an sein Lebensende wird er für viele Ordensbrüder und Missionare Vater und Ratgeber sein, und meistens wird man auch tun, was er sagt, und zu denen, die auf ihn hören, zählen auch Kaiser Karl V. und König Philipp II. (Sie werden freilich nicht immer erfüllen können, was er von ihnen erhofft.)

Las Casas beginnt seinen Cuba-Bericht mit einer Darstellung des Lebens »in der Etappe« – Heirat des Velázquez und ein beinah gebrochenes Heiratsversprechen seines Sekretärs; Verrat und Meuterei, Todesurteil und Versöhnung – und auch dies betraf den Sekretär. Dann die ersten Scharmützel.

Hauptmann Narváez war mit fünfundzwanzig Mann in ein Dorf eingerückt. In der Nacht, die eingeteilten Wachen schliefen wie die übrigen, wagten die Indios einen Überfall. Ihr einziges Ziel war, den Schlafenden ihre Kleider zu stehlen, »denn seit die Indios die bekleideten Spanier gesehen hatten, waren sie begierig, sich auch zu bekleiden«. Doch in ihrem Übereifer griff eine Gruppe früher an als die andere, und so wurde ihr Plan vereitelt; es begann ein Handgemenge im Dunkeln. In diesem nächtlichen Durcheinander wurde Narváez, der stets mit seinem Pferd in derselben Hütte schlief, durch einen gewaltigen Steinwurf in den Magen getroffen. Er sank zu Boden und rief dem Franziskaner, der bei ihm war, zu: »Weh, Pater, man hat mich umgebracht!« Er kam jedoch wieder zu sich, und so sattelte man in aller Eile sein Pferd und hob ihn, barfuß und strumpflos, bekleidet nur mit einem Baumwollhemd und einem Leinenhemd darüber, unter großer Anstrengung in den Sattel. Dessen Vorderzeug war mit kleinen Schellen besetzt, und so brauchte er nur kurz anzureiten, da war kein Indio mehr zu sehen, denn kaum hörten sie, daß er zu Pferde war, flüchteten sie in die nahegelegenen Berge, so groß war ihre Angst vor dem Tier und dem Klingeln der Glöckchen[56].

Endlich begann der eigentliche Vormarsch in das Innere der Insel. Ziel der (keineswegs immer) kriegerischen Aktionen war die »Befriedung« des Landes oder, mit den Worten des Feldkaplans: ». . . um die Indios im Guten zu befrieden oder, wenn nicht, durch Krieg. Denn solange man sich ihrer nicht versichert hatte, konnte man sie nicht verteilen und sich ihrer bedienen, was doch, wie gesagt, das eigentliche Ziel war.«[57] In welcher Gestalt auch immer, der Vormarsch erfolgte, was Unterkunft und Verpflegung betraf, stets zu Lasten der Indios. Nicht selten verlief alles friedlich: ein freundlicher Empfang, reichliches Essen, die Unterkunft aller geregelt und die Kinder durch den Feldkaplan getauft – so gab es keine Schwierigkeiten.

»Schließlich, als das Beste, was man tun konnte, ließ man die Indios, wie man sie angetroffen hatte, friedfertig und zufrieden, und die Spanier verabschiedeten sich und zogen weiter.«[58]

Las Casas hatte ein eigenes System ausgedacht, um Reibungen zu vermeiden, und Narváez unterstützte ihn darin.

»Wenn die Spanier in ein Dorf einrückten, wo die Indios friedlich in ihren Häusern saßen, konnten sie es nicht lassen, Ärger zu machen, sei es, daß sie ihnen irgend etwas wegnahmen, nicht zufrieden mit dem, was die Indios ihnen freiwillig gaben, sei es, daß sie hinter ihren Frauen und Töchtern her waren, und das waren sie immer. Also befahl der Hauptmann auf Anraten des Feldkaplans: Sobald dieser die Dorfbewohner in der einen Hälfte der Ansiedlung versammelt und so die andere als Quartier für die Spanier frei gemacht hatte, dürfe niemand mehr in den Teil des Dorfes gehen, der für die Indios bestimmt war. Auf diese Weise und weil sie sahen, was er für sie tat und wie er sie verteidigte und daß er ihre Kinder taufte (wodurch sie, wie es ihnen schien, mehr waren als die anderen), erlangte er großes Ansehen und Vertrauen unter den Bewohnern der ganzen Insel, so daß sie ihn verehrten wie ihre Priester oder Zauberer oder Medizinmänner, was immer sie waren.«[59]

Natürlich blieb es nicht bei diesen friedlichen Begegnungen.

»Am Morgen des Tages, an dem die Spanier nach Caonao kamen, hatten sie in einem ausgetrockneten Bachbett

Rast gemacht, in dem es noch einige Wasserlachen und viele Schleifsteine gab, und alle fingen an, ihre Degen zu schärfen. Danach setzten sie ihren Weg nach Caonao fort. Zur Zeit der Vesper kamen sie dort an. Sie fanden viele Menschen vor, die reichlich Essen zubereitet hatten, Kassavebrot und Fisch, denn nahebei war ein großer Fluß, und das Meer war auch nicht weit. Auf einem kleinen Platz hockten etwa zweitausend Indios auf ihren Fersen, wie es ihre Gewohnheit war, und betrachteten starr vor Staunen unsere Pferde. Daneben stand eine große Hütte oder ein Haus, und dort saßen dicht gedrängt und eingeschüchtert weitere fünfhundert Menschen, die nicht wagten herauszukommen.

Es war üblich unter den Spaniern, daß einer, den der Hauptmann bestimmte, das Essen an die Soldaten austeilte. Der Hauptmann und einige andere saßen zu Pferd, und der Kleriker sah zu, wie jeder Brot und Fisch entgegennahm. Auf einmal zog ein Spanier seinen Degen, als sei der Teufel in ihn gefahren, und dann alle hundert, und sie begannen, die armen ahnungslosen Schafe, die hier saßen und voller Staunen die Pferde betrachteten, abzuschlachten, Männer und Frauen, Kinder und Greise, und innerhalb von zwei Credos lebte keiner mehr von ihnen. Dann gingen sie in das nahegelegene Haus und metzelten die nieder, die sich dort befanden. Der Kleriker hatte sich, kurz bevor das Gemetzel begann, entfernt und zu einem anderen Platz des Dorfes begeben, wo er und alle anderen einquartiert waren. Hier ruhten sich etwa vierzig Indios aus, die die Traglasten der Soldaten geschleppt hatten. Mit dem Kleriker kamen fünf Spanier, und als diese das Mordgetümmel hörten, aber nicht sehen konnten, was vor sich ging, wollten sie ihre Degen ziehen und die vierzig Indios – als Lohn für ihre Trägerdienste – umbringen. Der Feldkaplan, zornig, trat ihnen entgegen, tadelte sie mit harten Worten und versperrte ihnen den Weg; und sie, die so etwas wie Ehrfurcht empfanden, gingen hinaus, um dort zu morden, wo auch die anderen mordeten. Als der Kleriker, nachdem er den Tod der vierzig Lastträger verhindert hatte, ebenfalls hinausging, fand er, wie auf einer Tenne ausgebreitet, die Leichen der Erschlagenen – ein grauenvoller Anblick. Als Narváez ihn sah, fragte er: ›Was sagen Euer Gnaden zu unseren Spaniern, die das angerichtet haben?‹ Und der Kleriker, angesichts so vieler, die man in Stücke gehauen hatte und bestürzt über soviel Grausamkeit, gab zur Antwort: ›Daß ich Euch und sie alle dem Teufel überantworte!‹ Es hatte Narváez das ganze Gemetzel mit angesehen, ohne ein Wort zu sagen, ohne etwas zu tun, ohne sich zu rühren, als wäre er aus Stein; denn wenn er gewollt hätte, beritten wie er war und mit der Lanze in der Hand, er hätte verhindern können, daß die Soldaten auch nur zehn Menschen töteten. – Von all dem Gesagten bin ich Zeuge, denn ich habe es gesehen und war dabei.«[60]

Die Gutsbesitzer

Nachdem der größte Teil Cubas auf diese Weise »befriedet« war, trafen sich Diego Velázquez und Pánfilo de Narváez mit ihren Leuten in Xagua, einem Naturhafen in der Mitte der Südküste. In diesem Teil der Insel fand man reiche Goldminen, fruchtbares Land und große Indiosiedlungen. Am 1. April 1514 schrieb Velázquez an König Ferdinand, er habe nahe dem Hafen von Xagua und in der Nähe des Flusses Arimao eine Stadt geplant und ihr den Namen »Trinidad« gegeben.

»Hier gedachte Diego Velázquez eine Stadt zu gründen und den Siedlern Indios zuzuteilen, und unter anderen, die sich hier niederlassen wollten, war der genannte Padre Las Casas. Als einem Mann, der auf allen Wegen gedient und gearbeitet hatte, um die Insel zu befrieden und den unnötigen Tod vieler Indios zu verhindern, gab man ihm eine beträchtliche Zuteilung von Indios, nahe des Hafens von Xagua, in einem Ort, der auf indianisch Canarreo hieß.

Dieser Kleriker war seit vielen Jahren in engster Freundschaft einem Mann auf Española verbunden, Pedro de Renteria, von großer Tugend, christlich, klug, mildtätig, fromm und seiner Veranlagung nach eher befähigt, sich den Werken Gottes und der Religion zu widmen als den Dingen dieser Welt. Er war ein sehr guter Amtsschreiber, und wo immer er lebte auf Española oder auf Cuba, stets hatte er einen Posten in der Justiz oder als Stellvertreter des Diego Velazquez. Zwischen diesem Diener Gottes und dem besagten Kleriker gab es kein getrenntes Eigentum, sondern jedem gehörte das, was sie gemeinsam besaßen. Man kann ruhig sagen, der Kleriker verfügte auch über das, was dem Renteria zugeteilt war, weil er alles verwaltete und anordnete, denn er war in den weltlichen Dingen beschlagener und lebensgewandter, während Renteria ein Freund der Einsamkeit und der inneren Sammlung war. Seine Beschäftigung war das Gebet und nicht die Sorge um den Besitz.

Diego Velázquez brachte also Pedro de Renteria aus Baracoa mit und gab ihm und Las Casas zusammen ein großes und schönes Dorf und teilte ihnen gemeinsam die Indios zu. Mit ihnen baute der Kleriker einen landwirtschaftlichen Betrieb auf, und andere schickte er in die Goldminen. Darauf verwandte er wesentlich mehr Sorgfalt als darauf, die Indios im Glauben zu unterweisen, was eigentlich seines Amtes gewesen wäre. Doch in dieser Hinsicht war er damals genauso blind wie jene, die er als Pfarrkinder hatte, wenn er sich auch in der Behandlung der Indios stets menschlich zeigte, mildtätig und gutherzig, weil er von Natur aus mitleidig war und auch, weil er so das Gesetz Gottes verstand. Aber das ging nicht weit über das hinaus, was den Leib betraf: daß die Indios nicht zu sehr durch die Arbeit bedrückt würden. Alles, was die Seele betraf, wurde beiseite geschoben und von ihm wie von den anderen ganz und gar vergessen.«[61]

Im Grunde genommen hatte Las Casas sein Ziel erreicht; denn weshalb hatte er die Heimat verlassen und war in die Neue Welt gefahren? Um sich eine Existenz zu gründen und als reicher und angesehener Herr zu leben. Jetzt besaß er eine große Hacienda mit vielen Indios und ergiebigen Goldminen, er stand in einem freundschaftlichen Verhältnis zum Gouverneur und genoß dessen Achtung und Anerkennung. Sein Priesteramt verschaffte ihm Ansehen, ohne ihn in seinen Geschäften zu behindern, und er hatte das Glück, sein Leben und seinen Besitz mit einem wirklichen Freund zu teilen. Was wollte er mehr?

Umkehr

Velázquez gründete nach Baracoa fünf weitere Städte: Trinidad, Sancti Spiritus, Camaguey, Bayamo und Santiago de Cuba.

»Nachdem die Indios in der Umgebung jeder Stadt den Spaniern zugeteilt und ausgeliefert waren, schickten sie diese, jeder nach dem Ausmaß seiner Geldgier und der Weite seines Gewissens, in die Goldminen oder zu anderer Arbeit. Das vollzog sich so plötzlich und ohne jedes Erbarmen, daß in wenigen Tagen der Tod Ungezählter die Unmenschlichkeit aufzeigte, mit der man sie behandelte. In diesem ersten Zeitraum starben die Menschen rascher dahin als je anderwärts.

Als die Spanier über die Insel zogen, um sie zu ›befrieden‹, da nahmen sie aus allen Dörfern viele Indios als Träger und Diener mit, und alle aßen, und keiner säte. Die einen flohen aus den Dörfern, und die anderen, aufgescheucht und ängstlich, kümmerten sich um nichts, als daß man sie nicht tötete, wie man so viele andere getötet hatte. So blieb der Boden unbebaut und ohne Frucht. Und mit den kümmerlichen Resten von Lebensmitteln, als hätte man Nachlese gehalten, zwang man Männer und Frauen zum Frondienst, ohne genügend Nahrung zum Leben, geschweige denn, um arbeiten zu können. Und da man die gesunden Männer und Frauen in die Bergwerke und zu anderen Arbeiten wegholte, blieben die Alten und Kranken in den Dörfern allein, ohne daß sich jemand um sie gekümmert hätte, und so starben sie alle in Elend und Krankheit durch den wütenden Hunger. Einige Male, als ich in jenen Tagen über die Insel wanderte und in die Dörfer kam, hörte ich Stimmen aus den Häusern, und wenn ich hineinging und fragte, was sie hätten, dann antworteten sie: Hunger, Hunger. Und da die Spanier keinen Mann und keine Frau verschonten, die sich noch auf den Beinen halten konnten, sondern sie zur Arbeit zwangen, trockneten den Frauen, die gerade geboren hatten, die Brüste aus, sodaß sie ihre Kinder nicht mehr stillen konnten, und sie starben. Auf diese Weise kamen in ungefähr drei Monaten siebentausend Kinder um. –

So ging diese Weinlese unter den Menschen ihren Weg und nahm von Tag zu Tag an Stärke zu, und wie die Habgier wuchs, so wuchs die Zahl der Sterbenden, und der Kleriker Las Casas war eifrig mit der Bewirtschaftung seiner Hacienda beschäftigt, wie die anderen auch. Er schickte seine Indios in die Minen, um Gold zu schürfen, oder auf die Felder, um zu säen, und nutzte sie aus, sosehr er konnte; aber er achtete stets darauf, sie zu beköstigen, soweit es ihm möglich war, und sie menschlich zu behandeln und mit ihrem Elend Mitleid zu haben. Doch er kümmerte sich nicht mehr als die anderen darum, daß es ungläubige Menschen waren und daß er die Verpflichtung hatte, sie im Glauben zu belehren und sie in die Gemeinschaft der Kirche Christi zu führen.

Diego Velázquez verließ nun mit den Spaniern seiner Begleitung den Hafen von Xagua, um eine Stadt zu gründen, Sancti Spiritus; das Pfingstfest war nahe, und es gab auf der ganzen Insel keinen Priester oder Mönch, außer einem in Baracoa und dem genannten Bartolomé de las Casas. So beschloß dieser, sein Haus zu verlassen, das am Ufer des Arimao lag, eine Meile von Xagua entfernt, dort, wo er seine Hacienda hatte, und sich auf den Weg zu machen, um Pfingsten die Messe zu lesen und zu predigen. Er sah seine Predigten durch, die er beim letzten Fest gehalten hatte, und andere zu jener Zeit, und dann begann er über einige Stellen der Heiligen Schrift nachzudenken, und, wenn ich es nicht vergessen habe, war die erste und wichtigste Jesus Sirach, Kapitel 34.

›Ein Brandopfer von ungerechtem Gut ist eine frevelhafte Gabe, und Geschenke von Gottlosen sind nicht wohlgefällig. – Der Höchste hat kein Gefallen an dem, was die Unfrommen darbringen, und nicht der Opfermenge wegen verzeiht er die Sünden. – Wer ein Opfer darbringt vom Gute der Armen, ist wie einer, der den Sohn schlachtet vor des Vaters Augen. – Ein kärgliches Brot ist der Lebensunterhalt der Armen; wer ihm dies entzieht, ist ein Mörder. – Wer Blut vergießt und wer dem Arbeiter den Lohn vorenthält, die sind Brüder.‹

Er begann, sage ich, das Elend zu erwägen, das diese Menschen erlitten, und ihre Leibeigenschaft. Dabei kam ihm zustatten, was er auf der Insel Española gehört und selbst erfahren hatte. Die Dominikaner predigten nämlich, niemand könne guten Gewissens Indios haben, und deshalb nahmen sie keinem die Beichte ab und erteilten ihm Absolution, der welche besaß. Der besagte Kleriker akzeptierte das nicht. Als er einmal einem Mönch dieses Ordens beichten wollte (und er besaß damals auf Española Indios mit der gleichen Sorglosigkeit und Blindheit wie später auf Cuba), da verweigerte ihm das der Dominikaner.

Er wollte wissen, warum, und der Mönch erklärte es ihm. Er widerlegte die Begründung mit ein paar leichtfertigen Argumenten, wenngleich mit einigem Anschein von Wahrscheinlichkeit. Darauf sagte der Mönch: ›Ich folgere daraus, Padre, daß die Wahrheit immer viel Gegenrede erfährt, und die Lüge viel Zustimmung.‹ Der Kleriker gab sich schließlich geschlagen, denn der Mönch war eine verehrungswürdige Person und sehr gelehrt, sehr viel mehr als er selbst. Was jedoch die Freilassung der Indios betraf, so änderte er seine Meinung nicht.

Es war daher sehr wichtig für ihn, sich an diesen Disput zu erinnern, um die Unwissenheit und die Gefahr besser erwägen zu können, in der er sich befand. Er besaß Indios wie alle anderen, und er nahm ohne Skrupel denen die Beichte ab, die welche hatten oder haben wollten.

Einige Tage waren in dieser Betrachtung vergangen, und jeden Tag mehr befestigte sich in ihm die Überzeugung, daß alles, was man den Indios in diesen Ländern antat, ungerecht und tyrannisch war. Später pflegte er zu sagen: Seit der ersten Stunde, da er begann, die Nebel dieser Unwissenheit zu zerstreuen, habe er niemals ein Buch in Latein oder Spanisch gelesen (und das waren in vierundvierzig Jahren ungezählte), aus dem nicht klar das Recht der Indios hervorging und die Verurteilung des Unrechts, das man ihnen zufügte. Endlich entschloß er sich, darüber zu predigen. Und da er nun einmal selbst Indios besaß, bekam er umgehend die Quittung für seine Predigten. So beschloß er, um frei und ungehindert die repartimientos und encomiendas als ungerecht und tyrannisch verurteilen zu können, auf die Indios zu verzichten und sie in die Hände des Gouverneurs zurückzugeben.«[62]

Nun teilte er sich aber die Hacienda und die Indios mit seinem Freund Renteria, und der hielt sich zu dieser Zeit bei seinem Bruder in Jamaica auf, um Zuchtschweine und Saatmais einzuhandeln und andere Dinge, die es auf Cuba nicht gab. So sprach Las Casas zunächst mit Diego Velázquez und teilte ihm seine Absicht mit, die Indios zurückzugeben.

»Das waren nun ganz neue und beinah monströse Dinge für den Gouverneur – einmal, weil der Kleriker, der bis jetzt in den Dingen dieser Welt untergegangen war wie die anderen, nun plötzlich der Meinung der Dominikaner war und daß er es auch noch wagte, es öffentlich bekannt zu machen; das zweite war, daß der, der eine solche Begabung hatte, in kürzester Zeit reich zu werden, und der langsam in den Ruf kam, gewinnsüchtig zu sein, so fleißig wirtschaftete er auf seiner Hacienda, – daß der auf einmal eine solche Geringschätzung der weltlichen Güter zeigte und auf sie verzichtete. Der Gouverneur war in hohem Maße erstaunt, und mehr im Hinblick auf den Besitzstand des Klerikers als auf die Gefährdung seiner selbst als dem Haupt der Tyrannei, der die Indios auf dieser Insel unterworfen waren, sagte er: ›Gebt acht auf das, was ihr tut, Padre, damit ihr es nicht bereuen müßt, denn bei Gott, ich will Euch reich und im Wohlstand sehen.‹«[63]

Er weigerte sich, den Verzicht auf die Indios anzunehmen, und schlug eine Bedenkzeit von vierzehn Tagen vor. Las Casas ging darauf nicht ein; er bat nur darum, die ganze Angelegenheit geheimzuhalten, bis er mit Renteria gesprochen habe. Diesem schrieb er und bat ihn, schnellstens zurückzukommen:

»Er habe beschlossen, in einer bestimmten Sache von großer Bedeutung nach Kastilien zu reisen, und wenn jener sich nicht beeilte, müsse er abreisen, ohne auf ihn zu warten – etwas, das für den guten Renteria unvorstellbar war.«[64]

Dem heimgekehrten Freund entwickelte Las Casas seine Pläne. »So wißt, Herr und Bruder, daß ich nichts anderes vorhabe als die vollständige Abhilfe für diese Unglücklichen, die wir dahinsterben sehen, ohne ihren Untergang und unsere Verdammnis wahrzunehmen – blind, gefühllos und inhuman. Ich habe viel darüber nachgedacht seit der Pfingstpredigt, und ich fand, daß weder der König noch sonst eine Macht auf Erden unseren tyrannischen Einfall in Westindien rechtfertigen können, noch die infernalischen Repartimientos, durch die wir die Indios töten und die Erde verwüsten, wie es sichtbar wird auf den Inseln Española, Puerto Rico, Jamaica und auf den Lukayas. Und so werden unsere Tyrannei und unsere Bosheit verdammt, denn wie viele unschuldige Menschen haben wir ohne Glauben und Sakramente ins ewige Verderben gestoßen. – Kurz, es genügt zu sagen, daß alles, was wir tun und getan haben, gegen die Intention Jesu Christi und gegen die Barmherzigkeit ist, die er uns in seinem Evangelium aufgetragen hat; und allem, was wir tun, widerspricht die ganze Heilige Schrift.«[65]

Abschied von Cuba

Die Stunde des Abschieds von Cuba und von Pedro de Renteria war gekommen. Las Casas hat weder den Freund noch die Insel jemals wiedergesehen. Die Überfahrt nach Spanien kostete natürlich Geld, aber dieses Problem war seit der Rückkehr Renterias geklärt.

»Dieser hatte in der Karavelle viele Schweine, Eber und Säue mitgebracht, und Kassavebrot, nach dem hier große

Nachfrage bestand, und Mais und andere Dinge, die viel wert waren. Das alles und was sonst noch vorhanden war, machten sie zu Geld, und der Kleriker erhielt einen guten Anteil, von dem er in den Jahren, da er bei Hofe war, leben konnte.«[66]

Las Casas wußte, worauf er sich einließ, wer seine Gegner waren oder werden mußten, und so ließ er sich ein Zeugnis ausstellen über die Dienste, die er in den letzten dreieinhalb Jahren Gott und dem König geleistet hatte. So kam das Gerücht auf, er verlasse die Insel, um in Paris zu studieren und einen akademischen Grad zu erwerben. Er unternahm nichts, um diese Vorstellung zu korrigieren. Im Sommer 1515 verließ er Cuba.

Sein nächstes Ziel war Española, denn von Santo Domingo aus fuhren die Überseeschiffe im Konvoi nach Spanien. Las Casas wollte den Zwischenaufenthalt benutzen, um Pedro de Córdoba zu sehen und ihm von seinen Plänen zu erzählen. Dieser lobte seine Absichten und beglückwünschte ihn, war aber in gewisser Hinsicht skeptisch: »Padre, Ihr werdet den Lohn Eurer Arbeit nicht verlieren, denn Gott wird sie Euch anrechnen. Aber seid gewiß: Solange der König lebt, werdet Ihr nichts von dem erreichen, was Ihr erstrebt.«

»Der Kleriker verstand, was das heißen sollte. Es konnte nichts anderes gemeint sein als dies: Der Bischof von Burgos (Juan Rodriguez de Fonseca) und der Sekretär Lope Conchillos standen beim König in höchstem Ansehen, und diese beiden waren so fest eingewurzelt in den Irrglauben, die Spanier dürften sich ohne die geringsten Gewissensskrupel Indios zuteilen und sich ihrer bedienen, so daß es unmöglich schien, sie aus dieser falschen Vorstellung zu reißen, zumal sie selbst – wie auch andere vom Rat des Königs – Indios besaßen. – Der Kleriker Las Casas, wenngleich es ihn bedrückte, solche Worte zu hören, wurde dadurch nicht entmutigt. Ihm schien, Gott gäbe ihm Eifer und Verlangen, die Rettung jener Unglücklichen in Angriff zu nehmen, und dazu eine große Beharrlichkeit, und so gab er zur Antwort:

›Padre, ich werde alle Wege ausprobieren, die es gibt, und jede Mühe auf mich nehmen, die kommt, um zu erreichen, was ich angefangen habe. Und sollte mir das nicht beschieden sein, so werde ich getan haben, wozu ich als ein Christ verpflichtet war.‹«[67]

Im September 1515 schiffte sich Bartolomé de las Casas ein. Mit ihm reisten Antón Montesino und ein weiterer Ordensbruder. Da der Konvent in Santo Domingo – auf Spenden angewiesen, aber bei den Siedlern alles andere als beliebt – sehr arm war und bitter Not litt, sollte er vom König Gelder für Kirche und Kloster erbitten.

»Dank der Gnade Gottes kamen sie nach glücklicher Überfahrt in Sevilla an. Pater Fray Antón Montesino ging mit seinem Gefährten in sein Kloster, und der Kleriker in die Wohnung seiner Verwandten, denn er war dort zu Hause, und nach wenigen Tagen beeilte er sich, an den Hof zu kommen, der zu jener Zeit in Plasencia Station machte.«[68]

Die Junta von Burgos

In der Karibik kannte sich Las Casas aus. Dreizehn Jahre hatte er dort unter Conquistadoren, Siedlern und Indios zugebracht. Jetzt betrat er Neuland: den königlichen Hof. Die drei maßgeblichen Männer waren Ferdinand von Aragón, dreiundsechzig Jahre alt und krank, sein Sekretär Lope Conchillos und Bischof Fonseca, praktisch der Regent der Überseegebiete; wichtig auch die Herren vom

Kronrat. Keiner von ihnen kannte die Länder und Leute der Neuen Welt aus eigener Erfahrung, alle waren angewiesen auf das, was man ihnen erzählte. Die Methode der Urteilsfindung war erprobt; wann immer eine Grundsatzentscheidung zu fällen war, stets vollzog sich das gleiche: Der König berief eine Junta von Theologen und theologisch geschulten Juristen, die das Problem von allen Seiten zu durchdenken hatten und dann Vorschläge machten, die dem König eine Entscheidung ermöglichten.

Es gab eine Schwierigkeit, und dieser war man sich bewußt. Weder die spanischen Theologen noch die Juristen waren auf die Entdeckung Amerikas und so vieler neuer Völker vorbereitet – wie hätten sie es auch sein sollen? Die Fakten hatten gegenüber jeder Theorie ihren Vorsprung. Zuerst war Columbus von den Katholischen Königen ausgesandt worden, um Inseln und Festländer im Ozeanischen Meer zu entdecken und zu erobern. Dann war der Papst verständigt und um die Übertragung der Oberherrschaft ersucht worden. Erst danach begann man, sich über eine rechtliche Begründung Gedanken zu machen. Daß man dies überhaupt tat, ist das Erstaunliche. Üblich war es – vorher und nachher – nicht. Aber die spanischen Könige, Ferdinand und Isabella, Karl, Philipp, sie wollten, daß alles, was sie in der Neuen Welt taten oder wofür sie die Verantwortung trugen, Rechtens sei.

Um für das unvermutete Neue geistig gewappnet zu sein, ging man gut zweihundert Jahre in der Kirchengeschichte zurück. Da fand sich zum ersten die sogenannte Zwei-Schwerter-Theorie aus der zweiten Hälfte des XIII. Jahrhunderts. Heinrich von Segusia, Kardinalbischof von Ostia, deshalb Hostiensis genannt, und Papst Bonifaz VIII. waren ihre Hauptvertreter. Inhalt der Lehre – etwas vereinfacht – war: Geistliche und weltliche Oberherrschaft sind in einer Hand vereint, der des Papstes.

Man berief sich auf das Wort des Auferstandenen: »Mir ist alle Macht gegeben im Himmel wie auf Erden.« Diese Macht war von Christus auf Petrus übergegangen und dann von Papst zu Papst weitergegeben worden. Da nun kein Papst den Königen und Kaziken der Indios jemals einen Teil seiner Macht delegiert hatte, besaßen sie auch keinerlei legale und legitime Regierungsgewalt, und so konnte sie der Papst ohne weiteres auf die spanischen Könige übertragen.

Widerspruch gegen diese Auffassung kam zuallererst und am nachdrücklichsten von den Dominikanern. Er ging zurück auf die Naturrechtslehre des großen Ordensbruders Thomas von Aquino, Zeitgenosse des Hostiensis. Hier hieß es: Alle Menschen sind auf Gesellschaft hin angelegt; darum schaffen sie sich übergreifende Ordnungen, in denen sie leben, und so gibt es Herrschaft und Besitz bei allen Menschen, ob sie nun Christen sind oder nicht. Niemand, kein Kaiser und kein Papst, hat das Recht, heidnische Herrscher ihrer Regierungsgewalt zu berauben oder den Besitz ihrer Untertanen an sich zu bringen.

Beide Theorien wurden bei der Debatte ins Feld geführt.

Die Junta von Burgos war einberufen worden, um in der Frage der Indio-Zuteilungen Klarheit zu schaffen. Noch bevor Pater Montesino seine fulminante Predigt gegen die Encomienda hielt, schickten die Siedler von Española zwei Prokuratoren an den Hof. Sie wollten wissen: Waren die Indio-Zuteilungen zeitlich befristet oder nicht? Verfielen sie mit dem Tod des Begünstigten, oder waren sie vererbbar? Konnte man den König dazu bringen, jeder Encomienda eine Gültigkeit für alle Zeit und Ewigkeit zu verleihen oder wenigstens für drei Leben: das des Siedlers, seines Sohnes und des Enkels? Fünf Juristen und drei Theologen unter dem Präsidium Fonsecas zerbrachen sich darüber die Köpfe.

Der Jurist Juan López Palacios Rubios rechtfertigte die Oberherrschaft der spanischen Könige über die westindischen Länder mit der alten Zwei-Schwester-Theorie des Hostiensis. Der Lizentiat Gregorio, Prediger des Königs, berief sich auf Aristoteles: »Der Gewaltherrschaft zu unterwerfen sind die Barbaren, die von Natur aus Sklaven sind, wie diese Indios, die, so sagen alle, wie Tiere sind, die sprechen.«[69]

Bernardo de Mesa, Dominikaner und Beichtvater des Königs, meditierte gleichfalls über Aristoteles und führte den Gedanken der »Sklaven von Natur« weiter aus: »Oder vielleicht sind sie Sklaven durch die natürliche Beschaffenheit ihres Heimatbodens, denn es gibt einige Länder, wie die Normandie und Teile der Dauphiné, bei denen bestimmte Stellungen von Sonne, Planeten, Erde und Mond Sklaven hervorbringen.«[70] Der einzige, der eine andere Sprache sprach, war der Dominikaner Matias de Paz, Regens des Colegio San Gregorio in Valladolid.

»Er verwarf und verurteilte die Art und Weise, sich der Indios durch repartimientos zu bedienen, als despotisch und forderte: Die Spanier, die sich auf diese Weise der Indios bedient haben, sind verpflichtet, alles, was sie mit deren Hilfe erworben haben, zurückzuerstatten und die Schäden, die jene dadurch erlitten haben, wiedergutzumachen.«[71]

Nach der Adventspredigt des Antón Montesino vom Dezember 1511 ist der Traktat des Matias de Paz von 1512 der zweite wichtige Beitrag der Dominikaner zur Debatte der Menschenrechte der Indios.

Die Gesetze von Burgos

Die neumodischen Ideen der Dominikaner hatten den Palast des Vizekönigs und die Bewohner der Stadt Santo Domingo in Aufruhr versetzt, und die Nachricht davon war mitten in die Beratungen von Burgos hineingeplatzt. König Ferdinand war empört: Schließlich hatten er und die Königin die Zwangsverpflichtung der Indios angeordnet, nachdem eine Junta von Juristen und Theologen eine solche Maßnahme gebilligt hatte. Am 20. März schreibt er dem Vizekönig, der Königliche Rat sei der Auffassung, alle Dominikaner der Insel sollten auf ein Schiff gebracht und nach Spanien geschickt werden, wo sie ihre Oberen zur Verantwortung ziehen und bestrafen müßten. Vier Tage zuvor war der Ordensprovinzial vor den Königlichen Rat zitiert worden. Noch am selben Tag schrieb er einen Brief an den Generalvikar und eine Woche später direkt an Pedro de Córdoba und verbot allen Ordensbrüdern, weiterhin solche Predigten zu halten. Irgendwann im Mai konnten diese Briefe in Santo Domingo sein.

Vorher aber hatte sich die Kolonistenpartei entschlossen, einen Wortführer in ihrer Sache zum König zu entsenden; und da der Angriff von Mönchen ausgegangen war, wählten auch sie einen, den Prior der Franziskaner, Alonso de Espinal. Die Dominikaner schickten Antón Montesino hinüber und beide reisten gleichzeitig, aber auf verschiedenen Schiffen ab.

Als sie in Burgos eintrafen, wurde Alonso de Espinal vom König empfangen, »als käme der Erzengel Michael, von Gott gesandt«. Für Montesino hingegen begannen schlechte Zeiten; niemand wollte ihn sehen – »nicht einmal gemalt«. Der Zutritt zum König wurde ihm verwehrt. So mußte er den Türhüter umgehen, die Etikette beiseite schieben, die Anmeldung vergessen – und stand dann doch vor seinem König. Dieser hörte ihn an – und war zutiefst betroffen. Es hat wirklich den Anschein, als hätte er jetzt zum erstenmal authentische Berichte über die Greuel in Westindien erhalten. »Eso es posible?« – »So etwas ist möglich?«, soll er gefragt haben[72]. Von Strafe und Rückberufung der Dominikaner war nicht mehr die Rede.

Pedro de Córdoba aber war indessen Montesino nachgereist, als er den Brief seines Ordensprovinzials erhalten und begriffen hatte, was ihnen allen drohte.

»Als er ankam, fand er die Arbeit an den Gesetzen beendet. Er las sie, und er sah darin den Untergang der Indios beschlossen, denn sie verblieben in der Gewalt der Spanier, zugeteilt wie Vieh. Und was er noch beklagte: Diese Gesetze waren formuliert worden von Persönlichkeiten in hohen Würden und von großer Autorität, dazu in voller Übereinstimmung, so daß niemand etwas dagegen sagen konnte, ohne für eingebildet, vermessen oder dumm gehalten zu werden.«[73]

Pedro de Córdoba sprach mit dem König. Er berichtete von den vielen und schrecklichen Mißständen und fügte hinzu, es sei unmöglich diese durch die beschlossenen Gesetze auszuräumen. Da machte Ferdinand einen beinahe unglaublichen Vorschlag:

»Übernehmt Ihr es, Pater, dem abzuhelfen; Ihr erweist mir einen großen Dienst. Ich werde anordnen, daß man das, was Ihr bestimmt, achtet und ausführt.«[74]

Doch Pedro de Córdoba lehnte ab. Er war zu jung an Jahren, hatte fast nur im Kloster gelebt und keinerlei Erfahrung in so schwierigen weltlichen Angelegenheiten, in denen er die ganze Junta gegen sich wußte. Er bat den König, ihn mit dieser Aufgabe nicht zu belasten. Las Casas war, als er später davon erfuhr, sehr betroffen.

»Dies war, wie ich glaube, das erste Mal, daß sich Hilfe

für die Indios anbot und zugleich dem in die Hände gelegt wurde, der ihnen hätte helfen können. Wenn er zugestimmt hätte, so gibt es keinen Zweifel, daß diese Tyrannei, ohne weiter Wurzeln zu schlagen, ausgerottet worden wäre. Doch so, da der Pater nicht einwilligen wollte, stürzten die Indios ins Unglück, und noch unseliger wurden die Spanier, die in jenen Zeiten auf diese Weise ihr Geld verdienten, und alle die, die sich von damals bis heute daran angesteckt haben.«[75]

»So gibt es keinen Zweifel . . .«? Las Casas unterschätzt noch den Einfluß der Fonseca und Conchillos und vor allem die Tatsache, daß alle diese hohen Herren nur das praktizierten, worauf alle Siedler und Soldaten bestanden, und das gab den Ausschlag.

»Im Kleriker war eine große Hoffnung aufgekeimt: Der König war alt und dem Tode nah und nicht durch Kriege abgelenkt – wenn er jetzt die Wahrheit erführe, würde den Indios geholfen. – So wie der Kleriker öfters zu sagen pflegte: Um Westindien zu helfen, sei weiter nichts nötig als ein König, alt, mit einem Fuß im Grab und frei von Kriegsgeschäften.«[76]

». . . mit einem Fuß im Grab . . .« – das hieß zu jener Zeit: von Höllenangst geschüttelt. Montesino und Pedro de Córdoba machten Ferdinand klar, für welche Greueltaten er vor Gott die Verantwortung trage. Der König wollte die Zustände wirklich ändern. Am 27. Dezember 1512 waren die Gesetze von Burgos verkündet worden, doch Ferdinand gab sich nun damit nicht zufrieden. Er ließ die Junta noch einmal zusammentreten, diesmal in Valladolid, um über Verbesserungen zu beraten. So wurde dem Gesetzeswerk das Verbot eingefügt, Jungen und Mädchen unter vierzehn Jahren zur Zwangsarbeit zu verpflichten. Von den fünf Zusätzen, die in Valladolid beschlossen wurden, gingen die ersten vier, versichert Las Casas, auf Pedro de Córdoba zurück; der fünfte nicht. Wieder einmal setzte sich die Lobby der Siedler und anderer Interessenten durch, und so wird dieser Text noch ganz zum Schluß hineingeschmuggelt. Die Indios, so hieß es darin, hätten dem König neun Monate im Jahr zu dienen. Dieser aber habe das Recht, deren Dienstleistungen als besondere Gunst an Mitglieder seines Hofes zu übertragen.

»Kaum waren die Nachtragsgesetze verkündet, erbaten die Günstlinge des Königs jeder für sich eine Zuteilung von Indios, und einer der ersten war der Bischof von Palencia, Don Juan de Fonseca, der seit der Entdeckung Westindiens immer der Präsident seiner Regierung war. Dieser Herr Bischof erhielt achthundert Indios, zweihundert auf jeder der vier Inseln Española, Cuba, Puerto Rico und Jamaica. Der Sekretär Lope Conchillos erhielt tausendeinhundert, wie man gehört hat.«[77]

Das Spiel war aus. Pedro de Córdoba sah nach der Verabschiedung der Gesetze mitsamt der Nachträge keine Hoffnung mehr für die Indios auf Espanola. Er faßte den Plan, mit seinen Ordensbrüdern ein neues Missionsgebiet zu erschließen, die venezolanische Küste bei Cumaná.

Das Requerimiento

König Ferdinand blieb mit seiner Gewissensnot allein. So entstand eines der sonderbarsten Dokumente aus der Anfangszeit der Conquista – »Die Aufforderung«.

»Dieses Requeremiento verfaßte der ehrwürdige Doktor Palacios Rubios, mit dem ich sehr befreundet war und der mir das selbst gesagt hat. Sicher ist dieser Text der Seine und aus seinem Mehl gebacken, denn er gründet sich in allem auf die Irrtümer des Hostiensis, dessen Anhänger er war.«[78]

Pedrarias Davila, 1513 zum Gouverneur des Darien ernannt, bekommt diesen merkwürdigen Text zum erstenmal mit auf den Weg. Er muß nun jedesmal und allerorten verlesen werden, wo immer man sich anschickt, in Indioland einzudringen. Der erste, längere Teil beginnt mit Adam und Eva und enthält die Proklamation der spanischen Oberherrschaft über die Neue Welt, hergeleitet aus der Schenkung des Papstes an die Katholischen Könige. Der zweite Teil ist die eigentliche »Aufforderung«.

»Deshalb bitten und ersuchen wir euch, sosehr wir nur können, gut auf das zu hören, was wir euch sagen. Nehmt euch die angemessene Zeit, um es zu verstehen und darüber zu beraten. Erkennt die Kirche als Herrin und Oberhaupt der ganzen Welt an und den obersten Pontifex, Papst genannt, und in seinem Namen den König und die Königin Johanna, unsere Herren, als Könige und oberste Herrscher dieser Inseln und des Festlands kraft der genannten Schenkung und erlaubt und laßt zu, daß diese Mönche euch das Gesagte verkünden und erklären.

Wenn ihr dies tut, handelt ihr recht und so, wie ihr es Ihren Hoheiten schuldig seid, und in ihrem Namen werden wir euch in aller Liebe und Barmherzigkeit aufnehmen. Wir werden euch eure Frauen und Kinder belassen und ebenso eure Äcker und Felder, frei und ohne Frondienst, auf daß ihr über das Eurige frei verfügt und tut, was ihr für richtig haltet. Wir werden euch nicht nötigen, Christen zu werden, es sei denn, daß ihr, in der Wahrheit unterwiesen, selbst verlangt, zu unserem heiligen katholischen Glauben überzutreten, wie es fast alle Bewohner der anderen Inseln getan haben. Außerdem werden Ihre Hoheiten euch viele Privilegien einräumen und viele Gnaden erweisen.

Solltet ihr das nicht tun wollen und tückischerweise in diesem Zögern verharren, dann, das bescheinigen wir euch, werden wir mit Gottes Hilfe gewaltsam bei euch einmarschieren und euch mit Krieg überziehen, überall und auf jede nur mögliche Weise, und euch unter das Joch und den Gehorsam der Kirche und ihrer Hoheiten beugen. Wir werden euch eure Frauen und Kinder nehmen und euch alle zu Sklaven machen, und als solche werden wir euch verkaufen und über euch verfügen, wie es Ihre Hoheiten anordnen. Wir werden euch eure Habe nehmen, euch jeden Schaden und alle Übel zufügen, die uns möglich sind, als Vasallen, die ihrem Herrn nicht gehorchen, sondern ihm widerstehen und widersprechen.

Wir bekunden feierlich, daß das Blutvergießen und die Schäden, die hieraus erwachsen, eure Schuld sind, nicht die Ihrer Hoheiten, nicht die unsere und dieser Ritter, die mit uns gekommen sind. Den anwesenden Notar ersuchen wir, schriftlich zu bestätigen, daß wir dies verkündet und bekannt gemacht haben, und die Umstehenden bitten wir, als Zeugen zu dienen.«[79]

Man könnte diesen Teil des Requerimiento unter die Titel »Lüge und Wahrheit« stellen. Der vorletzte Absatz (»Wenn ihr dies tut, handelt ihr recht«) enthält die Lüge. Kein Hauptmann hätte es wagen dürfen, den Indios den Besitz »ihrer Frauen und Kinder, Äcker und Felder frei und ohne Frondienst« zu garantieren und damit seine Soldaten um ihre Beute, das heißt um ihren Sold zu bringen. Anders ausgedrückt: Es wurde gar nicht damit gerechnet, daß die Indios auf dieses Angebot eingingen.

Der letzte Passus (»Solltet ihr das nicht tun wollen . . .«) enthält die Wahrheit. Die Beratung der Gesetze von Burgos hatte alle von den Conquistadoren begangenen Verbrechen ans Licht gebracht, Verbrechen, für die der König und seine Ratgeber die Verantwortung trugen. Das sollte künftig anders werden, doch es zeigte sich (und Pedro de Córdoba bewies es ihnen), daß damit trotz der Gesetze nicht zu rechnen war. Also mußte ein anderer Ausweg gefunden werden, und so bot sich eine »juristische« Lösung an. Der untadelige Christ und Rechtsgelehrte Palacios Rubios nahm den doppelten Verrat an sich selbst auf sich. Er beschwor ausdrücklich alle Untaten, die die Conquistadoren und ihre Männer in der Vergangenheit verübt hatten und auch in der Zukunft immer wieder begehen würden: Krieg und Mord, Raub und Versklavung – und formulierte sie um in eine Strafaktion für das crimen laesae majestatis, das Majestätsverbrechen, dem vom Papst benannten obersten Herrscher der neuen Welt nicht huldigen zu wollen.

Las Casas schreibt dazu in der »Historia«: »Es bleibt zu reden über die Schmach und die Schande für den Glauben und die christliche Religion und für Jesus Christus selbst, eine Schmach die notwendigerweise aus diesem Requerimiento hervorgehen mußte und hervorgegangen ist. Denn was sich außerhalb von Recht und Ordnung bewegt und auf ungerechtem Anfang gründet, das irrt nicht in dem einen oder anderen Teil, sondern in tausenden, bis das ganze sittliche oder politische Gebäude korrumpiert wird und verkommt und Bosheit und Arglist den Zustand ihrer Vollendung erreichen.«[80]

Am Hofe Ferdinands

Wenige Tage vor Weihnachten und ausgestattet mit einem Empfehlungsschreiben, das ihm der Erzbischof von Sevilla, der Dominikaner Diego de Deza, mitgegeben hatte, kam Las Casas an den Hof in Plasencia. Ferdinand war unterwegs nach Sevilla, um dort auf Einladung Dezas den Winter besser zu überstehen. Las Casas war sich klar darüber, daß er vom Sekretär des Königs und von Bischof Fonseca nur Schwierigkeiten zu erwarten hatte, und deshalb versuchte er – mit Erfolg – an ihnen vorbeizukommen. Am Tag vor Heiligabend wurde er vom König empfangen. Der hörte Las Casas freundlich an, und dieser bat ihn um eine längere Audienz, um ihn ausführlich informieren zu können. Der Bericht über dieses Gespräch ist einigermaßen wortkarg geraten.

»Der König antwortete, daß er dies gern gewähre und daß er ihn an einem Tag nach Weihnachten anhören wolle. Er gab ihm den Brief des Erzbischofs von Sevilla, küßte ihm die Hände und ging. Den Brief übergab der König dem Sekretär Conchillos, ungelesen, wie ich glaube, als eine Angelegenheit, die Westindien betraf. So kam die Heimlichkeit ans Licht, hatte doch der Padre Las Casas gewollt, daß der Brief weder Conchillos noch dem Bischof von Burgos zu Gesicht käme.«[81]

Las Casas wandte sich an den Beichtvater des Königs, doch Ferdinand hatte bereits entschieden, vier Tage nach Weihnachten die Reise fortzusetzen; in Sevilla solle ihn Las Casas erwarten. Der Beichtvater gab ihm jedoch den Rat, auf jeden Fall den Bischof von Burgos und den Sekretär des Königs vorher zu informieren, denn am Ende würde ja doch alles in ihre Hände gelangen. Las Casas willigte, wenn auch nicht ganz überzeugt, ein.

Von Conchillos wurde er über alle Maßen freundlich empfangen: Er solle ihn um welches Amt und welche Pfründe auch immer bitten, er würde sie ihm geben. Das Gespräch mit dem Bischof verlief in einem härteren Ton. Las Casas berichtete von den Grausamkeiten auf Cuba und besonders vom Hungertod der siebentausend Kinder, und hierüber ereiferte er sich am meisten.

»Da antwortete der Bischof (und er war es, der Westindien regierte): ›Seht diesen drolligen Narren! Was geht das mich, was geht das den König an?‹ Das waren seine Worte! Da erhob der Kleriker seine Stimme und sagte: ›Wenn diese

Seelen sterben, geht das Euer Gnaden und den König nichts an? O ewiger großer Gott! Und wen dann soll es etwas angehen?‹ Und dies gesagt, ging er.«[82]

Las Casas erwartete den König in Sevilla, doch der kam nicht. Am 23. Januar 1516 starb er unterwegs in einem kleinen Dorf, das am Wege lag. Das Regiment König Ferdinands war zu Ende. Es hatte Spanien Größe und den Indios den Untergang gebracht.

Kardinal Jiménez

Am 24. Februar 1516 feierte in Brüssel Karl von Gent seinen sechzehnten Geburtstag. Sein Vater, vor zehn Jahren gestorben, war Philipp der Schöne von Burgund, seine Mutter Johanna die Wahnsinnige. Von Vaters Seite her war Karl der Enkel des deutschen Kaisers Maximilian, von seiten der Mutter Erbe der Katholischen Könige. Als man in Brüssel den Tod Ferdinands erfuhr, ließ Karl sich und seine Mutter als Könige von Kastilien und Aragón ausrufen. (Johanna die Wahnsinnige galt als nicht regierungsfähig). Der tote König hatte testamentarisch verfügt, daß bis zur tatsächlichen Regierungsübernahme Karls die Amtsgeschäfte von zwei Regenten wahrgenommen werden sollten.

Der Regent Kastiliens war Kardinal Francisco Jiménez de Cisneros, ein Greis von achtzig Jahren, Franziskaner, ehemals Beichtvater der Königin Isabella, Erzbischof von Toledo und damit Primas von Spanien. Er war maßgeblich beteiligt an der Reform der spanischen Mönchsorden, Gründer der Universität Alcalá de Henares und Herausgeber der Complutense, der berühmten mehrsprachigen Bibel. Kurz, wie es im Lexikon heißt: »Als Staatsmann, Theologe, Mäzen und Humanist erasmianischer Prägung erneuerte er die religiöse und wissenschaftliche Kultur Spaniens.«

Aber – die Austreibung der Juden aus Spanien, die Versklavung der Mauren, die in Malaga der Belagerung hartnäckig widerstanden hatten, die Vertreibung der Moslems, die den Übertritt zum Christentum verweigerten, der Scheiterhaufen in Granada, auf dem wertvolle arabische Bücher und Handschriften verbrannten, auch dies war das Werk des Jiménez.

Der zweite Mann der Interimsregierung in Kastilien war Adrian von Utrecht, Erzieher des Prinzen Karl, Dekan der Universität Löwen, später Bischof von Tortosa, schließlich Papst.

Angesichts des hohen Ranges der beiden Regenten klingt die Eintragung in der »Historia« fast ein wenig burschikos:

»Der Kleriker Las Casas, der in Sevilla den Tod des Königs erfahren hatte, schickte sich an, nach Flandern zu gehen, und kam nach Madrid, um dem Kardinal und dem Mitregenten Adrian von den Übeln in Westindien und seinen diesbezüglichen Plänen Mitteilung zu machen, und er sagt ihnen, wenn sie darin Abhilfe schaffen wollten, bliebe er hier, wenn nicht, zöge er weiter.«[83]

Die beiden hohen Herren waren offenbar von der Forschheit des jungen Mannes so angetan, daß sie auf das Ultimatum eingingen. Für Las Casas begann eine Zeit unglaublicher Hochstimmung. Der Kardinal gab ihm zur Unterstützung den Ratgeber zur Seite, den er selbst am meisten schätzte, Juan López de Palacios Rubios, den Verfasser des Requerimiento. Zur großen Freude des Las Casas kam Antón Montesino an den Hof, und Jiménez gestattete, daß auch dieser zu den Beratungen zugezogen wurde. Jiménez wollte mit aller Entschlossenheit eine Reform der Zustände in Westindien, und so schuf er dafür die Voraussetzung. Nach mehr als zwanzig Jahren beinah absoluter Machtvollkommenheit wurde Bischof Fonseca seiner Funktionen enthoben und durch einen engen Mitarbeiter des Kardinals, den Bischof von Avila, ersetzt. Fonseca, der Sekretär Lope Conchillos und die Herren des Hofes verloren die ihnen zugeteilten Indios. Las Casas hatte – so wurde ihm besätigt – das Herz des Kardinals gewonnen. Der tägliche Umgang mit ihm war für den »kleinen Weltgeistlichen« eine Schule von unschätzbarem Wert.

»Der Kleriker sah, daß die Tyrannei auf den Inseln und dem Festland tief eingewurzelt war, und wie die Menschen durch sie dahinstarben. Und doch wagte er es nie, von der Freiheit der Indios zu reden oder dergleichen auch nur anzudeuten, als hätte er Angst, etwas Absurdes oder Blasphemisches zu sagen. Eines Tages jedoch, als er mit dem Kardinal über die Unterdrückung und die Leibeigenschaft der Indios sprach und die Frage stellte, mit welchem Recht sie so heimgesucht würden, da antwortete Jiménez erregt: »Mit keinem Recht! Wieso – sind sie nicht frei? Wer zweifelt daran, daß sie frei sind?!« Von diesem Tage an wagte es der Kleriker, überall und offen zu erklären, die Indios seien frei. Alles, was er je gegen die Tyrannei der Spanier und zugunsten der Indios vorbrachte – hier hat es begonnen.«[84]

Dieses Gespräch war für Las Casas wohl das wichtigste Erlebnis zu Beginn seiner Laufbahn als Anwalt der Indios. Und doch beruhte es auf einem Mißverständnis. Für Las Casas bedeutete »Freiheit der Indios« die eine ungeteilte Freiheit, die sie besaßen, bevor die Spanier kamen. Der Kardinal hingegen unterschied zwischen Freien und Sklaven, und Sklaven waren die Indios nicht. Sie waren, wie er es sah, so etwas wie Söhne, unselbständig und ihren Vätern zu absolutem Gehorsam verpflichtet. Sie in ihre frühere Freiheit zu entlassen, hätte bedeutet, alle bisherigen Missionserfolge preiszugeben und die Indios in ihren alten Aberglauben zurückzustoßen. Auch die Aufnahme des Montesino in das beratende Gremium kam einer (sicherlich unbeabsichtigten) Irreführung des Las Casas gleich. Der Regent Jiménez de Cisneros verabscheute den Aufruhr, den die Adventspredigt ausgelöst hatte, und lehnte ihre theologischen Voraussetzungen kategorisch ab.

Er war ein halbes Jahrhundert älter als Las Casas, und seine Regierungskunst (die er ganz sicherlich besaß) hatte einen anderen Zuschnitt als die, die sich Las Casas für Westindien wünschte. Was er, unerfahren im Leben bei Hofe, nicht sah oder falsch einschätzte, war dies: Schon bevor er kam, verfügte der Kardinal über Informationen aus der Neuen Welt, wenn auch einseitig aus der Sicht der Encomenderos. Jetzt zeigte ihm Las Casas auch die Kehrseite der Medaille, und so rundeten sich für ihn die einzelnen Details zu einem Gesamtüberblick. Aber das hieß nicht, daß von nun an die Ansichten Las Casas' die einzig gültigen, auch vom Kardinal in diesem Sinne akzeptierten waren.

Dennoch: Las Casas hatte allen Grund, sich geehrt und bevorzugt zu fühlen und in seinen Bestrebungen richtig verstanden. Jiménez sah in ihm einen Gewinn für seine Reformpläne und ermunterte ihn, seine Meinung zu sagen und seine Überlegungen schriftlich vorzulegen.

Von März bis Juni 1516 entstanden die ersten drei Denkschriften, die Las Casas zur Rettung der Indios verfaßt hat. Das wichtigste, umfangreichste und detaillierteste ist das zweite »Memorial de Remedios«. Das erste ist nur in der Zusammenfassung erhalten, die das Sekretariat Lope Conchillos' angefertigt hat. Es endet:

»Er benennt zwei Gründe, die diese Zerstörung von Anfang an verursacht hätten: erstens das Übermaß an Arbeit, das die Spanier in ihrer Habgier den Indios aufgebürdet hätten; zweitens die schlechte Behandlung und den Mangel an Sorge, ihnen Essen und Kleidung zu geben, wie es bei dieser Arbeit nötig gewesen wäre.«[85]

Das dritte Memorial beschreibt die Folgen dieses Verfahrens:

»Und so ist es gekommen, daß die Indios, schlecht behandelt und noch schlechter verpflegt und sehr abgearbeitet, sich vermindert haben von einer Million Seelen, die es auf Española gab, auf fünfzehn- oder sechzehntausend, und sie werden alle sterben, wenn nicht schnellstens geholfen wird.«[86]

Prokurator der Indios

Vierundzwanzig Jahre nach der Entdeckung war die Entvölkerung der Großen Antillen so weit fortgeschritten, daß es für die Spanier nur noch zwei Möglichkeiten gab: Entweder man ließ die totale Ausrottung der Ureinwohner stillschweigend geschehen und sah sich nach neuen Arbeitskräften um – oder aber, man versuchte um jeden Preis (und den hätten die Spanier zahlen müssen) die ausgemergelten Indios wieder aufzupäppeln und gesundzupflegen so lange, bis sie ihre Lebenskraft wieder erlangt hatten. Um die Entscheidung dieser Frage ging es, als Bartolomé de las Casas begann, sich in die Geschichte einzumischen. Wie eine Hilfe aussehen könnte, beschreibt das zweite Memorial.

Zunächst seien alle Indios auf allen Inseln von jeder Arbeit freizustellen, welche es auch sei, damit sie wieder zu Kräften kämen. Während dieser Zeit müßten sie ausreichend mit Nahrung versorgt werden. Besonders für Cuba sei schnellste Freistellung geboten, denn hier lebten noch mehr Indios als auf den früher eroberten Inseln, und so könnte dort noch einiges bewirkt werden.

Und weiter fordert er: Wenn es darum geht, die Indios wieder in den Arbeitsprozeß einzugliedern, gilt folgendes: Da es sich als tödlich herausgestellt hat, daß man die Indios einzeln den einzelnen Spaniern zuteilte, sollen von nun an in jeder spanischen Ansiedlung Gemeinschaften (comunidades) gebildet werden, in denen die zugeteilten Indios als Gruppen unter ihren Kaziken zusammenbleiben und gemeinsam arbeiten.

Für sie sind in der Nähe der Städte oder Bergwerke Siedlungen einzurichten. In diesen Gemeinschaften muß es Personen geben, die sich der Indios und ihrer Rechte besonders annehmen und deren Einhaltung überwachen. Für diejenigen, die weiter entfernt wohnen, sind in der Nähe der Bergwerke und der anderen Arbeitsplätze Häuser zu errichten, in denen sie schlafen können. Es ist darauf zu achten, daß sie ihre Hängematte bei sich haben und nicht auf dem Boden schlafen müssen. Wer in den Bergwerken arbeitet, muß wegen der Feuchtigkeit und der Kälte ausreichend gekleidet sein.

»Ferner – auf der Versorgung mit Nahrungsmitteln beruht ihr Leben, und der Mangel daran brachte ihnen den Tod.«[87] Deshalb erhalten sie zweimal am Tag Brot, Fleisch und Fisch, Süßkartoffeln und Chili, und am Morgen je ein Stück Kassavebrot, Süßkartoffeln und Chili. Außerdem gibt es in den Bergwerken und an den anderen Arbeitsplätzen Metzgereien, die ständig frisches Fleisch haben.

Die Indios arbeiten nicht alle in den Goldminen und in den Plantagen. Ein Teil bleibt immer in den Dörfern, um die eigenen Felder zu bestellen, und ebenso ein anderer Teil, der die Versorgung der Kinder, Kranken und Alten übernimmt. In den Bergwerken arbeiten nur Männer im Alter zwischen fünfundzwanzig und fünfundvierzig Jahren, aber jeweils nur ein Drittel dieser Altersklasse. Die Hälfte einer solchen Gruppe arbeitet zwei Monate im Bergwerk, während die andere feiert. Dann wird gewechselt. Nach acht Monaten beginnt die zwei Monate dauernde Goldschmelze, während der beide Gruppen von jeder Arbeit freigestellt sind. Auch die, die auf den Feldern arbeiten, wechseln im Rhythmus von jeweils zwei Monaten.

Der Arbeitstag dauert von Sonnenaufgang bis Sonnenuntergang mit vier Stunden Mittagspause von zehn Uhr bis vierzehn Uhr, in den Monaten von Mai bis August mit fünf Stunden Mittagspause. Damit weder länger pausiert noch länger gearbeitet wird, benutzt man Sanduhren, da es andere nicht gibt. Von Jahr zu Jahr wechseln die Gruppen, die in den Bergwerken, auf den Feldern oder im eigenen Dorf arbeiten.

Damit die Bevölkerungsentwicklung nach den schweren Rückgängen wieder einen positiven Verlauf nimmt, gibt es Kindergeld – nach der Geburt und zum zehnten Geburtstag.

Für die Kranken gibt es in jeder Gemeinde ein Hospital mit zweihundert Betten, kreuzförmig angelegt, so daß jeder Trakt fünfzig Betten aufweist; im Schnittpunkt steht ein Altar, damit alle Patienten der Messe beiwohnen können. Ein Arzt, ein Chirurg und ein Apotheker gehören zum Stammpersonal; ferner zwei spanische Krankenpfleger, denen vier bis sechs Indios als Helfer zugestellt werden. Deren Frauen besorgen die Küche. Fuhrleute und Zugtiere sind erforderlich, um Kranke ins Spital zu bringen.

In jeder Gemeinde gibt es eine Kirche. Messe wird gelesen an Sonn- und Feiertagen. Fällt in eine Woche kein Feiertag, so ist der Donnerstag arbeitsfrei für den Gottesdienst und den Katechismusunterricht. Außerdem findet Unterricht statt in Schreiben, Lesen und Grammatik für die Söhne der Kaziken und für die, die von sich aus am Unterricht teilnehmen wollen. Alles das zusammen bildet das erste Hilfsmittel.

Das zweite Hilfsmittel läßt sich damit kombinieren. In jede dieser Gemeinden sollen vierzig spanische Bauern mit ihren Frauen und Kindern geschickt werden, um für immer dort zu bleiben. Jeder dieser spanischen Bauernfamilien werden fünf Indiofamilien zugesellt, damit sie gemeinsam leben und arbeiten und den Erlös miteinander teilen.

»Und sie werden Freude daran finden und nicht mehr dahinsterben, sie werden sich frei fühlen und nicht mehr gefangen, und ihre spanischen Gefährten werden ihnen wie Erzieher sein, die sie in die Arbeit einführen, und wenn sie die Christen arbeiten sehen, werden sie mehr Spaß daran haben, das, was sie sehen, auch selbst zu tun. Außerdem werden sie sich untereinander vermischen und die Söhne der einen die Töchter der anderen heiraten.«[88] Der für eine Las-Casas-Biographie interessanteste Passus im zweiten Memorial mag das Kapitel abschließen.

»Zu jeder der genannten comunidades sollte ein Prokurator gehören, der die Indios vertritt und der in allen Angelegenheiten, die sie betreffen, und in Fällen von Unrecht oder Ungerechtigkeit Einspruch erheben und Eingaben verfassen kann, der alles fördert, was ihrem Wohl dient und Übel von ihnen fernhält, der Bergwerke und Farmen visitiert und andere Orte, wo Indios leben, und prüft, wie die Gutsverwalter verfahren und die Geistlichen sie unterrichten, und der ein Auge darauf hat, daß alles zu ihrem Vorteil geschieht; und wenn es möglich wäre, sollte er ein Gelehrter sein, um einer solchen Amtspflicht besser genügen zu können.«[89]

Dies ist das eine Tätigkeitsbild eines Indianerprokurators. Das andere wurde zur gleichen Zeit konzipiert:

»Der Kardinal hielt es für zweckmäßig, eine Person am

Hofe zu haben, die Sorge trägt, daß das, was zur Hilfe für die Indios geschehen muß, veranlaßt wird, und der Betreffende sollte ein Mann von Wissen und Gewissen sein.«[90]

1516 also wurde die Institution geschaffen, die für Las Casas zum Lebensinhalt werden sollte, und sie wurde für ihn geschaffen. Am 17. September ernennt man ihn zum »universalen Prokurator aller Indios in Westindien«.* Daß von nun an nicht nur Spanier durch einen Prokurator vor König oder Indienrat vertreten werden konnten, sondern auch Indios, die »Sklaven von Natur«, die »redenden Tiere« – das war eine Herausforderung, die man Las Casas nie verziehen hat.

Erster Fehlschlag

Jiménez beschloß, die Reform der Kolonialverwaltung in Angriff zu nehmen. Die Einzelheiten sollten an Ort und Stelle geprüft werden. Da die Franziskaner und die Dominikaner in dieser Frage sehr gegensätzliche Auffassungen vertraten, beauftragte er mit dieser Untersuchung Mönche vom Orden des hl. Hieronymus, einem spanischen Zweig der Benediktiner. Sie standen in dem Ruf, Experten in Verwaltungsdingen und auf dem Gebiet landwirtschaftlicher Entwicklung zu sein. Las Casas hatte das Recht, die drei vorgesehenen Hieronymiten auszuwählen. Auch die Instruktionen, die man ihnen mitgab, stammten aus seiner Feder – zunächst jedenfalls.

»Inhalt und Reihenfolge aller Kapitel dieser Instruktion, die die Mönche des hl. Hieronymus mitführten, hatte der Kleriker Las Casas verfaßt. Doch viele Dinge darin hatten der Kardinal und seine Räte hinzugefügt oder abgeändert auf Grund von Informationen, die von Leuten stammten, die den Kleriker und die Indios wütend verlästerten.«[91]

Am härtesten traf ihn folgende Änderung: Als erstes sollte geprüft werden, ob man die Indios in ihre ursprüngliche Freiheit zurückführen könne. (Das war nach Lage der Dinge eine rein rhetorische Frage ohne den geringsten realen Hintergrund.) Sollte sich dies als unzweckmäßig erweisen, bot sich als zweite Möglichkeit eine Zusammenfassung der beiden Las-Casas-Vorschläge, die in seinen Augen das einzig wirkliche Mittel zur Rettung der Indios darstellten: die comunidades und die gemischten spanisch-indianischen Produktionsgenossenschaften. Aber der Kardinal hatte den Hieronymiten eine dritte Möglichkeit offengehalten: die Beibehaltung des Encomienda-Systems, lediglich abgeändert und ergänzt durch die Nachträge zu den Gesetzen von Burgos. Las Casas war deprimiert:

»Dieses ›andere remedio‹ für die Indios ist kein Hilfsmittel, war nie eins und wird es niemals sein. Es ist die totale Zerstörung dieser Menschen und Länder.«[92]

Die Vertreter der Encomenderos waren selbstverständlich für diese dritte Möglichkeit, und die Mönche, die immer mehr auf sie statt auf Las Casas hörten, schlossen sich ihrer Meinung an. Im Grunde genommen war es so, daß das Projekt schon vor der Abreise als gescheitert betrachtet werden konnte. Las Casas hatte bei der Auswahl seiner Mitarbeiter keine sehr glückliche Hand bewiesen.

Am 11. November 1516 stachen die Schiffe von Sanlúcar aus in See. Für Las Casas war es selbstverständlich, daß er und die Hieronymiten die Reise gemeinsam im selben Schiff machten; sein Auftrag lautete ja, »die frommen Mönche in allen Fragen zu informieren und zu beraten, die die Freiheit, die gute Behandlung und das Wohl von Leib und Seele der Indios betrafen.«[93] So hatten es der Kardinal und Adrian formuliert und unterschrieben, und welche Gelegenheit wäre dafür günstiger gewesen als die lange Überfahrt? Doch alle seine Bemühungen waren umsonst. Die Mönche lehnten eine gemeinsame Reise im selben Schiff ab. In dem anderen sei er bequemer untergebracht (und das stimmte sogar). Las Casas begriff: Sie wollten seinen Rat nicht und waren – wenn es sein mußte – fest entschlossen, sich über die Anordnungen des Kardinals hinwegzusetzen.

So fuhr man nebeneinanderher, kam zwar zur gleichen Zeit in Puerte Rico an, doch dort mußte das Schiff Las Casas' Fracht löschen, während die anderen ohne größeren Aufenthalt weiterreisen konnten. Auch für die kurze letzte Etappe verweigerten sie ihm die Mitfahrt und damit, und darauf kam es an, die gemeinsame Ankunft in Santo Domingo. Für diese Brüskierung gab es keine Ausrede mehr – ihre Feindseligkeit gegen ihn trat nun unverhüllt zutage. Als er zwei Wochen nach ihnen eintraf, war das Bündnis der Mönche mit den Siedlern und Behörden bereits perfekt.

So zeigen sich schon bei der ersten größeren Unternehmung Las Casas' in seinem neuen Tätigkeitsbereich zwei eigentümliche Schwachstellen, die viele Jahre lang ein ständiges Handikap bei allen seinen Vorhaben sein werden. Ihm fehlt der sichere Blick für Qualitäten und Mängel auszuwählender Mitarbeiter, und er kann sich zwar bei Kaisern und Königen durchsetzen, aber nicht bei Gleichgestellten oder Untergebenen.

Als die Mönche nach Santo Domingo kamen, fanden sie sofort eine Gelegenheit, ihre Fähigkeiten unter Beweis zu stellen. Die Siedler hatten begriffen, daß nicht nur Gold Reichtum bedeutet. Sie erinnerten sich daran, daß vor langer Zeit Columbus das Zuckerrohr auf die Insel gebracht hatte. So erschloß man eine neue Einnahmequelle: Zucker! Bis jetzt hatte sich niemand so richtig dafür interessiert.

»Ein Einwohner von La Vega namens Agilón war der erste, der auf dieser Insel und in Westindien überhaupt Zukker produzierte, mit irgendwelchen hölzernen Geräten zum Auspressen des Zuckerrohrs; und da er keine besseren Apparate besaß, gelang es nicht besonders gut, aber es war doch richtiger Zucker. Dies war im Jahre 1505 oder 1506. Dann gab es jemand in Santo Domingo, genannt der Bakkalaureus Vellosa. Der war der erste, der um 1516 in dieser Stadt Zucker herstellte, mit richtigem Gerät und darum wurde er besser und weißer als der aus La Vega, und das erste, was er daraus machte, waren Zuckermandelstangen – ich habe sie gesehen. Vellosa beschäftigte sich auch weiterhin mit der Zuckerproduktion, und es gelang ihm, einen trapiche zu konstruieren, eine Mühle, die von Pferden angetrieben wird und so den honigsüßen Saft gewinnt, aus dem der Zucker gemacht wird.«[94]

Hier war eine technische Entwicklung in Gang gekommen, der die Hieronymiten eine Zukunft gaben. Sie ermunterten die Bewohner der Insel, diesem Beispiel zu folgen, und stellten Darlehen von fünfhundert Goldpesos für jede neue Zuckermühle in Aussicht.

»Einige Einwohner verlangten, bevor sie trapiches einrichteten, eine Lizenz für den Einkauf von Negersklaven, denn die Indios starben ihnen weg; andere versprachen dem Kleriker, auf ihre Indios zu verzichten und sie freizulassen, wenn er ihnen die Lizenz brächte oder vermittelte, um ein Dutzend Neger auf die Insel zu bringen.«[95]

Diesen Wunsch konnte ihnen Las Casas nicht erfüllen. Er selbst hatte zwar in seinem zweiten Memorial den Vorschlag gemacht, jede der von ihm geplanten comunidades mit zwanzig Negersklaven auszustatten, doch Jiménez hatte diesen Gedanken nicht aufgegriffen und also auch nicht in die Instruktion für die Hieronymiten aufgenommen – mehr noch: Der Kardinal suspendierte alle bislang erteilten Lizenzen zu ihrer Einfuhr.

An der Leibeigenschaft der Indios änderte sich nichts, und es war offensichtlich, daß die Mönche auch gar nicht daran dachten, hier etwas zu ändern. Sie stellten sich auch taub gegenüber allen Anzeigen von Mißhandlungen und Übergriffen und sonstigen Rechtsverletzungen. Ein Priester sagte empört: »Wißt Ihr, ehrwürdige Väter, was ich einzusehen beginne? Ihr werdet diesen traurigen Indios nicht mehr Gutes bringen als die bisherigen Gouverneure und seid auch nicht besser als sie.«[96]

Las Casas drängte mit aller Entschiedenheit, eine ausdrückliche Anordnung des Kardinals in die Tat umzusetzen, nämlich die Indios, die sich die Herren am Hof zugeschrieben hatten, freizulassen. Aber die Mönche weigerten sich, diesen Text zu publizieren, und Las Casas, der öffentlich darüber sprach, mußte um sein Leben bangen. Die Dominikaner kamen ihm zu Hilfe und boten ihm Wohnung in ihrem Konvent. »Dort war, wenigstens bei Nacht, Padre Las Casas sicher.«[97]

Schließlich forderten die Hieronymiten die Beamten des Königs, die Franziskaner und die Dominikaner auf, ihre Ansichten über eine Reform der Indiopolitik darzulegen. Die ersten beiden Gruppen brachten nichts Neues.

Der Prior der Dominikaner, Tomás de Berlanga, betraute mit dieser Aufgabe Fray Bernardo de Santo Domingo, den dritten der Mönche, der mit Pedro de Córdoba und Antón Montesino den Orden auf diese Insel gebracht hatte. Er war Rigorist wie die beiden anderen. Vier Personengruppen, verkündete er, leben in Todsünde und sind der ewigen Verdammnis würdig: erstens die Regierenden, die das Encomienda-System eingeführt haben und beibehalten; zweitens und drittens die Bergwerks- und die Gutsbesitzer, die Leibeigene halten; viertens die Priester, die ihnen dennoch Absolution erteilen. Er berief sich auf Thomas von Aquino und dessen Lehre vom christlichen

Gouverneur und seinen vier Aufgaben. Dieser hat nicht nur für Gotteserkenntnis, Frieden und Gerechtigkeit bei seinen Untertanen zu sorgen, sondern auch dafür, daß sie sich vermehren. Darum habe man die Ehe eingesetzt und Mord und Totschlag verboten. Und wie sieht es mit diesem vierten Punkt in der Wirklichkeit aus?

»Als die Spanier auf die Insel kamen, zählte man 1 100 000 Indios. Als die Dominikaner 1510 hier eintrafen, waren es nur noch 46 000, wenig später 16 000, und jetzt, da dieser Traktat geschrieben wird, sind es nicht mehr als 10 000. – Daraus folgt: Das Verfahren, die Indios zu regieren, indem man sie den Spaniern zuteilt, ist unerlaubt und tyrannisch, und folglich befinden sich die Regierenden, die dieses System aufrechterhalten, außerhalb des Standes der Gnade und leben in Todsünde; und in diesen Stand versetzte er auch die ehrwürdigen Väter Hieronymiten.«[98]

Las Casas wußte, daß auf eine Zusammenarbeit mit den Mönchen nicht zu hoffen war; er besprach sich mit Pedro de Córdoba, und der riet ihm, nach Spanien zurückzukehren und den Kardinal über das Verhalten der Hieronymiten aufzuklären. Als diese von der geplanten Reise hörten, setzten sie alles daran, sie zu verhindern, doch das gelang ihnen nicht.

»So schrieben sie an den Kardinal Schlechtes über den Kleriker, um diesen gegen ihn aufzubringen, und er gegen sie, weil sie nichts zugunsten der Indios getan hatten, wie es ihr Auftrag war. – Ihre Briefe gelangten in die Hände des Kardinals, doch die des Klerikers kamen nirgends zum Vorschein.«[99]

Las Casas bekam zwei Empfehlungsschreiben mit auf den Weg, eins von den Dominikanern und eins von den Franziskanern aus der Picardie, die mit Pedro de Córdoba und seinem Konvent eng zusammen arbeiteten. Außerdem schrieben Dominikaner und Franziskaner am 27. Mai einen Brief an den Kardinal, in dem sie die Untätigkeit der Hieronymiten anklagten und Las Casas eine Empfehlung ausstellten.

»Ein gewisser Kleriker namens Las Casas reiste nach Spanien, um der Hilfe und Gerechtigkeit für diese Eingeborenen willen, und kehrte danach, zum Prokurator der Indios ernannt, mit den Hieronymiten zurück. Er fährt jetzt abermals nach Spanien, um mit Euren Hochehrwürden in derselben Sache zu verhandeln. Er ist ein guter und religiöser Mann und – wie wir glauben – von Gott für dieses Amt ausgewählt. Es zeigt sich klar, daß ihn ein brennender Eifer der Nächstenliebe und der Gerechtigkeit antreibt. Er hat den irdischen Wohlstand ausgeschlagen und freiwillig große Mühen auf sich genommen, um das zeitliche und ewige Heil dieser Menschen zu erlangen. Am Ende hat er Verfolgungen und Widerstände erfahren wie jene, von denen es heißt: ›Wenn sie mich verfolgt haben, werden sie auch euch verfolgen.‹ Er ist wert, daß man ihm glaubt; Eure Hochehrwürden können und müssen ihm vertrauen.«[100]

Der Kardinal entschied anders – für die Hieronymiten und gegen die Dominikaner; damit war klar, daß Las Casas eine Wahl zu treffen hatte. Er entschied sich für die Dominikaner und gegen seinen Protektor. Jiménez erteilte den Hieronymiten nunmehr die alleinige Handlungsvollmacht. Er erinnerte sie daran, daß die Dominikaner schon zu Zeiten des Königs Ferdinand einen ganz ähnlichen Aufruhr provoziert hatten.

»Wenn sie weiterhin Unruhe stiften, verwarnt sie, und wenn sie darin beharren, schickt sie sofort mit den ersten Schiffen, die kommen, als Gefangene an ihre Oberen zurück, damit diese sie strafen, wie es ihre Unverschämtheit verdient.«

»Mit vorliegendem Schreiben ergeht die Anordnung, daß der genannte Las Casas hierherkomme wie folgt: Man gebe ihm bekannt, daß er mit dem ersten Schiff zu reisen habe; die Zahlung seines Gehaltes wird ausgesetzt; sollte er seine Rückkehr verzögern oder verhindern wollen, schickt ihn als Gefangenen, wohlverwahrt und auf seine Kosten an diesen Hof.«[101]

Als diese Briefe in Santo Domingo eintrafen, war Las Casas längst unterwegs, wahrscheinlich bereits in Spanien gelandet.

»Im Monat Mai des Jahres 1517 aus dem Hafen von Santo Domingo abgefahren, kam er nach glücklicher Überfahrt in wenigen Tagen nach Sevilla und in fünfzig, alles in allem, nach Aranda de Duero, wo der Kardinal krank darniederlag. Er küßte ihm die Hände, und aus den Worten, die jener sagte, merkte er, daß er schlecht informiert war. Und da seine Krankheit zunahm und er in wenigen Tagen daran starb, hatte der Kleriker keine Zeit, Rechenschaft abzulegen von dem, was geschehen war, und sich zu rechtfertigen.«[102]

Diese Darstellung scheint dem Historiker Las Casas denn doch etwas zu knapp geraten zu sein, denn er liefert eine Ergänzung:

»Um noch einmal den Faden des Jahres 17 aufzunehmen: Es empfiehlt sich vom Ablauf der Dinge zu berichten, die erfolgten, nachdem der Kleriker Bartolomé de las Casas in Aranda de Duero mit dem Kardinal gesprochen hatte. Er sah, daß er sehr krank war, und weiter mit ihm zu verhandeln wenig fruchtbar. So beschloß er, nach Valladolid zu gehen und, da alle Welt davon redete, der König käme, dort den September über auf ihn zu warten, und wenn nicht, den Weg nach Flandern einzuschlagen und ihm dort mitzuteilen, was alles in Vergangenheit und Gegenwart in Westindien geschah.«[103]

Carlos Primero

Am 23. November zog Carlos I. in Valladolid ein. Der Siebzehnjährige, der kaum Spanisch sprach, gab den denkbar ungünstigsten Einstand. Die bisherige Staatsführung wurde abgesetzt, ihre Plätze nahmen die Herren des niederländisch-burgundischen Hofes ein. Im Staatsrat blieben zwei Posten für Spanier übrig: der Sekretär und der Rechnungsführer. Die Ämter des verstorbenen Kardinals Jiménez wurden unter Niederländern verteilt. Großkanzler wurde Jean Sauvage, Erster Minister und Chef der Finanzverwaltung Karls Oberstkämmerer, der Sieur de Chièvres. Nachfolger als Erzbischof von Toledo und Primas von Spanien wurde Guillaume de Croy, der sechzehnjährige Neffe der Herrn de Chièvres. Adrian von Utrecht erhielt den reichen Konvent San Pablo, wurde Bischof von Tortosa und Kardinal (und damit papabel: 1522 bestieg er als Hadrian VI. den päpstlichen Thron). Die Ausplünderung Spaniens durch die Niederlande begann, und sie hielt an, solange Karl regierte, also fast vierzig Jahre. In seiner »Geschichte des Abfalls der Niederlande« schreibt Schiller ganz reizend: »Unter Karls des Fünften Regierung war Antwerpen die lebendigste und herrlichste Stadt der christlichen Welt. – Hierher flossen die westindischen Waren, womit die stolze spanische Trägheit den niederländischen Kunstfleiß bezahlte.«[104] Das war gewiß ein seltsamer Vorgang! Die Spanier waren außer sich, und es ist beinah ein Wunder, daß es noch zwei Jahre dauerte, bis es zum Aufstand der comuneros kam und ein zweijähriger Bürgerkrieg begann, nicht gegen Carlos, aber gegen seine niederländische Regierung. Die Animosität war gegenseitig, und so kam Las Casas zu unverhofften Verbündeten.

Zu den wichtigsten Männern bei Hofe gehörte der

Großkanzler Sauvage. In seinen Händen lag die Verwaltung Westindiens, und so hatte sich Las Casas an ihn zu halten. Das Empfehlungsschreiben der Franziskaner aus der Picardie war ihm jetzt von Nutzen; einige von denen, die den Brief unterschrieben hatten, waren dem Großkanzler bekannt. So begann für Las Casas eine neue Phase des Hochgefühls und der ungehinderten Tätigkeit. Er war jetzt der erste Ratgeber Sauvages, was Westindien betraf, übersetzte für ihn, der des Spanischen nicht mächtig war, Bittschriften und Beschwerden der Spanier ins Lateinische und versah sie zugleich mit Randbemerkungen über Richtigkeit oder Unrichtigkeit des Vorgebrachten.

»So ordnete der König an, der Großkanzler solle sich mit dem Kleriker zusammentun, um gemeinsam Abhilfe in den Übeln und Schäden Westindiens zu schaffen und eine Reform einzuleiten. – Dies war das zweite Mal, daß Gott Rettung, Heil und Freiheit in die Hände des Klerikers zu legen schien.«[105]

Und so beginnt das Kapitel in der Biografie Las Casas', in dem »Rettung, Heil und Freiheit der Indios« in dieselbe Hand gelegt scheinen, in der – nach Ansicht anderer – das Unheil und die Unfreiheit der Negersklaven liegen sollen.

Unmittelbar nach dem Regierungsantritt des jungen Königs begann der von Jiménez unterbrochene Handel mit dem schwarzen Elfenbein von neuem. Auf diese Weise floß Geld in die leere Staatskasse, und außerdem bot sich Karl kaum eine andere Möglichkeit, seinen Günstlingen etwas zuzuwenden – die begehrten Lizenzen waren bares Geld. Der König machte von dieser Einnahmequelle gern Gebrauch, und so erlebte auch die Zuckerproduktion einen regen Aufschwung.

»Es gab vordem auf dieser Insel zehn oder zwölf Neger, die dem König gehörten und die man hergebracht hatte, um oberhalb des Flusses und an seiner Mündung die Festung zu bauen; aber nachdem diese Lizenz erteilt und erloschen war, folgten ihr immer weitere, so daß man über dreißigtausend Neger auf diese Insel gebracht hat und über hunderttausend nach ganz Westindien, wie ich glaube, und das, ohne dadurch den Indios zu helfen und sie in Freiheit zu setzen. – Und wie die Zuckermühlen mit jedem Tag zunahmen, so wuchs auch die Notwendigkeit, Neger in ihnen einzusetzen. Jede Wassermühle erfordert mindestens achtzig und jede von Pferden angetriebene dreißig bis vierzig, und dementsprechend stieg des Königs Gewinnanteil aus den Lizenzen. Die Gelder für die Rechte, die man ihm bezahlt, hat er angewiesen, um den Alcázar von Madrid und den von Toledo zu errichten, und aus diesen Geldern hat man beide erbaut. Daraus folgt auch, daß die Portugiesen, die seit Jahren in Guinea Neger rauben und zu Sklaven machen, sich jetzt noch mehr anstrengen, dies zu tun, denn sie sehen ja, wie sehr wir die Neger benötigen und wie teuer wir sie ihnen abkaufen. Und wenn die Eingeborenenkönige und die Häuptlinge sehen, mit welcher Gier Neger gesucht und gefordert werden, so fangen sie einer um den anderen Krieg an und verkaufen sie an die Portugiesen, und so sind wir die Ursache von all diesen Sünden, die die einen wie die anderen begehen, ganz zu schweigen von der unsrigen, die wir begehen, indem wir sie kaufen.«[106]

Es dürfte dies der älteste Text sein, auf jeden Fall einer der ältesten, mit dem ein Europäer den Negersklavenhandel als Sünde und Verbrechen verurteilt. Es ist aber keine Frage, daß Las Casas lange Zeit den Einsatz von Negersklaven für erlaubt gehalten und auch befürwortet hat. Noch 1544, also mit sechzig Jahren, als er nach Chiapa reiste, um dort sein Bischofsamt anzutreten, gehörten zu seinem Gefolge »vier Negersklaven, durch königliche Gunst ihm zugestanden«.

1552 jedoch erschien der erste Band der »Decades de

Asia« von Juan de Barros, und dieses Buch und die »Cronica Portuguesa« des Gomes Eanes de Zurara haben mit ihrer Darstellung des Sklavenfangs durch die Portugiesen den Anstoß zu seiner besseren Einsicht gegeben. Daraufhin hat Las Casas im ersten Band seiner »Historia de las Indias« einen eingeschobenen Exkurs untergebracht, der in elf Kapiteln vom Sklavenfang der Portugiesen auf den Kanarischen Inseln und an der Westküste Afrikas berichtet.*

Zu Beginn auf Española glaubte er, für die Leibeigenschaft der Indios keinerlei Verantwortung zu tragen, und er mußte erst lernen, daß er für alles, was dort geschah, mitverantwortlich war. So erging es ihm ein zweites Mal in seinem Leben, als er – sehr spät – begriff, daß er auch für das Los der Negersklaven Mitverantwortung trug. Hätte er diese Einsicht nicht als abermalige Umkehr verstanden, er hätte nicht auch hier den Text aus Jesus Sirach herangezogen, der der Anlaß zur ersten Umkehr war.

Er, dem es zweimal gelang, aus der ganz normalen Verantwortungslosigkeit herauszufinden, er lernte es auch, andere, und vor allem die Mächtigen, »verantwortlich zu machen« – er wurde der große Erzieher zur Verantwortung, aus der allein dann die Verkündung der Menschenrechte und die Ächtung der Sklaverei hervorgehen konnten. Und immer war es die Bibel, in der er die Bestätigung seiner Einsichten fand:

»Befreie, die zum Tode geschleppt werden, und die zur Schlachtbank wanken, rette sie doch! Wolltest du sagen: Wir wußten das nicht!« – wird der, der die Herzen prüft, dich nicht durchschauen?«[107]

Negersklavenhandel

Über den Unsinn, Las Casas habe den Negersklavenhandel in Amerika »eingeführt« (oder »angeregt«, und diese »Anregung« sei mit Begeisterung aufgegriffen worden), brauchte man nicht weiter zu reden, würde er nicht immer wieder, auch heute noch, gegen Las Casas ins Feld geführt. Der Einsatz von Negersklaven begann in Europa auf den Latifundien Portugals und Andalusiens. Als man dann anfing, Zuckerrohrplantagen auf Madeira und den Kanarischen Inseln anzulegen, entstanden so automatisch neue Märkte für diesen Handel mit Negersklaven, und sie wurden automatisch (und ohne »Anreger«) beliefert. Als die Zuckerproduktion von den Kanarischen Inseln auf die Großen Antillen wanderte, wiederholte sich dies auf dieselbe Weise. Aus den Schriften Las Casas' und aus anderen Quellen wird deutlich, daß lange vor seiner Zeit als Indio-Anwalt ein Negersklavenmarkt für Westindien bestand. Was bleibt, ist die Frage, ob Las Casas nicht dadurch Schuld auf sich lud, daß er leibeigenen Indios ihre ursprüngliche Freiheit zurückgab und zu diesem Zweck ihren Herren als Ersatz Negersklaven vermittelte. Daß auch dies nicht der Fall war, geht klar aus seiner »Historia de las Indias« hervor.

»Einige Spanier dieser Insel sagten dem Kleriker Las Casas, sie würden ihre Indios freilassen, wenn er ihnen eine Lizenz des Königs verschaffte, um aus Kastilien ein Dutzend Negersklaven einzuführen. Daran erinnerte sich der Kleriker, und so sagte er in seinem Memorial, man solle den spanischen Einwohnern dieser Insel die Lizenz erteilen – zu ihrer Unterstützung in der Landwirtschaft, und damit sie die Indios freiließen. Diesen Rat, man solle Lizenzen ausfertigen, um Negersklaven in diese Länder einzuführen, gab als erster der Kleriker Las Casas. Er war sich des Unrechts nicht bewußt, mit dem die Portugiesen sie einfingen und zu Sklaven machten. Nachdem er dies erkannte, hätte er den Rat um alles in der Welt nicht mehr gegeben, denn es war immer Unrecht, wenn man sie fing, und Tyrannei, wenn man sie zu Sklaven machte; die Neger haben die gleichen Rechte wie die Indios.

Alle diese Hinweise des Klerikers Las Casas, die es den Spaniern in diesen Ländern ermöglichen sollten, ohne die Dienste der Indios zu leben, woraus folgte, daß man sie in Freiheit setzen konnte, gefielen dem Großkanzler und dem Kardinal von Tortosa, Adrian, und den übrigen Flamen, die davon erfuhren. Man fragt den Kleriker, wie viele Negersklaven seiner Meinung nach auf die Inseln geschickt werden müßten. Er antwortete, daß er dies nicht wisse, und deshalb sandte man einen königlichen Erlaß an die Casa de la Contratación in Sevilla, ihre Beamten sollten sich zusammensetzen und über die Anzahl beraten, die ihnen richtig schien; sie antworteten, daß ihrer Meinung nach für die vier Inseln Española, San Juan, Cuba und Jamaica gegenwärtig viertausend Negersklaven genügen würden. Als diese Antwort eintraf, fand sich ein Spanier, der, um sich Dank zu verdienen, dem Gouverneur von Bressa, Laurend de Gorrevood, den Wink gab, sich diese Lizenz als Gunst zu erbitten. (Dieser war ein flämischer Edelmann, sehr vornehm, den der König mitgebracht hatte und der zu seinen Räten gehörte). Er erbat sie, der König gewährte sie ihm, und dann kauften sie ihm Genuesen für 25 000 Dukaten ab unter der Bedingung, daß der König für acht Jahre keinem anderen eine solche Lizenz ausstellen dürfe.

Diese Gunst erwies sich als sehr nachteilig für das Wohl der Inselbewohner, denn der Rat, den der Kleriker gegeben hatte, war zum Gemeinwohl der Spanier gedacht, die alle arm waren, und es wäre ratsam gewesen, ihnen die Neger gratis und franko zu überlassen. Später verkauften die Genuesen die Lizenzen und die Neger für viel Geld – man vermutete, sie hätten daran 280 000, ja 300 000 Dukaten verdient, und für die Indios kam nichts dabei heraus, obgleich es doch zu ihrem Wohl und ihrer Befreiung verfügt worden war. So blieben sie in ihrer Gefangenschaft, bis man sie am Ende zugrunde gerichtet hatte.

Der Kleriker sprach mit dem König und beschwor ihn, dem Gouverneur von Bressa die 25 000 Dukaten aus der Staatskasse zu bezahlen. Dies sei sehr viel billiger als die Schäden, die sonst zu erwarten wären. Aber da der König damals wenig Geld hatte und man ihm auch nicht alles verständlich machen konnte, nutzte es nichts.«[108]

Um diesen scheinbar sehr präzisen und detaillierten Handlungsablauf richtig lesen zu können, muß man sein Augenmerk auf das Semikolon richten, das die Anfrage, wieviel Negersklaven für den Plan erforderlich seien, von der Antwort der Casa de la Contratación trennt. Es handelt sich um einen Zeitraum, den ein Brief von (vermutlich) Saragossa nach Sevilla und die Antwort in umgekehrter Richtung benötigt, und dazu genügend Zeit, um diese Antwort zu beraten.

In der Phase vor dem Semikolon ist der Haupthandelnde der für Westindien zuständige Großkanzler Sauvage: Er akzeptiert den Vorschlag Las Casas', er fragt nach der Zahl der notwendigen Neger und schreibt an die Casa de la Contratación. Nach dem Semikolon läuft die Handlung scheinbar gegen alle Regeln ab. Der Antwortbrief gelangt nicht in die Hände des Großkanzlers, sondern landet beim König. Der reicht ihn nicht an Sauvage weiter, sondern macht die Lizenz dem Gouverneur von Bressa zum Geschenk. Der Großkanzler interveniert nicht, und nicht an ihn wendet sich Las Casas, sondern er spricht direkt mit dem König. Was war geschehen?

Nach der Anfrage an die Casa de la Contratación und vor ihrer Antwort starb – am 7. Juni 1518 – der Großkanzler Jean Sauvage, vermutlich an der Pest. Bis zur Bestallung seines Nachfolgers zog der König die Westindiengeschäfte an sich. Ob er von dem Sauvage-Las-Casas-Plan nichts wußte oder ob er nichts von ihm hielt, ist nicht bekannt. So oder so, der Plan wurde zu den Akten gelegt, und kein Negersklave kam nach Westindien, um einem Indio die Freiheit zu erkaufen.

Daß Las Casas den Tod des Großkanzlers an dieser Stelle nicht erwähnt, liegt wohl daran, daß er ihn in einen triftigeren Zusammenhang stellt. Da man keinen wirklichen Westindienfachmann kannte, griff man auf Bischof Fonseca zurück, der schon früher kein Freund von Las Casas war und der jetzt erst recht keinen Grund hatte, einer zu sein.

»Als der Großkanzler starb, da starb ganz gewiß auch alles Wohl und die Hoffnung auf Rettung der Indios. Und dies war das zweite Mal, daß in dem Augenblick, da das Heil jener Menschen ganz nahe war, durch Gottes geheimen Ratschluß alles in sich zusammenfiel, so daß es aussah, als wäre alle Hoffnung verloren. Der Bischof bekam wieder die Oberhand und schien bis zu den Himmeln erhöht zu werden, und der Kleriker stürzte ins Bodenlose und war aller Gunst enthoben.«[109]

Siedlungspläne

Vier lange Monate mußten verstreichen, bis das für Las Casas so wichtige Amt des Großkanzlers wieder besetzt war. Bischof Fonseca nützte die Zeit, um den Indienrat neu zu formieren, unter anderem dadurch, daß er seinen Bruder Antonio zuzog. Aus Santo Domingo kam Fray Bernaldino de Manzanedo, einer der drei Hieronymiten, um nach Möglichkeit zu verhindern, daß Las Casas ihnen durch abträgliche Berichte schade. Er konnte nicht ahnen, daß er Fonseca in die Hände lief, der die Mönche vom Orden des hl. Hieronymus und das ganze cisnerianische Reformprogramm verabscheute. Der Bischof machte ihn so herunter, daß Las Casas nicht ohne eine gewisse Genugtuung vermerken konnte:

»Ihm blieb kein anderer Trost, als darüber zu jammern, sooft er den Kleriker traf, und gegen den hatte man ihn ausgeschickt.«[110]

Fonseca enthob die Mönche ihrer Ämter, und sie kehrten nach Spanien und in ihre Klöster zurück. Solange das Amt des Großkanzlers nicht besetzt war, führte ein Flame, der Dekan Carondelet, die Geschäfte. Er war so schwerfällig und phlegmatisch, daß er bei den Ratssitzungen einschlief.

»Und gewiß, wenn in ein und derselben Angelegenheit ein Choleriker – und der Kleriker war einer – mit einem Phlegmatiker zu tun hat, noch dazu mit einem so ausgeprägten wie dieser Dekan, dann ist das für beide keine geringe Pein.«[111]

»Der Tod des Großkanzlers ließ den Kleriker nicht verzagen, auch nicht die Zurücksetzung und Nichtbeachtung, die für ihn die Folge waren.«[112]

Er knüpfte neue Beziehungen mit den flämischen Edelleuten an, vor allem mit dem Kammerherrn Laxao und seinem Neffen Mosior de La Mure:

»Die Leute aus Flandern sind gütiger und humaner als wir.«[113]

Endlich, im Oktober 1518, trat Mercurino de Gattinara das Amt des Großkanzlers an, und in ihm fand Las Casas wieder einen starken Rückhalt. Das erste Projekt, das er während dieser neuen Phase in Angriff nahm, war die Besiedlung der nahezu entvölkerten Großen Antillen. Er brauchte dafür Bauern und Landarbeiter, die bereit waren, in die Neue Welt auszuwandern, um dort drüben wie bisher selbst das Feld zu bestellen. Als seinen engsten Mitarbeiter ließ er sich einen Mann des niederen Adels, den Escudero Berrio, aufschwatzen.

»Endlich reisten der Kleriker, der Escudero Berrio und andere von Saragossa nach Kastilien. Kamen sie in einen Ort, ließen sie die Leute sich in der Kirche versammeln. Dort verkündete er ihnen die Absicht des Königs, jene Länder zu besiedeln. Nach den Ankündigungen und Informationen zögerten nur wenige, sich zur Ausreise nach Westindien einzuschreiben. In wenigen Tagen sammelte er eine große Zahl von Leuten; in Berlanga ließen sich von den zweihundert Einwohnern mehr als siebzig einschreiben. Zu diesem Zweck kamen sie heimlich ins Rathaus, aus Angst vor dem Konnetabel (von Kastilien, Iñigo de Velasco), und unter denen, die kamen, waren vier, die in ihrem Haus auf den Heuboden kletterten, als hätten sie Angst, die Wände könnten es dem Konnetabel erzählen. Sie sagten zu ihm:

»Herr, jeder einzelne von uns will nach Westindien nicht, weil ihm hier etwas fehlt, denn jeder hat 100 000 Maravedis an Vermögen und manch einer mehr (und das war damals in diesem Land ein stattlicher Besitz) – wir gehen, damit unsere Kinder auf freiem und königlichem Boden leben können.«[114]

Doch nicht alles ließ sich so geheimhalten, daß es der Konnetabel nicht doch erfahren hätte. Als erstes forderte er Las Casas auf, sein Land zu verlassen und sich seine Arbeiter andernorts zu suchen. Zugleich ließ er verkünden, jeder, der einem Auswanderer seinen Besitz abkaufe, werde dieses Land verlieren – »und das war nicht weit von Tyrannei entfernt«.[115]

In einem anderen Ort, dem Grafen von Coruña gehörig, ließen sich aus den dreißig Häusern neunundzwanzig Personen anwerben, darunter zwei Brüder von über siebzig Jahren mit ihren siebzehn Söhnen.

»Der Kleriker sagte zu dem Ältesten: »Vater, was wollt ihr, so alt und müde, in Westindien?« Und der Alte antwortete: »Auf mein Wort, Herr, dort sterben und meine Söhne auf freiem und gesegnetem Boden wissen.«[116]

Der Escudero Berrio war durch königlichen Erlaß verpflichtet, sich an die Befehle Las Casas' zu halten: »Ihr geht mit Bartolomé de las Casas, unserem Kaplan, wohin wir ihn entsenden, und tut alles, war er euch sagt:«[117] Bischof Fonseca änderte den Auftrag ohne Wissen des Königs und Las Casas' ab und verfügte, er solle so handeln, wie es ihm angemessen erscheine. Berrio schien es angemessen, erst einmal Urlaub zu nehmen, auch wenn Las Casas dagegen protestierte. Er ging nach Andalusien, wo er verheiratet war, und dann, nach angemessener Pause, nach Antequera.

»Dort warb er zweihundert Personen an, die meisten Kneipwirte, und einige Zuhälter, Vagabunden und Faulenzer. Mit ihnen zog er nach Sevilla zur Casa de la Contratación. Als die Beamten dieses Hauses, die vom König keinerlei Anweisung hatten, die vielen Menschen sahen, wußten sie nicht, was sie machen sollten. Da sie aber von dem Siedlungsplan gehört hatten und hofften, der Kleriker werde die erforderlichen Anweisungen nachreichen, steckten sie alle auf ein paar Schiffe, die zur Abfahrt bereit waren, und schickten sie nach Santo Domingo.«[118]

Da auch dort niemand informiert war, kümmerte man sich nicht weiter um sie, und die einen starben, die anderen füllten die Hospitäler, und wieder andere wurden Kneipwirte wie zuvor oder Rinderhirten oder Sklavenfänger. Doch auch ohne diesen Alleingang Berrios hätte sich dieses Projekt nicht realisieren lassen. Der Plan Las Casas' sah vor, die Neuankömmlinge zunächst auf den Farmen des Königs unterzubringen, bis sie sich aus ihren eigenen Erträgen ernähren könnten. Aber die Hieronymiten hatten es unpassend gefunden, daß der König selbst Farmen bewirtschafte, und sie deshalb verkauft. Las Casas erbat darauf eine königliche Verfügung, die jedem Neusiedler ein Jahr lang ausreichende Verpflegung zusichern sollte, jedoch ohne Erfolg. Bischof Fonseca erhob Einspruch:

»Auf diese Weise müßte der König für diese Arbeiter mehr aufwenden als für eine Armada von zwanzigtausend Mann. – Der Herr Bischof hatte wesentlich mehr Erfahrung darin, Kriegsflotten auszurüsten, als ein Pontifikalamt zu lesen.«[119]

Las Casas lehnte die Weiterführung des Projekts strikt ab.

»In nicht geringem Zorn antwortete er dem Bischof: ›Wie denn, mein Herr, schiene es Euer Gnaden gut, nachdem man die Indios umgebracht hat, daß ich den Leithammel spiele, um Christen in den Tod zu führen? Das werde ich nicht tun!‹«[120]

Er schrieb allen Angeworbenen, daß und aus welchen Gründen das Vorhaben ins Wasser gefallen war. Es sieht ganz so aus, als wäre er froh gewesen, mit diesem Unternehmen nichts mehr zu tun zu haben. So konnte er sich ungeteilt seinem anderen – und wesentlich größeren – Plan zuwenden.

Cumaná

Als in den Jahren 1512/13 die Gesetze von Burgos beraten und dann mitsamt ihren Nachträgen verabschiedet wurden, da begann Fray Pedro de Córdoba einzusehen, daß es für die Indios auf Española keine Überlebenschance mehr gab, und so plante er, mit seinen Ordensbrüdern ein anderes Missionsland zu erschließen, und zwar auf eine neue, bislang nie erprobte Weise: ohne jeden militärischen Schutz, nur getragen von dem Vertrauen, daß zwischen Spaniern und Indios vom ersten Augenblick an ein friedlich-freundschaftliches Zusammenleben möglich sei. Die Wahl des Dominikanerpriors fiel auf die Perlenküste bei Cumaná. Er glaubte, dort vor spanischen Übergriffen sicher zu sein. Das war ein Irrtum. Spanier bewohnten das kleine Inselchen Cubagua, Cumaná direkt gegenüber, mit vielen Austernbänken, aber ohne Trinkwasser. Das mußte aus Cumaná herbeigeschafft werden. Und weil man nun gerade einmal dort war – man brauchte ja auch ständig neue Sklaven, denn durch den unbarmherzigen Einsatz beim Perlentauchen starben ihnen die Indios sehr schnell weg. Cumaná war kein guter Platz.

Zunächst sandte Pedro de Córdoba drei Mönche aus, die ein Jahr lang prüfen sollten, ob dort eine friedliche Mission Erfolg verspräche. Einer der drei war Antón Montesino. Er erkrankte in Puerto Rico so schwer, daß er die Reise nicht fortsetzen konnte. Die beiden anderen kamen glücklich ans Ziel. Das war nun also das erstemal, daß Dominikaner ihren Fuß auf karibisches Land setzten. Bis jetzt kannten sie nur die friedliebenden Tainos, unkriegerische, fast waffenlose Menschen, die leicht zu unterwerfen und in Botmäßigkeit zu halten waren. Doch schon Columbus stellte auf seiner ersten Reise fest, daß diese Tainos eine entsetzliche Angst vor ihren Feinden, den Kariben, hatten, Angst, gefangen, getötet und aufgefressen zu werden. Nach dem jetzt geltenden spanischen Recht durften Kariben gefangen und als Sklaven verkauft werden.

Die beiden Mönche wurden von den Kariben zunächst freundlich aufgenommen. Dann aber kamen die Sklavenfänger. Die Indios waren an sie gewöhnt. Wann immer sie ein spanisches Schiff kommen sahen, waren sie ins Hinterland geflohen. Nun aber fühlten sie sich durch die Anwesenheit der Mönche sicher, und so gelang es einer Schiffsbesatzung, den Kaziken, seine Frau und weitere siebzehn Indios auf ihr Schiff zu locken und mit ihnen fortzusegeln. Die Mönche erwirkten von den aufgebrachten Eingeborenen eine Frist von vier Monaten, in deren Verlauf die Entführten ihrem Stamm zurückgegeben sein mußten. Einem vorbeifahrenden Schiff konnten sie eine Nachricht an Pedro de Córdoba mitgeben. Die entführten Indios waren indessen vom Gericht in Santo Domingo in Gewahrsam genommen worden; dann hatten sie die Richter, der Einfachheit halber, unter sich aufgeteilt. Sie ließen sie auch nicht frei, als Antón Montesino, aus Puerto Rico zurückgekehrt, den wahren Tathergang schilderte und das Ultimatum beschwor, an dem das Leben der Mönche hing. So blieben die Indios Sklaven der Richter, und die beiden Dominikaner wurden umgebracht. Das war 1514.

Im Jahr darauf wagte Pedro de Córdoba einen zweiten Versuch, die Perlenküste zu missionieren, mit Ordensbrüdern seines Konvents und einigen Franziskanern aus der Picardie.

»Die Franziskaner siedelten in dem Dorf Cumaná, und die Dominikaner ließen sich zehn Meilen weiter in Chiribichi nieder, das sie Santa Fé nannten. Sie waren entschlossen, den Indios nicht lästig zu werden. Sie gingen den Weg des hl. Paulus, wie Jesus Christus ihn vorgeschrieben hat, um dem Evangelium kein Hindernis in den Weg zu legen.«[121]

Jetzt – 1518 – wandte sich Pedro de Córdoba mit einem Brief an Las Casas und führte Klage über den Sklavenfang auf der Insel Trinidad, seinem Missionsland unmittelbar benachbart. Er bat, der König möge allen Spaniern, mit Ausnahme der Franziskaner und Dominikaner, die Einreise oder das Betreten eines Küstenstreifens von hundert Meilen unter strengster Strafe verbieten. Las Casas bemühte sich bei allen zuständigen Stellen darum, doch Bischof Fonseca machte seine Bestrebungen zunichte: »Das wäre ein schönes Geschäft für den König – hundert Meilen Land für die Mönche, ohne daß er selbst irgendeinen Nutzen davon hätte!«[122]

Nun beschloß Las Casas, dieses Projekt selbst aufzugreifen, abgewandelt in vielen Punkten, und in geheimen Beratungen mit flämischen Mitgliedern des Königlichen Rates, danach auch mit dem neuen Großkanzler und immer hinter dem Rücken Fonsecas wieder und wieder erörtert. Es war Las Casas' ehrgeizigster Plan, und er hat wohl ein Jahr gebraucht, um gegen alle Widerstände die Voraussetzungen dafür zu schaffen.

»Es ging im wesentlichen um Folgendes: Er glaubte, es müsse ihm möglich sein, unter seinen spanischen Freunden auf den Inseln fünfzig Männer zu finden, bescheiden, vernünftig und guten Willens, an einem so edlen Werk teilzunehmen, mehr aus Tugend und um Gott zu dienen denn aus Gewinnsucht, wenn auch mit einem Blick für erlaubte Wege, Reichtum zu erwerben. – Nach seiner Rechnung müßten fürs erste zehntausend Dukaten genügen, leicht aufzubringen, wenn jeder der Fünfzig zweihundert Dukaten beisteuerte. Von diesem Geld konnte man gut einige Karavellen anschaffen, Proviant für ein Jahr und Geschenke und Tauschgegenstände für die Indios.«[123]

Zunächst sollten drei Städte mit je fünfzig Einwohnern gegründet werden. Die fünfzig von Las Casas ausgewählten Männer sollten Tauschhandel treiben – gewünscht waren Gold und Perlen –, und für ihren Unterhalt sollten sie den Eingeborenen Acker- und Weideland abkaufen dürfen, aber nicht mehr als eine Quadratmeile. Jeder der Fünfzig sollte aus Kastilien zunächst drei Negersklaven einführen dürfen, und später, wenn die drei Städte gegründet und besiedelt wären, weitere sieben, alles in allem also fünfhundert, die Hälfte Männer, die Hälfte Frauen. Die Fünfzig sollten – und zwar erblich – zu Rittern vom Goldenen Sporn ernannt werden, und sie und ihre Erben sollten steuer- und abgabenfrei sein. Sie sollten einheitlich gekleidet sein: ein weißer Umhang mit dem Roten Kreuz, ähnlich dem des Calatrava-Ordens. Das rote Kreuz auf weißem Grund sollte den Indios signalisieren, daß hier ein neuer Typ von Spaniern komme, der nichts zu tun habe mit den anderen, die so viel Leid und Elend über sie gebracht hatten. Er erhoffte vom Papst einen vollkommenen Ablaß für alle, die bei diesem Unternehmen umkommen sollten, und, gelänge das Werk, daß Papst und König aus dieser Gruppe eine religiöse Bruderschaft gründeten. Er forderte einen Küstenstreifen von tausend Meilen und sicherte dem König aus freiwilligen Tributen respektable Einkünfte zu.

Einer der Herren vom Hofe warf Las Casas vor, er habe mit diesem Plan auf unzulässige Weise geistliche und weltliche Interessen miteinander vermengt; einerseits habe er die Indios für das Evangelium gewinnen und andererseits dem König hohe Renten verschaffen wollen.

»Der Kleriker verstand dies und sagte: ›Mein Herr, sähen Sie, wie man unseren Herrn Jesus Christus malträtiert, Hand an ihn legt und ihn schmäht und beleidigt, würden Sie nicht mit allen Ihren Kräften darum bitten, daß man ihn Ihnen überließe, um ihn anzubeten, ihm zu dienen, ihn zu beschenken und alles zu tun, was ein wirklicher Christ ihm zu erweisen hat? – Jener sagte: ›Ja, gewiß.‹ – ›Und wenn man ihn Ihnen nicht umsonst überlassen, sondern verkaufen wollte, würden Sie ihn nicht kaufen?‹ – ›Ohne jeden Zweifel‹, sagte jener, ›gewiß würde ich ihn kaufen.‹ – Darauf sagte der Kleriker: ›Aber, mein Herr, auf diese Weise habe ich gehandelt, als ich in Westindien unsern Herrn Jesus Christus zurückließ, gegeißelt, geohrfeigt und gekreuzigt, nicht einmal, sondern tausendmal, von den Spaniern, die jene Völker verheeren und zerstören und ihnen den Weg zur Bekehrung versperren und ihnen das Leben nehmen vor der Zeit, so daß sie sterben ohne Glauben und Sakramente. Ich habe den Rat des Königs oft um Abhilfe gebeten, aber man hat mir nur gesagt, es läge kein Anlaß vor, das Land den Mönchen zu überlassen, ohne daß der König Einkünfte daraus ziehe. Daraus ersah ich, daß man mir das Evangelium verkaufen wollte und damit Christus, den sie geißelten und ohrfeigten und kreuzigten, und so beschloß ich ihn zu kaufen, indem ich dem König viele Güter, Einkünfte und zeitliche Reichtümer versprach, so, wie es Euer Gnaden gehört haben.«[124*]

Die Prediger des Königs

Der Kampf des Las Casas um sein Hauptprojekt war von allem Anfang an ein Duell zwischen ihm und seinem Widersacher Fonseca. Seine Chancen standen nicht schlecht. Er wußte auf seiner Seite den König und den Großkanzler, die flämischen Mitglieder des Königlichen Rates und die acht Prediger des Königs. An sie wandte er sich zuerst mit der Bitte um Hilfe, und zugleich kümmerte er sich darum, daß sie ihre Ansichten im Rat vortragen und diskutieren konnten. Der Älteste und Angesehenste von ihnen, der Dominikaner Miguel de Salamanca, begann die Auseinandersetzung mit einer äußerst scharfen Verurteilung der bisherigen Kolonialverwaltung. Fonseca ging zum Gegenangriff über:

»Euer Eigendünkel und Eure Dreistigkeit, den Rat des Königs zu kritisieren, sind ein starkes Stück! Bis hierher darf Las Casas kommen! Was mischen sich die Prediger des Königs in die Regierung ein, die der König durch seine Räte führt? Nicht dafür gibt Euch der König zu essen, sondern damit Ihr das Evangelium predigt!«

Darauf antwortete Doktor La Fuente mit nicht weniger Autorität und ebenso frei, als wäre er sein Vorgesetzter:

»Mein Herr, hier kommt nicht Las Casas, sondern la casa de Dios, das Haus Gottes, dessen Dienst wir innehaben und zu dessen Verteidigung wir verpflichtet sind und bereit, dafür unser Leben zu lassen. Erscheint es Euer Gnaden als Anmaßung, daß acht Lehrer der Theologie, die ein ganzes Konzil in den Angelegenheiten des Glaubens und der Kirchenleitung ermahnen können, den Rat des Königs ermahnen? – Wenn Ihr diese Beleidigungen Gottes nicht beseitigt und ausmerzt, werden wir gegen Euch predigen; denn wer die Gesetze Gottes nicht achtet, tut nicht, was zum Dienst des Königs gehört. Und das, Ihr Herren, heißt das Evangelium predigen und befolgen.«[125]

Einige Tage darauf brachten die Prediger des Königs ihr Gutachten zu Papier. In der Einleitung waren sie um Ausgleich bemüht – »wir glauben, daß Gott seit mehr als tausend Jahren keinem christlichen Herrscher und keinem christlichen Volk eine so bedeutende Sache in die Hand gegeben hat«, und sie waren zu dem Zugeständnis bereit, daß alle vom Königlichen Rat erlassenen Gesetze und Verordnungen gut und verdienstvoll gewesen seien – aber: das ändere nichts daran, daß sie in all ihrer Gerechtigkeit auf das allerungerechteste Fundament gegründet waren, die Leibeigenschaft der Indios.

»Diese encomienda verstößt gegen das Wohl jedes indianischen Gemeinwesens, sie ist gegen alle Vernunft und jede menschliche Klugheit, gegen den Nutzen und Dienst des Königs unseres Herrn, gegen jedes zivile und kanonische Recht. Sie ist gegen die Grundsätze der Moralphilosophie und der Theologie. Sie ist gegen Gott, seine Absichten und gegen seine Kirche.«[126]

»Wenn alle Sterblichen sich bemühten, ein schädlicheres Mittel zu finden als die encomienda, um die Länder der Indios zu zerstören, sie fänden keins und könnten auch keins erfinden, denn dieses verhindert, daß sich hier jemals ein politisches Gemeinwesen bilden kann. Denn ein solches, so sagen alle, die darüber schreiben, besteht in der Verschiedenheit der Stände und Berufe. Hier aber vermischt sich alles und löst sich auf in die niedrigste und gröbste Beschäftigung – das Umgraben der Erde. Wer sah jemals eine so große Republik nur aus Ackerknechten bestehen? – Und so sind diese Inseln wie jene, auf die die Römer die Märtyrer und die Übeltäter verbannten, und noch schlimmer, denn auf jenen Inseln brachte man die Verbrecher nicht durch ein Übermaß an Arbeit um, wie es hier mit den Eingeborenen geschieht. Die Ursachen aller Übel und des Todes der Indios waren drei: erstens die exzessive Arbeit; zweitens der Mangel an Nahrung und Unterhalt; drittens die Unzufriedenheit an der Arbeit und die Hoffnungslosigkeit, jemals daraus freizukommen.«[127]

Bis hierhin stimmt Las Casas mit den Predigern des Königs überein. Nicht so, was den zweiten Teil der Denkschrift angeht. Darin entwickeln die Theologen einen Plan, wie die von der Encomienda befreiten Indios leben sollen. Das Konzept sieht vor, Indiodörfer mit etwa zweihundert Einwohnern zu gründen und sie einem Verwalter zu unterstellen, der fähig ist, die Indios in allen landwirtschaftlichen Angelegenheiten zu unterweisen, und der ihnen zeigt, wie man Weinberge, Obst- und Gemüseland und Zuckerrohrfelder anlegt. Am Ende des Jahres, wenn alle Kosten beglichen und der Königsfünfte bezahlt ist, sollen aus dem Ertrag Dinge angeschafft werden, die für die Eingeborenen notwendig sind, wie Kleidung und Hausrat.

»Es müssen vermehrt Wohnhäuser für sie gebaut werden, so daß jeder, wenn es möglich ist, im Laufe der Zeit sein eigenes Haus mit seinen Zimmern hat, mit Truhen darin, worin er das Seinige aufbewahrt; so werden sie Appetit darauf bekommen, Eigentum zu haben und Vorräte anzuschaffen – und dies hätte für den Gouverneur der Ausgangspunkt seiner Politik zu sein.«[128]

Noch zwei Jahre zuvor hätte Las Casas ähnlich argumentiert, wie etwa im zweiten Remedio vom Frühjahr 1516: »... und ihre spanischen Gefährten werden ihnen Erzieher sein, die sie in die Arbeit einführen ...« (vgl. S. 78). Doch er tritt nicht auf der Stelle, sondern lebt in einer ständigen Entwicklung seiner An- und Einsichten. Immer mehr entfernt er sich von seinen ersten Vorstellungen, wie man sich den Indios gegenüber zu verhalten habe, immer weiter von dem Zwang, der Columbus vorschwebte, die Indios müßten »lernen, Kleider zu tragen und unsere Sitten anzunehmen« (vgl. S. 26). Immer mehr begreift er, Heilung kann den Indios nur aus ihrer indianischen Welt und ihrem indianischen Wesen zuwachsen.

»Das wahre Heilmittel ist kein anderes, als sie auf ihrem heimatlichen Grund und Boden und in ihren kleinen Dörfern zu lassen, ihnen volle Freiheit zu schenken und ihnen zu sagen, daß sie nie mehr den Spaniern dienstbar sein müssen. Dann werden sie sich wieder wie die Kaninchen vermehren. Und was ihre Ernährung anlangt: Man braucht sie nicht anzutreiben, damit sie säen und ernten, wie die Spanier sie verleumden und fälschlicherweise sagen, sie seien zu faul zu arbeiten und müßten deswegen Hungers sterben. Daß dies ein falsches Zeugnis ist, liegt auf der Hand; als wir diese ungezählten Menschen entdeckten und ihre Felder und das Erdreich voller Frucht und Nahrung, die uns so oft den Hunger gestillt haben, da bestand für sie keine Notwendigkeit, daß wir kamen und sie anleiteten, ihre Felder zu bestellen, und genausowenig besteht sie heute.«[129]

Micer Bartolomé

Im Juni 1519 wurde Carlos I. zum deutschen Kaiser gewählt. Er hatte Las Casas zu seinem königlichen Kaplan ernannt, und dieser sonnte sich in der Gunst seines Herrn.

»Wenn er auch nicht mit dem König sprach, denn dazu bestand keine Notwendigkeit, so konnte er doch feststellen, daß der König ihn gern mochte, denn wenn er von ihm redete, nannte er ihn bei seinem Namen, micer Bartolomé (die Flamen reden die Kleriker mit ›micer‹ an). Und der König verfügte, um die Geschäfte des Klerikers zu einem Ende zu bringen, er solle aus den Mitgliedern des Rates diejenigen auswählen, die gleichsam als Richter oder Schiedsrichter zwischen ihm und dem Rat fungieren sollten. – Das war eines der bemerkenswertesten Ereignisse, die sich in Spanien zutrugen: ein Priester, sehr arm, ohne Einkünfte oder eine Person, die ihn unterstützte, ohne jeden Verdienst aus menschlicher Anstrengung, sondern nur versorgt durch das, was Gott ihm geben wollte, zuvor verfolgt und verabscheut von aller Welt – denn die Spanier in Westindien sprachen von ihm als von einem, der, wie sie sich einbildeten, Westindien und damit Kastilien zerstöre –, der also kam vor dem König zu solchen Würden, daß er mit dessen Zugeständnis Personen des Rates zu Richtern über den Rat bestimmte, der doch auch des Königs war.«[130]

Aber Bischof Fonseca war auch noch da! Er veranlaßte eine Zusammenstellung sämtlicher Beschwerdebriefe der Encomenderos und suchte, was sich sonst noch gegen Las Casas verwenden lasse; dann verfaßte er eine Denkschrift, die in dreißig Punkten darlegte, warum dieser in keiner Weise das Vertrauen des Königs verdiene. Er brauchte dazu drei Monate, bis sie endlich im Plenum des Königlichen Rates und in Anwesenheit des Kardinals Adrian verlesen werden konnte. Las Casas mußte dazu Stellung nehmen, und zwar – so wollte es Fonseca – ohne daß er die Denkschrift in die Finger bekam. Diesmal half ihm der Großkanzler; insgeheim machte er ihm das Papier zugänglich. Las Casas brauchte für die Gegendarstellung zwei Monate; sie wurde vor den Herren des Rates verlesen und fand ihren Beifall. Der König verfügte, daß in diesem Streit für »micer Bartolomé« zu entscheiden sei.

Nun schickte Fonseca Fray Juan Cabedo ins Feld, den Bischof des Darien, der auf seiten der Encomenderos stand. Es kam zu einer ganzen Reihe von Wortgefechten, und so befahl der König, beide hätten vor ihm zu erscheinen, um ihren Streit auszutragen.

Am 10. Dezember 1519 fand die Sitzung statt – vor dem König, dem Großkanzler, dem Herrn de Chievres, dem Rat des Königs und dem Vizekönig Diego Colón. Zuerst sprach der Bischof. Dann redete Las Casas dreiviertel Stunden lang sehr überzeugend und schloß selbstbewußt mit den Worten:

». . . und indem ich Eurer Majestät dies anzeige, weiß ich gewiß, daß ich Eurer Majestät einen der größten Dienste leiste, die ein Vasall dem Fürsten und Herrn der Welt leisten kann.«[131]

Der Vizekönig Diego Colón stimmte ihm im wesentlichen zu und bat ebenfalls um Abhilfe:

»Denn wenn Euer Majestät durch die Zerstörung jener Länder und Menschen unschätzbaren Schaden erleidet, so ist der meinige noch größer; denn wenn dort auch alles verlorenginge, so hörten Eure Majestät nicht auf, König und Herr zu sein; mir aber – dieses verloren – bliebe auf der Welt nichts, worauf ich mich stützen könnte.«[132]

Auch in diesem Streit blieb Las Casas Sieger.

»Seitdem wuchs mit jedem Tag sein Ansehen bei dem Großkanzler und dem Herrn von Laxao, und diese berichteten alles dem König, und dieser verstand sich sehr gut mit micer Bartolomé. Und wäre der König, gerade zum Kaiser gewählt, nicht in Eile gewesen, Spanien aus diesem Grunde zu verlassen, – gewiß, Westindien wäre es gut gegangen, und der Kleriker in seinem Werk nicht wenig gefördert.«[133]

Aber Carlos war nun einmal erwählter Kaiser, und so verließen er und sein Hof Barcelona und reisten nach Coruña, und dort endlich, in den letzten sieben Tagen, bevor der König das Schiff betrat, das ihn in die Niederlande bringen sollte, wurde das Venezuela-Projekt unter Dach und Fach gebracht – in gutem Frieden, wie Las Casas schrieb; Fonceca hatte aufgegeben.

Las Casas wurde die venezolanische Küste von der Halbinsel Paria inclusive bis Santa Marta im heutigen Kolumbien exclusive zugesprochen, und von diesen beiden Eckpunkten landeinwärts bis zur noch gar nicht bekannten Südküste, und das hätte bedeutet, wie sich später herausstellen sollte, bis zur Magellanstraße – praktisch die Hälfte Südamerikas.

Am 19. Mai 1520 unterschrieb Karl V. den Vertrag mit Bartolomé de las Casas, am Tag darauf segelte er ab – zunächst nach England; dort traf er sich mit Heinrich VIII., der damals noch mit Katharina von Aragon verheiratet war, der Tante Karls; dann ging es weiter nach Seeland, und schließlich nach Aachen.

Viereinhalb Jahre war Las Casas jetzt in Spanien, seit er Cuba verlassen hatte. Mit den Gesprächen in Aranda de Duero – Ferdinand von Aragón, Bischof Fonseca, Lope Conchillos – hatte er seine Karriere bei Hof begonnen. Er gewann das Vertrauen des Regenten Jiménez und verlor es wieder durch böse Intrigen. Er war Sekretär und Ratgeber des Großkanzlers Sauvage und arbeitete nach dessen Tod mit dem Großkanzler Gattinara zusammen. Er genoß die Wertschätzung des jungen Königs, der jetzt Kaiser geworden war, und hatte mit ihm einen Vertrag geschlossen über ein Land, das in dieser Größe noch keinem Conquistador zugesprochen worden war. Er war jetzt ganz oben! Große Herren befaßten sich mit seinen Unternehmungen. Der spanische Botschafter in Rom teilte seinem Herrn und König in Deutschland mit, Papst Leo X. habe dem Ersuchen des Kardinals von Tortosa, Adrian, stattgegeben und all denen, die den Königlichen Kaplan Bartolomé de las Casas auf seiner Expedition begleiten würden, einen vollkommenen Ablaß gewährt.

So reiste der große Las Casas nach Sevilla auf der Suche nach jemand, der ihm Geld lieh, denn das, was er von Cuba mitgebracht hatte, war im Lauf der Jahre aufgebraucht. Sein Schwager lieh ihm tausend Maravedis, ein Perlenhändler fünfzig Dukaten. Freunde gaben ihm alles Mögliche für den Tauschhandel mit, farbige Glasperlen und andere Schätze. Dann versammelte er die Landarbeiter, mit denen er die Ansiedlung beginnen wollte. Das große Werk – nun konnte es in Angriff genommen werden.

Am 14. Dezember 1520 stach Las Casas mit seinen Landarbeitern in See. Sein Ziel war der unermeßlich große, von spanischen Siedlern noch nicht entdeckte südamerikanische Kontinent, sein Ankerplatz die Karibenküste Venezuelas.

Karibenland

»Die Indios auf dem Festland essen Menschenfleisch. Sie sind mehr als irgendein anderes Volk unzüchtig. Gerechtigkeit gibt es bei ihnen nicht. Sie sind unbeständig, glauben nicht an die Vorsehung, sind undankbar und umstürzlerisch. Sie sind gewalttätig und verschlimmern dadurch noch die ihnen angeborenen Fehler. Bei ihnen gibt es keinen Gehorsam, keine Zuvorkommenheit der Jungen gegenüber den Alten, der Söhne gegenüber den Vätern. Lehren wollen sie nicht annehmen. Bestrafungen nützen bei ihnen nichts. Verräterisch, grausam und rachsüchtig, wie sie nun einmal sind, kennen sie keine Verzeihung. Als Gegner der Religion, als Faulenzer, Diebe, gemeine und verdorbene Menschen ohne Urteilskraft, beachten sie weder Verträge noch Gesetze. Mit Schwachen haben sie kein Mitleid. Wenn einer von ihnen schwer krank wird, dann holen ihn seine Verwandten und Nachbarn, bringen ihn in die Berge und lassen ihn dort sterben. Neben sein Haupt legen sie ein wenig Brot und Wasser, dann gehen sie davon. Ich kann versichern, daß Gott kein Volk je erschaffen hat, das mehr mit scheußlichen Lastern behaftet ist als dieses, ohne irgendeine Beigabe von Güte und Gesittung.«[134]

Der Herausgeber dieses Textes war Petrus Martyr von Anghiera, Chronist des spanischen Hofes, Verfasser der berühmten »Acht Dekaden über die Neue Welt« und Mitglied des Indienrates. Der Autor dieses vernichtenden Urteils war der Dominikanerpater Tomás Ortiz, der vor Jahren mit Pedro de Córdoba an die Perlenküste gekommen war und der vor dem Indienrat noch Schrecklicheres zu berichten wußte.

»In einem Teilgebiet auf dem angenommenen Kontinent, das ›Chiribichi‹ heißt, hatten Brüder des Dominikanerordens eine Kirche gebaut. Unter vielen Mühen und Entbehrungen nahmen sie die Söhne von Häuptlingen und anderen Großen bei sich auf und versuchten, als diese älter wurden, durch Ratschläge, Erziehung, Unterricht und liebevolle Behandlung sie für ihre Religion zu gewinnen. Viele von den Jungen waren schließlich so weit ausgebildet, daß sie den Priestern, wenn diese die Sakramente spendeten, am Altar anstellig und gewandt Hilfe leisteten und die spanische Sprache recht gut beherrschten.

Vernimm nun folgenden schrecklichen Vorfall! Als die Jungen das Knabenalter hinter sich hatten und ihnen gerade der erste Bartflaum wuchs, zogen zwei von ihnen die Flucht dem Aufenthalt bei den Ordensbrüdern vor; es waren gerade die besten Zöglinge, welche die Mönche von der wilden Natur ihrer Ahnen abgebracht und zu christlichen Grundsätzen und menschlichen Manieren erzogen zu haben glaubten. Wie Wölfe legten sie ihr altes Fell wieder an und wandten sich ihren früheren angeborenen Lastern wieder zu. Sie sammelten eine große Anzahl Krieger aus der Nachbarschaft und griffen – dabei übernahmen die zwei selbst die Führung – das Kloster an, in dem sie mit väterlicher Liebe erzogen worden waren. Sie eroberten das Gebäude und zerstörten es völlig; ja, sie töteten sogar ihre ehemaligen Erzieher und Mitschüler bis auf den letzten Mann.«[135]

Der Dominikanerkonvent Chiribichi, für Las Casas der Brückenkopf, von dem aus die Besiedlungsaktion vorangetrieben werden sollte, existierte nicht mehr. Das war das erste, was er erfuhr, als er im Februar 1521 in Puerto Rico vor Anker ging – als Zwischenstation geplant, aber an eine Weiterreise war vorerst nicht zu denken. Man hörte, die königliche Audienz in Santo Domingo habe eine Strafexpedition von dreihundert Mann in fünf Schiffen aufgeboten, um mit Feuer und Schwert Rache zu üben und die Überlebenden als Sklaven auf den Markt zu bringen. Wenn das geschah, war damit einer friedlichen Missionierung dieser Gegend der Boden entzogen. Las Casas beschloß, die Ankunft dieser Flotte abzuwarten; seine einzige Hoffnung war, den Befehlshaber in dieser Aktion davon zu überzeugen, daß sein Auftrag gegen den Inhalt des vom König unterschriebenen Vertrags verstieß. Hauptmann Gonzalo de Ocampo war sehr höflich und erklärte, er werde den königlichen Verordnungen gehorchen und ihnen alle Ehren erweisen, sähe sich aber außerstande, die Befehle, die die Audienzia ihm im Namen des Königs erteilt habe, nicht auszuführen. Und so segelte er davon, um auftragsgemäß den Markt von Santo Domingo mit Sklaven zu beliefern. Eine Strafexpedition? Las Casas fand heraus, was sich in Wirklichkeit ereignet hatte. Spanier von der Perleninsel Cubagua hatten bei einem Überfall eine Anzahl von Indios getötet und fünfundzwanzig oder mehr als Sklaven verschleppt. Der Kazike dieses Stammes aber war dabei, wie diese Männer zuvor den Mönchen ihre Aufwartung machten und – wie es üblich war – freundlich bewirtet wurden. Die Dominikaner ahnten nichts von dem geplanten Überfall, aber der Kazike zog aus dem vermeintlichen Einverständnis falsche Schlüsse, und so wurden die Mönche getötet und der Konvent dem Erdboden gleichgemacht. (Fray Tomás Ortiz entging dem Gemetzel, weil er an diesem Tag auf der Insel Cubagua predigte.)

Las Casas sah ein, daß ihm nichts anderes übrig blieb, als nach Santo Domingo zu fahren und dort mit den Verantwortlichen zu verhandeln. Als erstes brauchte er ein Schiff. Der Kaufpreis betrug fünfhundert Goldpesos. Das Geld hatte er nicht, aber es war nicht schwierig, es zu leihen: »Alle wußten, welch ein hohes Amt er durch die Gunst des Königs innehatte, und welch großes Land, reich an Gold und Perlen, ihm zugewiesen worden war, und daß dieses niemand ohne seine Lizenz betreten durfte.«[136]

Bevor er nach Santo Domingo aufbrach, mußte er seine Landarbeiter unterbringen, aber das ließ sich regeln. Er fand genügend Einwohner in Puerto Rico, die sich bereit erklärten, sie auf ihren Gütern aufzunehmen und für ihren Unterhalt zu sorgen.

Das Piratennest

Las Casas kam also wieder einmal nach Santo Domingo und präsentierte der zehnköpfigen Regierungsspitze seine Beglaubigungsschreiben. Es waren der Vizekönig Diego Colón, vor gar nicht langer Zeit vom königlichen Hof hierher zurückgekehrt, die vier Oberrichter der Audiencia, die drei Beamten des Königs und zwei Sekretäre. Er ersuchte sie als erstes, die bedeutsamen Schriftstücke mit der üblichen Feierlichkeit bekanntzumachen. Das geschah mit Trompetengeschmetter und in Anwesenheit des Admirals und Vizekönigs. Der ganzen Stadt wurde verkündet, es sei bei Todesstrafe und Einziehung aller Güter verboten, den Indios jener Provinzen, die dem Kleriker zugewiesen waren, Böses anzutun oder Schaden zuzufügen oder sonstwie Ärgernis zu erregen. Dann verlangte Las Casas, die Armada der Strafexpedition mit der größtmöglichen Schnelligkeit zurückzuholen und das vor einem Krieg gegen die Indios, und auch dies sagte man ihm zu – freilich nicht in der Absicht, es zu tun. Noch merkte Las Casas nicht, daß er arglos in eine Art Piratennest geraten war, und daß der Vizekönig Diego Colón auf irgendeine Weise etwas mit den Seeräubern zu tun hatte.

»Nun gab es hier einen Biskayer, einen Schiffszimmermann, der die Boote und Barken kalfaterte und durch diese Tätigkeit zu Geld gekommen war. Er hatte zwei Schiffe erworben und mit je fünfzig oder sechzig Spaniern bestückt, und die fuhren zum Festland und zu den Inseln und raubten die Einwohner, die dort ruhig lebten, bis die Schiffe überquollen von Männern und Frauen, Kindern und Greisen; die wurden dann in die Stadt gebracht und als Sklaven verkauft. Als der den Kleriker sah und erfuhr, welches Amt er hatte, da war ihm, als hätte er den Teufel erblickt, denn er sah, daß dieser ihm sein Geschäft zerstören würde. So begannen er und andere, das Gerücht auszustreuen, das Schiff Las Casas' sei nicht mehr seetüchtig, auch nicht mehr herzurichten und müsse deshalb, damit keine Reisenden zu Schaden kämen, auf Strand gesetzt werden. Die Audiencia ordnete an, dies zu untersuchen, und so wurden zu Prüfern eben der Kalfaterer und ein paar andere Seeleute seines Schlages bestellt, von den Richtern und Beamten, die alle selbst an Menschenraub und Sklavenhandel beteiligt waren. Das Schiff wurde zerstört, und der Kleriker verlor fünfhundert Goldpesos, die es gekostet hatte.«[137]

Jetzt saß Las Casas in der Falle.

Endlich liefen die Schiffe der Strafexpedition wieder in den Hafen ein, vollbeladen mit Sklaven.

»Als der Kleriker sie kommen sah, wütete er und verwünschte mit fürchterlicher Strenge dieses Vorgehen in der Audiencia und nannte es tyrannisch und den Krieg ungerecht, und so seien jene keine Sklaven, und er beteuerte, er werde zum König zurückkehren und veranlassen, daß sie alle bestraft würden und die Kosten erstatten müßten, die sie für die Armada aus dem Haushalt des Königs aufgewendet hatten, ohne dazu ermächtigt zu sein; und welche Schäden man in jenen Ländern angerichtet habe und welches Ärgernis, diese Menschen zu vernichten und zu verhindern, daß man ihnen den Glauben predige, sondern Grund gäbe, ihn zu lästern und die christliche Religion zu hassen.«[138]

Ob die Behörden von Santo Domingo daraufhin wirklich, wie Las Casas annimmt, Angst bekamen oder ob es andere Gründe waren – auf jeden Fall versuchte man, mit ihm zu einer Einigung zu gelangen. Es blieb ihnen ja auch nichts anderes übrig. Ausgerechnet ihm war das Land zugewiesen worden, aus dem sie den Hauptteil ihrer Einkünfte bezogen, und er hatte das Recht, jedem den Zutritt in dieses Land zu verweigern. Las Casas selbst zählt die Gründe auf, weshalb sie sich mit ihm einigen mußten.

Da war erstens die Perlenfischerei auf der Insel Cubagua, und dort besaßen die Mächtigen der Insel ihre Häuser und ihre Arbeitskolonnen von Indios; da war zweitens der Tausch von Gold gegen Artikel aus Kastilien, vor allem gegen eiserne Handbeile; da war drittens – und das war das Allerwichtigste – der Sklavenfang und -handel: Und dazu kam schließlich noch, daß man ohne Erlaubnis des Königs zehn- bis zwölftausend Goldpesos aus dem Staatsschatz in die Strafexpedition investiert hatte. Diesen Titel konnte man nun, sofern man sich einigte, anders deklarieren: als Unterstützung für Las Casas, wie es ja der König ausdrücklich angeordnet hatte.

Das große Werk, ursprünglich ganz allein Sache Las Casas', der seinen Vertrag mit dem König abgeschlossen hatte, sollte nun, durch einen neuen Vertrag, Sache einer Handelsgesellschaft werden. Der Vorschlag der Herren von Santo Domingo sah vor, Kosten und Gewinn in vierundzwanzig gleiche Beträge aufzuteilen, davon die Hälfte für sie selbst, drei Anteile für den Vizekönig und je einen für die neun Richter und Beamten. Sechs Anteile mußten für den König reserviert werden, und somit blieben für Las Casas und seine fünfzig Ritter vom Goldenen Sporn die restlichen sechs Anteile.

So unverschämt diese Bedingungen auch waren, im Grunde mußte Las Casas noch dankbar sein. Er begriff, daß eine Weiterreise ohne das Einverständnis der »Vertragspartner« kaum möglich war. Und es ging ja nicht nur um deren Einverständnis – es ging um die finanzielle und organisatorische Grundlage des Unternehmens überhaupt. Und die wurde jetzt erst geschaffen. Der angebotene Vertrag zeigte einen – wenn auch nicht den besten Ausweg aus seinem Dilemma. Nur: mit dem ursprünglichen Plan hatte er nichts, aber auch gar nichts zu tun.

Nach diesem Vertrag wurde die Flotte, die man für die Strafexpedition zusammengestellt hatte, nunmehr Las Casas übertragen; von den dreihundert Mann, die dazugehörten, wählte man hundertzwanzig aus und besoldete sie, die anderen wurden verabschiedet. Die Schiffe wurden ausreichend verproviantiert – Wein, Essig und Öl, Käse von den Kanarischen Inseln wurden an Bord genommen und tausendeinhundert Traglasten Kassavebrot sollten unterwegs zugeladen werden. Die Truppe unterstand ihrem Hauptmann Gonzalo de Ocampo. Dieser sollte mit seinen Soldaten das Land in Frieden halten, damit Las Casas und die Mönche in Freiheit predigen könnten. »So beginnt die Gesundbeterei, die mit Gott anfängt und bei seinem Widerpart endet.«[139]

Das zweite Kapitel regelte die Perlentaucherei; neu war hier die Vorschrift, die Indios sollten »freiwillig« nach den Perlen tauchen. – »Doch dies geschah niemals, es sei denn durch ein Wunder, auf ihren Willen hin.«[140]

Zum dritten und letzten Kapitel des Vertrages ist eigentlich nichts weiter zu sagen als: Es fordert von Las Casas die Selbstaufgabe und den Selbstverrat.

»Die genannte Gesellschaft und ihre Armada werden eingerichtet, damit durch den Kleriker Las Casas Länder und Leute ausfindig gemacht werden, die Menschenfleisch essen, oder die mit den Spaniern nicht in Frieden zusammenleben, oder die den christlichen Glauben und seine Prediger nicht annehmen wollen.

In solchen Fällen habe er zu sagen: ›Ich erkläre diese Provinz der Menschenfresserei schuldig, und diese, keine Freunde der Spanier sein zu wollen, und jene nicht willens, den christlichen Predigern zuzuhören und ihren Glauben anzunehmen.‹ Daraufhin würde Ocampo ihnen den Krieg erklären und mit seinen hundertzwanzig Leuten die Überlebenden zu Sklaven machen.

Und das war das oberste Ziel und der einzige Zweck all ihrer Absprachen: Sie dachten und erwarteten, der Kleriker habe ihnen ihre Häuser und Farmen und anderen Betriebe mit Sklaven zu füllen.

Ihre Blindheit war so groß, daß sie nicht wahrnahmen, was alle Welt wußte: daß der Kleriker, seit fünf oder sechs Jahren unterwegs zwischen Westindien und Kastilien, bis zum Umfallen damit beschäftigt war zu verhindern, daß man Sklaven machte, und zu bewirken, daß man die bereits Versklavten freiließ. – So groß war die Blindheit oder Unwissenheit jener Herren (wenn es nicht Bosheit war), daß sie glaubten, der Kleriker müsse diese fürchterlichen und absurden Bedingungen erfüllen, und daß sie ihn zugleich für einen guten Christen hielten, ohne Habsucht und bereit, für die Freiheit dieser Menschen, ihre Hilfe und Rettung zu sterben. Doch der Kleriker akzeptierte diese Bedingungen, so wie man etwas opfert zum Schaden seiner eigenen Interessen oder der eigenen Person, um größeren Schaden zu vermeiden, und mit dem Vorbehalt, alles, was sich gewinnen ließe, auf gute Weise, ohne Sünde oder zum Nachteil der Indios oder seiner ursprünglichen Absichten zu erreichen.«[141]

Trotz dieses ziemlich weitgehenden mentalen Vorbehalts – es war, als habe ihn sein guter Geist verlassen.

»Im Mai 1521, am Vorabend des Festes der hl. Katharina von Siena, starb der Diener Gottes Fray Pedro de Córdoba, der den Orden des hl. Dominikus auf diese Insel gebracht hatte, als Vizeprovinzial in seinem Konvent zu Santo Domingo.«

Las Casas flicht in seinen Nachruf auf ihn einen Spruch aus dem »Buch der Weisheit« ein: »Wer früh zur Vollendung reifte, hat lange Zeiten ausgefüllt.«[142] Pedro de Córdoba war nur achtunddreißig Jahre alt geworden, und Bartolomé de las Casas stand in seinem achtunddreißigsten Lebensjahr und fühlte sich der Reife der Vollendung nie so fern wie jetzt. Im Juli reiste er ab nach Puerto Rico, um in einem Unternehmen fortzufahren, das schon gescheitert war.

Der Untergang von Cumaná

Las Casas kam nach San Juan, nach mehr als einjähriger Abwesenheit, um seine Landarbeiter an Bord zu nehmen und endlich das große Siedlungsprojekt zu beginnen. Doch von diesen war keiner mehr aufzufinden; sie hatten sich inzwischen Sklavenfängern angeschlossen. Ohne seine Siedler und immer noch ohne die fünfzig Ritter vom Goldenen Sporn fuhr er weiter nach Cumaná und fand seinen Hauptmann und dessen Leute, auch sie nur damit beschäftigt zu suchen, was sich rauben und fangen lasse. Ocampo hatte wenige Kilometer flußaufwärts die erste Stadt auf dem südamerikanischen Kontinent gegründet und sie »Toledo« genannt. Doch seine Soldaten wollten dort nicht siedeln – »nicht einmal«, wie Las Casas spottet, »wenn man sie Sevilla genannt hätte«. Die Indios liefen ihnen weg, und ohne die Indios und ihre Arbeit waren sie dem Hunger ausgeliefert. Es wäre wohl zu einer Meuterei gekommen, doch endlich traf Las Casas aus Puerto Rico ein und stellte jedem Soldaten frei, nach Santo Domingo zurückzukehren. Fast alle machten von diesem Angebot Gebrauch.

»Der Hauptmann Gonzalo de Ocampo, der ein Freund des Klerikers war, bedauerte ihn in seiner Verlassenheit und sprach ihm Trost zu, bevor auch er ihn verließ.«[143]

Las Casas blieb mit einigen Dienern und ein paar Söldnern in Cumaná zurück. Man hat ihn in Spanien mehr als einmal einen Don Quijote genannt, doch zuweilen ähnelt er mehr dem deutschen Hans im Glück: Jeder Verlust macht ihn freier und fröhlicher. Seine Landarbeiter waren ihm davongelaufen, und Ocampo und seine Soldaten hatten ihn verlassen. Damit aber war der elende Vertrag, den er mit den Herren von Santo Domingo hatte schließen müssen, gegenstandslos geworden. Er war jetzt nichts anderes mehr als Gast der Franziskaner, die vor sechs Jahren mit Pedro de Córdoba hier gelandet waren, und sie nahmen ihn fröhlich und freundschaftlich auf.

»Die Franziskaner hatten ihr Haus und Monasterium aus Holz erbaut und mit Stroh gedeckt und eine sehr schöne Huerta angelegt, Obst- und Gemüseland, mit Apfelsinenbäumen, die wunderbare Früchte trugen, dazu einen kleinen Weinberg, und es gab Gemüse und sehr feine Melonen und andere angenehme Dinge. Haus und Huerta waren einen Armbrustschuß vom Meer entfernt, am Ufer des Flusses Cumaná, der der ganzen Landschaft den Namen gab. Hier ließ der Kleriker, direkt an der Rückfront der Huerta, ein großes Haus errichten als Arsenal für alle die Waren, die er mit sich führte. So schnell er konnte, gab er den Indios durch die Mönche zu verstehen (und diese bedienten sich einer India, genannt Doña Maria, die etwas von unserer Sprache verstand), daß er abgesandt sei von dem König der Christen, der neuerdings in Spanien regiere, um ihnen zu sagen, daß sie von nun an keinerlei Schädigungen mehr zu erwarten hätten, sondern nur gute Werke, und in Frieden und Freundschaft leben könnten; und so bemühte er sich, ihnen gut zuzureden und ihr Wohlwollen zu erwerben und schenkte ihnen von den Dingen, die er mitgebracht hatte, immer unterstützt von denen, die bei ihm geblieben waren, und sie gaben ihnen nicht das geringste Ärgernis.«[144]

Das Ärgernis kam, wie nicht anders zu erwarten, von den Perlenhändlern.

»Es dauerte nicht lange, da kamen die Apostel von Cubagua unter dem Vorwand, Süßwasser zu holen, und versetzten das Dorf und die umliegenden Siedlungen in Unruhe. Die einen stellten den Frauen und Mädchen nach, die anderen bedrängten sie, Gold oder Indios zu tauschen für ein paar Krüge Wein. Wein war die Währung, die die Indios besonders liebten, und dafür gaben sie alles her, worum man sie bat. Und da sie nicht gewohnt waren, den Wein mit Wasser zu mischen, wurden sie schnell betrunken, und betrunken, begannen sie zu streiten, nahmen ihre Waffen, Bogen und vergiftete Pfeile, und verletzten sich oder brachten sich um. Was für Voraussetzungen, um ihnen den christlichen Glauben zu predigen! – So begann der Kleriker, viel Bitternis zu schlucken und die Hemmnisse zu erkennen, die sein ganzes Unternehmen in Frage stellten, und er geriet in solche Beklemmung, daß er innehielt und mit sich zu Rate ging, ob es einen Weg gäbe, um aus diesem Kummer und aus diesen Sorgen herauszukommen.«[145]

Die Mönche waren der Meinung, es gäbe nur eine Möglichkeit, diese Störungen und Bedrohungen einzudämmen, nämlich dadurch, daß der König und die Audiencia strengere Strafen verhängten und daß, um dies zu erreichen, Las Casas selbst nach Santo Domingo reisen müsse. Dieser stimmt – nach einigem Hin und Her – dem Vorschlag zu.

»Er ernannte als Hauptmann oder Vorgesetzten derer, die er zurückließ, Francisco de Soto, einen alten Diener des

Königshauses, den er aus Spanien mitgebracht hatte, einen guten und verständigen Mann, aber arm; und weil er sich von dieser Armut befreien wollte, kam viel Unglück über ihn und das Unternehmen und alle die Übrigen.«[146]

Las Casas schärfte ihm ein, daß keines der beiden Schiffe, die er ihm anvertraute, den Hafen verlassen dürfe, aus welchem Grunde auch immer, damit alle, die er zurücklasse, und das Handelsgut im Notfall nach Cubagua evakuiert werden könnten und daß schlimmstenfalls die Tauschwaren zurückbleiben müßten, um Menschenleben zu retten. Was er selbst mitnahm, waren zwei Truhen, sein persönliches Eigentum, eine mit Kleidern, die andere mit Büchern.

»Wegen der Beleidigungen, die die Indios dieser Gegend erfahren hatten, sei es vor seiner Abreise, sei es danach, beschlossen sie, die Leute des Klerikers und die Mönche umzubringen, und man muß wohl annehmen, daß sie es vor seiner Abreise taten und vielleicht sogar als Verschwörung gegen ihn, denn man sah, daß durch den neuen König von Kastilien in Wirklichkeit nicht Frieden und Liebe, Ruhe und Gerechtigkeit kamen, wie er versprochen hatte. Die Mönche erfuhren von einigen Indios, was gegen sie geplant war, drei Tage, bevor es losging. Sie fragten, in Gegenwart anderer Indios, Doña Maria, ob das stimme, und sie antwortete mit Worten ›nein‹, doch mit den Augen ›ja‹. So waren die Mönche und die Leute des Klerikers drei Tage vorher der Sache gewiß.«[147]

Die beiden Schiffe, von Las Casas zu ihrer Rettung zurückgelassen, waren nicht da. Das erste, was de Soto nach der Abreise des Klerikers veranlaßte, war, sie beiderseits der Küste zum Tauschhandel von Gold und Perlen auszusenden. Dennoch konnten sich die meisten retten, bis auf einen Laienbruder, vier Leute des Klerikers und Francisco de Soto, der zu spät mit einem der Schiffe zurückkehrte.

Das Kloster und das Lagerhaus mit der gesamten Handelsware gingen in Flammen auf. Die Geretteten kamen nach Santo Domingo, eher als Bartolomé de las Casas selbst. Nach Chiribichi war nun mit Cumaná auch der letzte Stützpunkt an der venezolanischen Küste untergegangen.

Das Ende der »Historia«

Acht Wochen lang kreuzte das Schiff, das Las Casas nach Santo Domingo bringen sollte, im Karibischen Meer und war dabei achtzig Meilen vom Kurs abgekommen. Las Casas beschloß, im Hafen von Yaquimo (heute Jaqmel) von Bord zu gehen, um von dort über La Yaguana (Port-au-Prince) die Hauptstadt zu Fuß zu erreichen. Einige Mitreisende schlossen sich ihm an. Inzwischen hatte sich in Santo Domingo das Gerücht verbreitet, die Indios von Cumaná hätten den Kleriker und alle, die bei ihm waren, getötet – »Neuigkeiten, die viele erfreuten und wenige nicht.«[148]

»Der Kleriker war mit einigen anderen auf dem Weg von La Yaguana nach Santo Domingo; sie machten Rast an einem Fluß, und er hielt unter einem Baum den Mittagsschlaf. Es kamen ihnen Wanderer entgegen, und man fragte sie, was es Neues gäbe in der Stadt und in Kastilien. Sie antworteten: »Nichts weiter, nur daß die Indios an der Perlenküste den Kleriker Las Casas und alle seine Leute umgebracht haben.« Da sagten die anderen: »Wir sind Zeugen dafür, daß das nicht stimmen kann.« Aber jene bestanden darauf, und darüber erwachte der Kleriker wie aus einem tiefen Abgrund. Als er die Nachricht hörte, wußte er nicht, was er sagen und ob er es glauben solle. Doch als er die Situation dort drüben vor seiner Abreise bedachte und was da alles geschehen war, begann er zu fürchen und zu glauben, daß nun alles, was er dafür getan hatte, umsonst gewesen sei. Später, als er mehr von diesen Dingen verstand, kam er zu dem Schluß, das sei eine Strafe Gottes gewesen, weil er sich mit jenen verbündet hatte, die ihm nicht um Gottes willen halfen und ihn nicht förderten, um die Seelen derer zu gewinnen, die in jenen Ländern zugrunde gingen, sondern nur aus Habsucht und um sich zu bereichern. Ihm schien, er habe Gott beleidigt, weil er die Reinheit seines geistlichen Unternehmens, das ganz allein auf Gott ausgerichtet war, mit dem weltlichen Unrat menschlicher und sogar unmenschlicher Mittel beschmutzt hatte. – Schließlich aber begann er fromm und gottesfürchtig zu glauben, daß der Herr auf seine guten Absichten geblickt habe und nicht auf die Taten, die vielleicht vor seinem Gesetz verfehlt und irrig waren, und daß er ihn deshalb dem Tod entriß.[149]

Er setzte seinen Weg fort und kam nach Santo Domingo. Einige Freunde wollten ihm Geld leihen, damit er umkehren und sein Werk fortsetzen könne. Er ging darauf nicht ein. Er schrieb dem König, berichtete alles, was vorgefallen war, und wartete auf Antwort. Er besaß kein Geld mehr, um selbst an den Hof zu reisen. Freunde wollten ihm die notwendige Summe vorstrecken, aber er nahm das Angebot nicht an. Er wollte keine neuen Schuldern auf sich laden – die alten genügten ihm. Er hatte noch Jahrzehnte daran zu tragen. Im Oktober 1520 lieh ihm Juan Sanches, ein Perlenhändler aus Sevilla, fünfzig Dukaten. Am 29. September 1551 machte Guiomar del Castillo, dessen Ehefrau, ihr Testament und verfügte darin, daß dieses Geld an ihren Erben auszuzahlen sei; und am 6. Dezember 1552 erteilte besagte Guiomar, nunmehr Witwe, einem Presbyter die Vollmacht, die fünfzig Golddukaten in Empfang zu nehmen, die Las Casas endlich angewiesen hatte.

»Nachdem er an den König und an andere geschrieben

hatte, wartete er einige Monate auf Antwort, und währenddessen unterhielt er sich gewöhnlich mit den Dominikanern, und besonders mit einem Pater namens Domingo de Betanzos, ausgezeichnet in Tugend und Frömmigkeit. Dieser spielte immer wieder darauf an, ob er nicht Mönch werden wolle; er habe mehr als genug für die Indios gearbeitet, und wenn sein so frommes Unternehmen gescheitert sei, dann habe es den Anschein, daß Gott sich seiner nicht auf diesem Wege bedienen wolle.«[150]

Las Casas war bereit. Eine Antwort des Königs wartete er nicht mehr ab. Der Prior, Tomás de Berlanga, nahm ihn in den Orden auf. 1522 begann er sein Noviziat, im Jahr darauf legte er die Profeß ab.

»Während des Noviziats trafen Briefe ein von Kardinal Adrian, gerade zum Papst gewählt, und von flämischen Edelleuten, die ihn überreden sollten, an den Hof zurückzukehren: er stünde nach wie vor in Gunst, wenn nicht noch mehr als früher. Doch die Prälaten des Klosters wollten sie ihm nicht zeigen, vielleicht, um ihn nicht aus der Ruhe aufzustören.

Und damit lassen wir es gut sein, von seinen Angelegenheiten zu reden für einige Jahre, in denen der Kleriker, jetzt Ordensbruder Bartolomé de las Casas zu schlafen schien – bis die Zeit kommt, so Gott will, um zu seiner Geschichte zurückzukehren.«[151]

Die Zeit kam nicht. Die »Historia de las Indias«, auf sechs Dekaden von 1492 bis 1550 angelegt, bricht nach der dritten ab. Damit sind eine Fülle historischer Informationen nicht weitergegeben worden und ebenso weitere Texte zur Autobiografie Las Casas', wie sie im dritten Buch so reich enthalten sind und wie sie sicherlich auch in den folgenden Dekaden enthalten gewesen wären. Las Casas wollte ganz offenbar mit der Historia de las Indias« auch seine »Historia de las Casas« schreiben. Um »zu seiner Geschichte zurückzukehren«, müssen nun – so gut es geht – seine anderen Schriften, Traktate, Memoranden und Briefe, die fehlende »Historia« ersetzen.

ZWEITER TEIL

Klosterjahre

Bartolomé de las Casas zog sich aus der Welt zurück, als mit Cortés und Pizarro die eigentliche Conquista begann, die den ganzen Kontinent umfaßte. Die Königreiche der Azteken, der Maya und der Inka wurden entdeckt. 1519 verlegte der Gouverneur Panamas, Pedrarias Davila, seine Hauptstadt von der Karibik- an die Pazifikküste und bereitete so, ohne es zu ahnen, die Entdeckung Perus vor. Ebenfalls 1519 verließen die Schiffe des Hernán Cortés die Insel Cuba und das Karibische Meer; die Eroberung Mexicos stand bevor. Und kaum war Mexico, zu einem kleinen Teil erst, eingenommen, da rüstete Cortés zwei weitere militärische Expeditionen aus. Im Dezember 1523 zog Pedro de Alvarado mit 120 Reitern und 300 Mann zu Fuß aus, um Guatemala zu erobern, und im Januar 1524 machte sich Cristóbal de Olid auf den Weg nach Honduras. Im November dieses Jahres wagte Pizarro die Ausfahrt auf der Suche nach Peru. Zwei Jahre später betrat er in Ecuador und Nordperu zum ersten Mal den Boden des Inkareiches.

Lange Zeit hatte man nur die Taino gekannt und sich der Täuschung hingegeben, diese seien »die Indios«; dann machte man die ersten (und meist unerfreulichen) Erfahrungen mit den Kariben. Doch jetzt wurde langsam deutlich, daß die eigentliche Neue Welt mit ihren Hochkulturen erst noch zu entdecken war. Es wurde zugleich die Entdeckung einer eigentümlichen Ungleichzeitigkeit. Natürlich lebten die amerikanischen Indianer, als die Europäer in ihre Länder eindrangen, nach unserem Kalender im 15. und 16. Jahrhundert, doch menschheitsgeschichtlich betrachtet, lebten sie in der Jungsteinzeit. Sie waren Jäger und Sammler und da und dort auch schon Pflanzer, doch selbst ihre am weitesten entwickelten Hochkulturen hatten etwa das Niveau erreicht, dem in Europa die kretisch-mykenische Welt entsprach. Hier wie da gab es zyklopisches Mauerwerk, Palastbauten und Palastbürokratie, Tempel und Priesterkönige; es gab Gold- und Silberschmuck, herrliche Keramik und kostbare Gewebe. In der Seefahrt waren die alten Griechen den Indios voraus, und ebenso in der Kriegstechnik, denn diese kannten weder metallene Waffen noch die mit Pferden bespannten Kriegswagen.

Was sich in der Alten Welt von 1600 bis 1200 v.Chr. ereignete, spielte sich in der Neuen Welt von 1200 bis 1600 n.Chr. ab. Dies bedeutet eine Ungleichzeitigkeit von dreitausend Jahren und mitunter mehr, sehr viel mehr. Was in dieser Begegnung gelebt werden mußte, war intellektuell kaum zu verarbeiten. Nicht Pizarro–Agamemnon hätte Atahualpa gegenübertreten müssen, und nicht Cortés–Odysseus wäre Moctezumas ebenbürtiger Gast gewesen.

Alles das geschah in den Jahren, »in denen der Kleriker, jetzt Ordensbruder Bartolomé de las Casas zu schlafen schien«. Und nicht nur das. Man könnte sagen, daß in dieser so wichtigen Zeit »Micer Bartolomé« seinen jungen König im Stich gelassen hat. Wie wurde Karl in den immer drängender werdenden Indio-Fragen ohne seinen Berater fertig?

Als er mit ihm den Cumaná-Vertrag abschloß, geschah dies zur selben Zeit (nur einen Tag später), als er den neuernannten Oberrichter von Española anwies, die Indios in Dörfern zusammenzuführen, wo sie in Freiheit leben könnten; ferner habe jede Belästigung der Indios von Trinidad zu unterbleiben – sie seien nach dem Gutachten des Klerikers Las Casas friedliche Menschen und keine kannibalischen Kariben.

Am Ende seines Lebens, in dem großen Peru-Traktat »Von den zwölf Zweifeln« hat der Prokurator der Indios die königlichen Verordnungen zusammengefaßt, in denen der Herrscher, während er selbst im Kloster war, über die Zuteilung von Indios an die Spanier entschied. Nach dem oben zitierten Brief aus La Coruña folgt 1523 eine Instruktion an Hernán Cortés:

»Da wir die Schäden sehen, die den Indios aus den Repartimientos erwachsen, ist es unsere Absicht, dafür zu sorgen, daß hier Abhilfe geschaffen wird, und damit das zu erfüllen, was wir dem Dienst an Gott, unserem Herrn, schulden, von dem wir so viele Wohltaten und Gnaden empfangen haben und täglich empfangen, und ferner dem Genüge leisten, was uns vom Heiligen Apostolischen Stuhl durch seine Schenkungsbulle aufgetragen wurde; so haben wir unseren Königlichen Rat, zusammen mit Theologen der Mönchsorden und anderen gelehrten und gottesfürchtigen Personen, die sich an unserem Hof befinden, beauftragt, darüber zu beraten, und danach scheint uns, daß wir guten Gewissens nicht anordnen können, Indios den Christen zuzuteilen, denn Gott unser Herr schuf sie frei und nicht als Unterworfene, und also ist unser Wille, daß dem entsprochen wird. Daher befehlen wir euch, in diesem Land Repartimientos und Encomiendas weder einzurichten noch einrichten zu lassen, sondern dafür zu sorgen, daß die Indios frei leben wie meine Vasallen in unseren Königreichen in Kastilien.«[152]

1524 erging eine Instruktion gleichen Inhalts an den neuernannten Gouverneur von Florida, und 1529 eine weitere im Auftrag des Kaisers durch den Kardinal-Erzbischof von Toledo, Don Juan Tavera. Bereits 1526 hatte Karl V. die Möglichkeit, Indios zu versklaven, erheblich eingeschränkt; in einer Anordnung vom 2. August 1530 verbot der Kaiser generell, Indios zu Sklaven zu machen – »in Erwägung der vielen und unerträglichen Übel, die zu Gottes und unserer Unehre entstanden sind und weiter entstehen aus der ungezügelten Habgier der Conquistadoren und anderer Personen, die versucht haben, Krieg gegen die Indios zu führen und viele von ihnen zu Sklaven zu machen, die es in Wirklichkeit nicht sind und auf keine Weise verdienen, Sklaven zu sein und die Freiheit zu verlieren, die sie aus dem Naturrecht hatten und haben«.[153]

Als der Kleriker Las Casas den jungen König und späteren Kaiser Karl kennenlernte, war er 33 und jener 17 Jahre alt. Der Einfluß des Indio-Anwalts auf den jungen Monarchen muß sehr stark gewesen sein, und wahrscheinlich hatte er recht, als er schrieb: »Wäre der König, gerade zum Kaiser gewählt, nicht in Eile gewesen, aus diesem Grunde Spanien zu verlassen – gewiß, Westindien wäre es gut gegangen, und der Kleriker in seinem Werk nicht wenig gefördert.«[133] Man wird also darüber nachdenken dürfen, ob die Entscheidung der Ordensoberen, Las Casas die Möglichkeit zu verheimlichen, daß er an den Hof zurückkehren könne, eine glückliche Lösung war.

1526 verfügte der Kaiser, daß allen seinen Untertanen die Ausreise nach Westindien, die dortige Niederlassung und der Handel erlaubt sei, auch den Nichtspaniern also, den Niederländern und den Deutschen. Zwei Jahre später wies er den Welsern, bei denen er seit der Kaiserwahl in der Kreide stand, als Sicherheit und zur Ausbeutung Venezuela zu. Auch der Kontrakt, die Kolonien mit Negersklaven zu versorgen, den bislang ein flämischer Günstling des Kaisers innehatte, ging auf die Welser über. Dem Handelshaus der Fugger, bei denen er noch mehr verschuldet war, übereignete er Chile. Da aber Pizarro bereits mit der Eroberung Perus begonnen hatte und bedenklich nah an der Grenze zu Chile operierte, begriffen die Deutschen, daß es klüger war, zu verzichten.

Was Las Casas besonders betrübte, war, daß der Kaiser »sein Venezuela« den Welsern überantwortete.

»Es gibt etwas, was ich nie erwartet hätte: Nur weil die Deutschen dem König drei- oder vierhunderttausend Dukaten geliehen haben, oder wieviel es immer waren, hat man ihnen zwei- oder dreihundert Meilen Küstenland auf der Tierra Firme ausgeliefert – geliehen, oder besser gesagt: damit sie es in ihren Reisesack stecken, wie sie es heutigentags tun. – Ich behaupte, daß sie in vier Jahren (so lange soll es wohl dauern) so viel zusammenrauben werden, daß es reicht, um ganz Deutschland zu kaufen.«[154]

So lebten nun also von der Ausbeutung und dem Elend der Indios nicht nur die Spanier und Portugiesen (und sicher auch die Italiener mit ihren großen und überall präsenten Banken), sondern ebenso die Deutschen und die Niederländer. Selbstverständlich sorgten auch die Engländer und die Franzosen dafür, daß sie nicht leer ausgingen. Sie hatten zwar keine Möglichkeit, sich direkt an der Ausbeutung der Indios und ihrer Länder zu beteiligen, doch es genügte zu warten, bis die Spanier ihre Schätze in den Schiffen verstaut hatten und die Heimreise antraten. Dann griffen ihre Piraten zu und bereicherten die jeweilige Staatskasse und natürlich auch sich selbst.

Und wer sah darin ein moralisches, juristisches, theologisches Problem? Soweit man es überblicken kann, nur die Spanier – und unter den Spaniern waren auffällig stark vertreten die Mönche des Dominikanerordens.

Puerto Plata

Las Casas war nun also Dominikaner. Warum war er ins Kloster gegangen? Es gibt Briefstellen, die ahnen lassen, daß ihm das Gelübde des Gehorsams nicht leicht gefallen ist. Doch der Kampf um das Überleben der Indios, begonnen von Pedro de Córdoba und Antón Montesino, gemeinsam mit anderen Ordensbrüdern, er konnte auf Dauer nicht von einem Einzelkämpfer geführt werden; so war es nur ganz natürlich, daß Las Casas sich den Dominikanern anschloß.

Er blieb zunächst in Santo Domingo und zog dann mit zwei Ordensbrüdern nach Puerto Plata, um dort, an der Atlantikküste, einen neuen Konvent zu gründen. Das war 1526.

»Drei Meilen von der Vega entfernt, an ihrem östlichen Ende, liegt der Hafen Puerto Plata, und damit verbunden die Stadt gleichen Namens, und oberhalb, auf einem Hügel, liegt ein Kloster der Dominikaner, in dem ich 1527 diese ›Historia‹ zu schreiben begann; sie wird fertig werden, wann es dem Willen Gottes gefällt. Innerhalb des Klostergeländes ließ ich selbst in größerer Menge Weizen säen. Wir bestellten drei Felder, und er wuchs und setzte Ähren an, so vollkommen, daß alle sich verwunderten. Wer mit den Schiffen aus Spanien eintraf und hier landete und in andere Teile der Insel weiterreiste, kam vorbei, um ihn anzusehen wie etwas ganz Besonderes. Da wir ihn aber, wie in Kastilien, im Oktober ausgesät hatten und meinten, es so richtig zu machen, ging das meiste verloren, denn der Regen kam, bevor er ganz ausgereift und trocken war. Aber einiges wurde doch geerntet, in einem Mörser gemahlen, durch ein Tuch gesiebt und in einem Scherben gebacken, und am Ende aßen wir drei sehr gute Brote. Wir haben Hostien hergestellt, mit denen auch andere Mönche die Messe lasen und Kommunion austeilten.«[155]

Puerto Plata lag nicht sehr weit von Isabela entfernt, der ersten von Columbus angelegten Siedlung, zugleich eine seiner drei Festungen.

»Die beste von allen war die in Isabela, denn sie war aus Quadersteinen errichtet. Als ich Prior in Puerto Plata war, ließ ich einen davon hierher schaffen als Grundstein des Klosters, das ich zu bauen begann, und zur Erinnerung an jene antike Siedlung.«[156]

Hier spricht der Historiker Las Casas. Das Geschichtswerk, das er 1527 in Puerto Plata begann, hat er später zweigeteilt, und so entstanden die »Historia de las Indias«, und die »Apologetica Historia Sumaria« – die Geschichte zur Rechtfertigung und Verteidigung der Indios, »eine Zusammenfassung bezüglich der Eigenschaften, Gliederung und Beschreibung von Himmel und Erde dieser Landstriche, und der natürlichen Verfassung, der öffentlichen Ordnung und des Gemeinwesens, der Art und Weise zu leben, der Sitten und Bräuche der Menschen im westlichen und südlichen Indien, deren Oberherrschaft den Königen von Kastilien zugehört.«

Las Casas berichtet darin von zwei sehr speziellen Geschenken Amerikas: dem Rauchen und der Syphilis. Er hat die Indios über den Ursprung der Krankheit befragt und erfahren, daß sie schon immer auf den Inseln vorhanden war, lange bevor die Christen kamen; sie hätte jedoch die Eingeborenen, Männer wie Frauen, nicht mehr belästigt, als ob es Pocken wären.

»Die Krankheit kam nach Spanien mit den sieben Indios, die Christoph Columbus von seiner ersten Reise mitbrachte und die ich in Sevilla sah, (sie steckten andere an, sei es, daß sie die Luft infizierten oder auf anderem Wege), oder aber, sie kam mit den Spaniern, die zwischen 1494 und 1496 zurückkehrten. Und da in dieser Zeit ein großes Heer unter König Karl von Frankreich durch Italien zog, um Neapel zu erobern, und viele von ihnen unter dieser Krankheit litten, glaubten die Italiener, diese hätten sie angesteckt, und seit dieser Zeit nannte man sie die ›Franzosenkrankheit‹.«[157]

»Auf der Insel Española und auf den anderen Inseln gab es ein Kraut, etwa wie Lattich, das trockneten sie in der Sonne und am Feuer; dann machten sie aus trockenen Blättern eine Rolle, füllten etwas von dem getrockneten Kraut hinein, zündeten es an einem Ende an und saugten am anderen Ende den Rauch in die Brust ein, und das verursachte ihnen eine gewisse Benommenheit im ganzen Körper, so daß sie weder Hunger noch Müdigkeit verspürten, und diese Rollen nennen sie ›tabacos‹. Ich kannte einen Spanier auf dieser Insel, verheiratet und rechtschaffen, der, wie oben beschrieben, ›tabacos‹ und ihren Rauch genoß, genauso wie es die Indios taten, und der sagte, dies sei so wohltuend, daß er um keinen Preis davon lassen würde, auch wenn andere Nachbarn dies für ein großes Laster hielten.«[158]

Dem Historiker Las Casas verdanken wir Nachricht über Begebenheiten, für die es sonst keinen Augenzeugen gibt, wie die Eroberung Cubas oder die Endphase der Eroberung Españolas. Über die Ureinwohner dieser Insel, die Taino, brach 1519 eine neue Plage herein: die Pocken. Von den acht- bis neuntausend Menschen, die bis dahin überlebt hatten, blieben, so schreibt Las Casas, keine tausend mehr am Leben; durch das Übermaß an Arbeit und die ständige Unterernährung waren sie so entkräftet, daß sie der Krankheit nichts entgegenzusetzen hatten.[159]

Den Tainos galt seine ganze Liebe und seine besondere Aufmerksamkeit.

»Ich habe zwanzig Jahre auf dieser Insel verbracht, und

niemals habe ich einen Indio mit einem Indio streiten oder kämpfen sehen, mit einer Ausnahme, und das war in Santo Domingo; dort fochten zwei einen Streit aus – mit den Schultern und den Ellenbogen, ohne die Hände zu gebrauchen. So hätten sie keine Fliege töten können. Ich war so verblüfft, daß ich einige Spanier zusammenrief, damit sie Zeugen seien.«[160]

»Was das Stehlen anbetrifft, so lege ich Zeugnis ab von dem, was ich viele Male mit eigenen Augen gesehen habe. Ihre Häuser haben keine Türen, keine Truhen, keine Schlösser, keine Schlüssel – und die Indios gehen herum und tragen in Beuteln, aus Palmblättern geflochten, Gold mit sich, nicht in Körnern (die könnte man zählen), sondern feiner, wie gemahlen, und sie tragen diese Beutel, die 500, 600 oder 1000 castellanos wert sind, hierhin und dorthin, und niemals hat einer auch nur das Allergeringste verschwinden lassen, noch wäre ein solcher Verdacht aufgekommen.«[161]

»Sie werden regiert durch einen, der ihr König ist, und das wollen wir erläutern, wie üblich, an dieser sehr glückseligen Insel Española. In ihr kannten wir fünf Oberkönige, die über sie herrschten. Die Adligen, die diesen fünf Königen huldigten, waren sehr zahlreich, und ich kannte viele von ihnen; sie waren keine unbedeutenden Leute, sondern hatten ungezählte Untergebene.«[162]

»Die Herrschaft, die die Könige und ihre Adligen über ihre Untertanen ausübten, war in höchstem Maße schlicht und natürlich, denn sie unterschied sich in keiner Weise von der Väterlichkeit, wie sie Väter und Söhne verbindet, und die als letztes Ziel ihr Wohl in Freiheit anstrebt.«[163]

»Und die Indios liebten ihre Könige wegen ihrer milden und väterlichen Herrschaft in solchem Grade, daß diese, wenn sie vor den Spaniern flohen und sich in den Bergen versteckten, ihnen folgenden Auftrag geben konnten: Sollten die Spanier sie gefangennehmen, dürften sie durch keine Folter verraten, wo man sie finden könne, und das taten sie. Und wenn jene sie gefangen wegschleppten, und sie kamen an einer Felswand oder an einem jähen Abgrund vorbei, so stürzten sie sich in die Tiefe und rissen, wenn sie konnten, die Spanier mit sich hinab.«[164]

Wiedersehen in Mexico

Nur acht Jahre nach der Eroberung Mexicos waren die kirchlichen Verhältnisse dort in einem derart desolaten Zustand, daß eine grundlegende Reform dringend geboten schien. Der Bischof von Mexico, Juan de Zumárraga, ein Franziskaner, und der Dominikaner Julián Garcés, Bischof von Tlaxcala, wandten sich an den Königlichen Rat und baten um Priester, denen man ein solches Werk der Erneuerung anvertrauen konnte. Er ist sehr bezeichnend, daß sie Mönche aus dem Dominikanerkonvent von Santo Domingo anforderten, und an erster Stelle standen drei Namen: Antón Montesino, Tomás Berlanga und Bartolomé de las Casas. Es bahnte sich jedoch eine Gebietsreform der gesamten Kirche in Übersee an, und die eröffnete andere Möglichkeiten. Aber zwei Jahre später, 1531, war es soweit; Las Casas reiste im Gefolge seines Priors Tomás de Berlanga, der dort Ordensangelegenheiten zu regeln hatte, nach Mexico. Es ist das erste Mal, daß er den karibischen Raum verläßt und der indianischen Hochkultur begegnet.

»Im Königreich Yucatan gab es die erstaunlichsten Bauwerke, der Bewunderung nicht weniger würdig als die Pyramiden. Sie waren so groß und zahlreich, daß man kaum glauben konnte, Menschen hätten sie errichtet.«[165]

In Tenochtitlán, der ehemaligen Hauptstadt des Aztekenreiches, von Cortés vollständig zerstört und von ihm als spanische Kolonialstadt wiedererbaut, trifft er nach fast zwanzig Jahren auf diesen alten Gefährten seiner Jugendzeit. Zu Beginn des Cuba-Feldzuges hatten sie sich zuletzt gesehen.

»In der Stadt Mexico führten wir einmal ein ungezwungenes Gespräch (denn es gab eine Zeit, in der wir Freunde waren) und kamen dabei auf seine Invasion und den tyrannischen Einmarsch in jene Königreiche zu sprechen. Er behauptete, Moctezuma habe ihm, als dem Vertreter des Königs von Spanien, sein ganzes Reich abgetreten. Ich widersprach und versicherte ihm, er habe es aus Angst getan, vor Entsetzen angesichts unserer Pferde und Feuerwaffen, wenn er es wirklich getan habe, was ich keineswegs glaube. Einer, der mit dabei war, fragte ihn: ›Hat dir König Moctezuma nicht Botschaften und Geschenke gesandt mit der Bitte, du und deine Gefährten sollten sein Reich verlassen?‹ Er lachte schallend und erwiderte: ›So war es in der Tat, mehr als dreißigmal.‹ So habe ich ihn mit seinen eigenen Worten als Lügner überführt.«[166]

»Ein anderes Mal sprachen wir in Mexico miteinander, und ich fragte ihn, mit welchem Recht und was für einem Gewissen er jenen großen König Moctezuma gefangengenommen und seines Reiches beraubt habe. Er gab mir schließlich Recht und sagte: ›Qui non intrat per ostium fur est et latro‹ (nach Jo 10,1). Darauf sagte ich ernst: ›Mögen Eure Ohren hören, was Euer Mund sagt.‹ Dann löste sich alles in Gelächter auf, wenn ich auch innerlich weinte, weil ich seine Gefühllosigkeit sah und ihn für einen Unseligen hielt.«[167]

Es ist nicht zu übersehen: Was Las Casas über Cortés berichtet, ist aus einer gewissen Animosität geschrieben. Sein Urteil wird diesem Mann nicht gerecht. Cortés war nicht gefühllos, und er hat sich über das Zusammenleben von Indios und Spaniern in einem neuen Mexico mehr (und bessere) Gedanken gemacht als irgendein anderer der Conquistadoren. Sein Testament spricht da eine klare, unmißverständliche Sprache.

»Sein Gewissen war alles andere als ruhig angesichts der Art, wie die Spanier mit den Rechten der Indios umsprangen. Er wußte, daß den Spaniern das Recht, auch nur im Krieg die Indios zu Sklaven zu machen, von vielen spanischen Theologen erbittert bestritten wurde und daß selbst dann, wenn man ihnen dieses Recht zugestehen wollte, viele Indios in Neuspanien im Widerspruch zu diesem Gesetz als Sklaven gebrandmarkt worden waren. In seinem Testament befiehlt er seinen Erben, sie möchten feststellen, wie es sich genau verhalte, und dementsprechend handeln, ›um mein und ihr Gewissen zu entlasten‹. Ferner weist er sie an, festzustellen, ob irgendein Teil seiner Ländereien den Indios unbilligerweise weggenommen worden sei; wenn ja, solle es ihnen zurückgegeben werden. Kurzum, beim Nahen des Todes suchte dieser Mann den Frieden seiner Seele dadurch zu erreichen, daß er sein Tun nach bestem Wissen an den Grundsätzen der Gerechtigkeit maß.«[168]

Strafversetzt

Aus Mexico nach Puerto Plata zurückgekehrt, wurde Las Casas – so könnte man sagen – nach Santo Domingo strafversetzt. Folgendes war geschehen. Ein Encomendero lag im Sterben, und Las Casas, der ihm die letzte Beichte abnehmen und die Absolution erteilen sollte, machte zur Auflage, er müsse seine Indios freilassen und sein Vermögen zur Wiedergutmachung der von ihm verursachten Schäden einsetzen. So geschah es, und der Encomendero starb getröstet. Er war aber verwandt mit einem sehr hohen Beamten des Königs, Oidor, also Oberrichter am Audienzgericht. Dieser dachte gar nicht daran, das alles widerspruchslos hinzunehmen, sondern schrieb einen bösen Brief an den Indienrat und legte Widerspruch ein.

»In dem Dominikanerkloster von Puerto Plata war ein Fray Bartolomé de las Casas Prior, dem Königlichen Rat bekannt. Dieser Prior verursachte in jener Stadt einige Skandale und Unruhen; so verbreitete er unter den Einwohnern Ansichten über die Indios, durch die sie in Gewissensskrupel verfielen und jene in Angst versetzten, die unterwegs waren, um in Neuspanien zu siedeln, denn er behauptete, sie könnten guten Gewissens keine Indios besitzen, sondern lebten in Todsünde.« Nach dem Bericht über den Tod des Verwandten schließt der Brief: »Um derartige Schwierigkeiten zu vermeiden, haben wir seinen Oberen aufgefordert, ihn in das hiesige Kloster zu versetzen und hier festzuhalten, denn es empfiehlt sich, daß in diesen Ländern völlige Ruhe herrscht, weil das für die Bevölkerung das Allernötigste ist.«[169]

Am 13. September desselben Jahres 1533 erfolgte die Zustimmung des Indienrates, und Las Casas blieb, quasi eingesperrt, im Konvent von Santo Domingo. Doch er schwieg nicht, sondern rechtfertigte in einem Brief an den Indienrat sein Verhalten und erklärte ziemlich barsch:

»Wenn man behauptet, ich hätte jenen Verstorbenen vor dem Empfang des Heiligsten Sakraments in Furcht versetzt: Ich predige und höre Beichte seit achtundzwanzig Jahren und bin nicht so unerfahren, daß ich eine so grobe Taktlosigkeit und einen so vermessenen Fehlgriff hätte versuchen sollen.«[170]

Las Casas beklagt, daß er durch verlogene Briefe in Ungnade gefallen sei. So sehe er sich genötigt, auf seine Verdienste zu pochen.

»Sollte das Gesagte nicht ausreichen – ich habe Euren Hoheiten genügend Beweise geliefert von meinem innigsten Bestreben, das mich seit meiner Kindheit bestimmt hat, der königlichen Krone zu dienen.«[171]

Und für den Fall, daß auch diese Aufzählung nicht überzeugen sollte, erinnert er an den letzten großen Dienst, den er dem Kaiser erst unlängst erwiesen hat: die Aussöhnung des aufständischen Kaziken Enriquillo, der den Spaniern seit 1519 einen vierzehn Jahre dauernden Kleinkrieg geliefert hatte.

»Ich allein, mit der Gnade Gottes und mit einem Ordensbruder, den der Konvent mir mitgab, ging nach Baoruco – und es war notwendig, dies vor den Richtern der Audiencia geheimzuhalten wegen der verhängnisvollen Einstellung, die sie gegen mich hatten. Ich gewann Enriquillos Vertrauen und festigte und bestärkte ihn im Dienst des Kaisers, unseres Herrn. Wenn auch Francisco de Barrionuevo dort gewesen war und mit den Friedensverhandlungen begonnen hatte (und es gibt keinen Grund, das, was er tat, zu unterschlagen) – aber er war nur eine Nacht und einen Vormittag da und fuhr dann wieder ab, und das ist nicht genug für den vorausgegangenen Krieg, so gewichtig und so in die Jahre gekommen, in solcher Gerechtigkeit unternommen und angesichts all der Schäden, die jeder vom anderen empfangen hatte.

Ich war einen Monat bei ihm. Ich nahm ihm, seiner Frau und allen seinen Hauptleuten die Beichte ab und befreite ihn von seinen sehr berechtigten Ängsten. Er wollte von dort nicht weggehen, doch er folgte mir in die Stadt Azua, wo er und die Einwohner sich umarmten und miteinander Frieden schlossen. Wir vereinbarten, auf welchem Wege er mit den Ansiedlungen der Spanier in Verbindung treten und zusammen leben könnte und wie sich einige seiner Hauptleute und Soldaten zum Dienst Seiner Majestät zurückführen ließen, und vor allem, daß er sein Dorf sieben Meilen von der genannten Stadt gründen solle, um die ganze Umgebung mit Brot und anderen Nahrungsmitteln zu versorgen. Dies alles läuft zur Zufriedenheit an und beginnt, in Erfüllung zu gehen.«[172]

Mit seiner Darstellung damaliger Guerillataktik, aber auch mit seiner Rechtfertigung der Gewalt gegenüber Angriffskriegen und Unterdrückung hat Las Casas dem letzten Fürsten und ersten Guerillaführer dieser Insel und des Volkes der Taino ein literarisches Denkmal gesetzt:

Enriquillo

»Der Ruhm Enriquillos und die Nachricht seiner Siege verbreitete sich über die ganze Insel. Viele Indios flüchteten aus dem Dienst und der Unterdrückung der Spanier und zogen, um sich zu retten, zum Zufluchtsort Enriquillos und seiner Truppen, der wie eine uneinnehmbare Felsenburg war.«[173]

»Erstaunlich waren die Wachsamkeit, die Sorgfalt und die Gewissenhaftigkeit, womit er sich und seine Leute bewachte und beschützte, als wäre er zeit seines Lebens Hauptmann in Italien gewesen. Er hatte seine Späher und Spione in den Häfen und Ortschaften, von wo aus, wie er wußte, Spanier anrücken konnten, um ihn zu suchen. Erfuhr er von seinen Kundschaftern auf dem Lande, daß Spanier in der Gegend waren, nahm er alle Frauen und Kinder, Alte und Kranke und alle die, die nicht kämpfen konnten, dazu fünfzig Kriegsleute, die er immer bei sich hatte, und führte sie zehn oder zwölf Meilen weit ins Gebirge zu Orten, die er geheimhielt und wo er Landgüter angelegt hatte und es infolgedessen zu essen gab. Alle übrigen Kriegsleute ließ er – um die Spanier zu erwarten – bei ihrem Hauptmann, seinem Neffen, von winziger Gestalt, aber sehr tapfer. Wenn sie kamen, kämpften die Indios gegen sie wie die Löwen. Dann erschienen Enriquillo und seine fünfzig Mann zur Verstärkung und verwundeten oder töteten sie, und kein einziges Mal, sooft auch viele Spanier gegen ihn zogen, wurden sie nicht in die Flucht geschlagen; immer behielt er den Sieg.«[174]

»Es war ein gerechter Krieg, den er und sie alle gegen die Spanier führten, und mit Recht unterwarfen sich die, die zu ihm gingen, und die übrigen der Insel. Mit Recht wählten sie ihn zum Herrn und König der Indios, denn ein anderer Herr und Fürst war auf der Insel nicht übriggeblieben, und so konnte er strafen und Rache nehmen und Gerechtigkeit vollstrecken an allen Spaniern, die er finden konnte. Man kann dem nicht entgegenhalten, wie es einige Ignoranten tun, der König von Kastilien sei der Fürst dieser Insel, und an ihn habe man sich zu wenden und um Gerechtigkeit zu bitten; das wäre verlogene Schmeichelei und Unsinn. Der Grund ist, daß die Könige und natürlichen Herren dieser Insel den König von Kastilien niemals als ihr Oberhaupt anerkannt haben, sondern daß sie seit der Entdeckung bis heute tyrannisiert wurden, in mörderischen Kriegen umgebracht und in grausamer Leibeigenschaft unterdrückt, bis sie starben. Ferner: Es hat auf dieser Insel niemals Gerechtigkeit gegeben, niemals hat man die Indios entschädigt oder ihnen Genugtuung geleistet. Überall dort aber, wo keine Gerechtigkeit ist, kann der Unterdrückte und Beleidigte sie selbst ausüben. Das ist ein Grundsatz der Juristen, und so diktiert und lehrt es die natürliche Vernunft.«[175]

Die letzten Sätze zeigen deutlich, wo die heutige Befreiungstheologie ihre Wurzeln hat.

Neubeginn

Der Neubeginn Lascasianischer Aktivität läßt sich datieren: Am 20. Januar 1531 schreibt er einen Brief an den Indienrat, Klage und Anklage, in die die Herren des Rates mit einbezogen werden: Oh señores, oh señores, oh señores!

»Jetzt haben die Schreie von so viel vergossenem Menschenblut den Himmel erreicht. Die Erde kann es nicht mehr ertragen, so sehr vom Blut der Menschen durchtränkt zu werden. Die Engel des Friedens, und selbst Gott, glaube ich, weinen. Nur die Hölle freut sich.«[176]

»Der Grund, warum die Christen eine so ungeheure Zahl von Menschen gemordet und zugrunde gerichtet haben, lag allein darin, daß ihr letztes Ziel das Gold war: sich in möglichst wenigen Tagen mit Reichtümern vollzustopfen und zu einem Rang aufzusteigen, der in keinem Verhältnis zu ihrer Person stand – mit einem Wort: Er lag in der unersättlichen Habgier und Herrschsucht, wie man sie größer in dieser Welt nicht finden kann.«[177]

Immer wieder kommt Las Casas auf Habgier und Herrschsucht als den Ausgangspunkten allen Elends zurück, und da er das Evangelium Jesu als frohe Botschaft für die Armen und Unterdrückten begreift, nimmt er für sie Partei. Die Theologie Las Casas, das wird immer deutlicher, steht fest auf zwei Säulen; es ist der Glaube des Alten Testaments an einen gerechten Gott, der Unterdrükkung und Ausbeutung der Armen und Schwachen unter Strafe stellt und rächt, und es ist die Gewißheit des Neuen Testaments: Den Armen wird die frohe Botschaft verkündet.

Durch die Entdeckung einer neuen Welt mit ihren Völkerscharen sieht Las Casas die ungeheure Chance, »daß der Glaube mehr erhöht und weiter verbreitet und Gott auf diese Weise mehr erkannt, verehrt und gerühmt werden wird, wie niemals mehr seit den Tagen der Apostel«.[178]

Doch wie war diese Chance durch die Verheerungen der Conquista inzwischen vertan worden! Die Frage, wie Mission überhaupt möglich sei, bestimmt von nun an das Leben Las Casas'. Daß sie geboten ist, steht für ihn außer Frage, denn am Ende des Matthäusevangeliums steht schwarz auf weiß der Aussendungsbefehl: »Gehet hin und machet alle Völker zu Jüngern und taufet sie auf den Namen des Vaters und des Sohnes und des Heiligen Geistes und lehret sie alles halten, was ich euch aufgetragen habe.«

Da geht es aber auch um die Vollendung der Geschichte, um die Wiederkunft Christi, das Jüngste Gericht und den Anbruch des Gottesreiches. Dies alles kann nicht Wirklichkeit werden, bis nicht das Schriftwort erfüllt ist: »Dieses Evangelium vom Reich Gottes wird auf dem ganzen Erdkreis gepredigt werden allen Völkern zum Zeugnis, und dann wird das Ende kommen« (Mt 24,14). Jetzt, so sieht es Las Casas, ist es soweit:

»Der Weg ist offen für den Beginn der letzten Predigt des Evangeliums, angebrochen ist die letzte Stunde – die elfte nach dem Gleichnis Christi –, in der die Arbeiter, die bis jetzt niemand gedungen hat, in den Weinberg der Heiligen Kirche gerufen werden.«[179] Es sind die Indios, »von Christus in der elften Stunde berufen, um sie auf ewig zu retten«[180]. Und so sind sie es, von denen das Gleichnis am Ende sagt: »So werden die Letzten Erste sein und die Ersten Letzte« (Mt 20,16).

Aus dieser Sicht der Dinge wird zweierlei deutlich: Zuerst und vor allem die Liebe Las Casas' zu diesen Völkern, denen Gott offenbar eine Schlüsselrolle im Heilsplan zugedacht hat.

»Und es kann sein, daß von denen, die wir mit so viel

Geringschätzung betrachten, am Tage des Jüngsten Gerichts mehr zur Rechten des Herrn zu finden sind als von den Unseren. Und diese Betrachtung sollte uns Tag und Nacht in großer Furcht halten.«[181]

»Es gibt in der ganzen Welt keine Menschen, die so sanftmütig und besser begabt sind wie diese, um mit geringerem Widerstand das Joch Christi zu empfangen als sie.«[182]

Zweitens wird die eminente Bedeutung klar, die der Mission aus diesem Blinkwinkel zukommt. Sie allein rechtfertigt die Anwesenheit der Spanier in Westindien, und das ist nicht die private Meinung eines übereifrigen Theologen, sondern dies geht eindeutig und unmißverständlich aus zwei Dokumenten hervor, die Las Casas nun zum ersten Mal ins Spiel bringt und die für den Rest seines Lebens zu den wichtigsten Waffen in seinem Kampf für die Befreiung und für die Menschenrechte der Indios gehören: das Testament der Königin Isabella und das Motu proprio »Inter cetera« Papst Alexanders VI.

Durch das päpstliche Schreiben werden die Katholischen Könige zur Missionierung des ihnen zugesprochenen Landes verpflichtet. Die Argumentation Las Casas' ist klar. Durch diesen Auftrag kann nichts erlaubt sein, was die Bekehrung der Indios in Frage stellt, erschwert oder gar unmöglich macht, und darunter fallen alle Verbrechen, die den Indios von Christen angetan werden.

»Der Papst erläßt mit diesen Worten ein Gebot und verpflichtet die Könige, und damit auch die Mitglieder des Indienrates, unter Todsünde, dieses Gebot mit großer Wachsamkeit und Sorgfalt und unter Hintansetzung aller zeitlichen Interessen der Welt zu befolgen.«[183]

Diese Interpretation der Papstbulle wird gestützt durch eine Klausel im Testament der Königin Isabella. Las Casas weist die Mitglieder des Indienrates sehr nachdrücklich darauf hin:

»Sehen die Herren noch ein anderes Gebot, auferlegt von der Königin Isabella großen Angedenkens, von dem Ihr Euch nicht und nicht der Kaiser, unser Herr, dispensieren könnt, denn es ist göttliches Gebot und Recht.* Es ist eine Klausel ihres Testaments, und damit Ihr in der Stunde Eures Todes vor dem Göttlichen Gericht keine Ausrede habt, setze ich sie hierher.«[184]

»Ferner – was die Zeit betrifft, da uns vom Heiligen Apostolischen Stuhl die Inseln und das Festland des Ozeanischen Meeres, entdeckt oder noch zu entdecken, zugesprochen wurden, da war, als wir von Papst Alexander VI. guten Angedenkens diese Konzession erbaten, unser hauptsächlicher Vorsatz, die Hinführung und Bekehrung dieser Völker zu unserem heiligen katholischen Glauben zu betreiben und auf die genannten Inseln und das Festland Priester und Mönche und andere gelehrte und gottesfürchtige Personen zu entsenden, um die dortigen Einwohner über den katholischen Glauben zu belehren, ihnen gute Sitten beizubringen und in ihnen den nötigen Eifer zu wecken, wie es des weiteren in der genannten Konzession geschrieben steht.

Deshalb ersuche ich den König, meinen Herrn, sehr herzlich und beauftrage die Prinzessin, meine Tochter, und befehle ihr und dem Prinzen, ihrem Gemahl, daß sie dementsprechend handeln und es ausführen, und daß dies ihr oberstes Ziel sei und sie darin allen Eifer setzen, und daß sie nicht dulden oder stattgeben, daß die Indios und Einwohner der genannten Inseln und des Festlands, erobert oder noch zu erobern, irgendeinen Schaden ihrer Person oder ihrer Güter erleiden. Und ich ordne an, sie gut und gerecht zu behandeln, und wenn sie Schaden erlitten haben, diesen wiedergutzumachen und dafür zu sorgen, daß in keiner Weise das überschritten wird, was uns in den apostolischen Worten auferlegt und aufgetragen ist.«[185] Las Casas beginnt, seine Rolle zu wechseln. Er wird Missionar. Trotz seiner denkwürdigen Umkehr auf Cuba war er doch im Grunde der Siedler geblieben, der mit seiner ganzen Erfahrung, nur mit besserer Einsicht, auf andere Siedler einzuwirken suchte. Von nun an wird sich seine Arbeit ganz auf die Indios konzentrieren und die Siedler ausgrenzen. Auf sie einzuwirken bleibt denen vorbehalten, die über Macht verfügen und Macht ausüben können. Der König von Spanien ist dem Papst gegenüber im Wort, dafür zu sorgen, daß die Indios zum Glauben geführt werden. Daraufhin darf und muß der Missionar Las Casas seine Forderungen stellen. Zum Glauben führen kann er nur lebendige Menschen, nicht Leichen. Jeder Indio, der umkommt oder umgebracht wird, der ungetauft und ohne Sakramente stirbt, beschwert das Gewissen des Herrschers; Gott wird dessen Seele von ihm einfordern. Ferner: Es genügt nicht, daß die Indios noch am Leben sind, wenn sie zum Glauben geführt werden sollen – sie müssen auch frei sein, denn der Glaube kommt aus dem freien Willen.

Hier hat Las Casas etwas wahrhaft Neues entdeckt: eine Mission, die nicht ausschließlich der Seelenrettung für die Ewigkeit dient, sondern die zunächst das einzige noch verbliebene Mittel ist, die Indiovölker vor Versklavung, Ausbeutung und Ausrottung zu retten. Als 1542 die Neuen Gesetze beraten werden, sagt er, worum es im Eigentlichen geht: »– daß sie Christen werden und sich am Leben erhalten und in Freiheit, und daß es den Spaniern nicht gelingt, sie zu vernichten«[186].

Nicaragua

Die Klosterjahre auf Española gingen zu Ende. Wie sah für Bartolomé de las Casas die Gewinn- und Verlustrechnung aus? Er hatte den Rückhalt in einer Gemeinschaft gewonnen, die gleichen Sinnes war wie er, unnachgiebig in der Behauptung ihrer Zielsetzungen und nicht ohne Einfluß auf die Regierenden. Es kam dazu: Die beiden Konvente auf der Insel waren für ihn zur Theologischen Fakultät geworden, auf der er sein Studium nachholen konnte*. Diese Möglichkeit, ausreichend lange und intensiv Theologie und sicherlich auch Rechtswissenschaft studieren zu können, bildet einen spürbaren Einschnitt in seiner Entwicklung. Freilich mußte das alles bezahlt werden – durch den Verlust von Freiheit, der Möglichkeit, jederzeit seine eigenen Entschlüsse fassen und realisieren zu können.

Anfang 1535 verläßt Las Casas die Insel. Er berichtet davon in einem Brief an einen Herrn bei Hofe vom 15. Oktober 1535.

»Ich verließ Santo Domingo mit meinen Gefährten und in Gesellschaft des Bischofs von Panama, vormals unser Ordensprovinzial, um nach Peru zu fahren. Wir kamen nach Panama, und wegen des Hungers und der Krankheiten dieses Landstrichs schickte uns der Bischof voraus, denn auch er und alle seines Hauses waren erkrankt. Wir sollten in Peru auf ihn warten. Doch als wir aus Panama abreisten, bestimmte Gott unser Herr die Dinge anders, als wir gedacht hatten. Nach zweieinhalb Monaten völliger Windstille auf dem Meer, als die dreihundert Menschen an Bord vor Durst und Hunger fast umgekommen waren, gelangten wir, vier Mönche und acht oder zehn andere Personen, durch ein Wunder Gottes in einem kleinen Boot nach Nicaragua.«[187]

Zu Fuß kamen sie nach Granada, damals der größten Stadt des Landes, bereits zu Beginn der Eroberung 1524 gegründet, und richteten sich in einem aufgelösten Franziskanerkloster ein. Sie erfuhren, daß der Bischof bereits in Ecuador gelandet und wahrscheinlich längst in Peru angekommen war; doch es kamen auch schlimme Nachrichten von dort, Berichte über Hungertod und Massensterben, über eine solche Dezimierung der Indios, daß nur noch wenige am Leben seien. Sie beschlossen daher, nicht nach Peru zu gehen, sondern in Nicaragua ihre Missionstätigkeit aufzunehmen. Las Casas war fasziniert von diesem Land.

»Euer Gnaden sollen wissen, daß dieses Königreich Nicaragua das Knochenmark und Nierenstück ganz Westindiens ist . . . ein Paradies des Herrn, die Freude und Wonne des Menschengeschlechts . . . es läßt mich erstaunen wie kein anderes Land, wenn ich diese Fruchtbarkeit und Fülle sehe, diese Anmut, Frische und Gesundheit; so viele Obstbäume, ausgerichtet wie in den Huertas Kastiliens, und schließlich jederlei Vorräte zum Unterhalt, um zu leben und sich zu erquicken.[188]

Euer Gnaden sollten auch wissen, daß es hier eine Lagune mit einem Umfang von mehr als hundert Meilen gibt. Man nimmt an, sie habe eine Verbindung zum Nordmeer. Und wenn dies so ist, woran ich nicht zweifle, dann ist das die großartigste und bewunderungswürdigste Sache der Welt und äußerst vorteilhaft für den Handelsverkehr zwischen dem Nordmeer und dem Südmeer. Dieses ist nur zehn Meilen von hier, der Stadt Granada, entfernt, die an den Ufern dieser Lagune liegt. Vorbei wäre das Massensterben in Panama, dem so viele Christen zum Opfer gefallen sind. So könnte man von den nahen Inseln wie Española und von Kastilien auf dem Wasserwege bis zu dieser Stadt Granada gelangen, die wie gesagt nur zehn Meilen vom Südmeer entfernt ist, und niemand von all denen, die hierherkommen, bräuchte zu sterben dank der Pracht und Gesundheit und dem Überfluß dieser Erde. Ich habe viele Bewohner angehalten, den Fluß zu entdecken, der die Lagune entwässert, und alle wollen es versuchen; ich glaube, sie werden es schaffen. Ich wünschte, daß diese Dinge für so wichtig gehalten werden, wie sie es sind, denn sie dienen Seiner Majestät und dem Wohl ganz Spaniens, und darum schreibe ich sie. Bringen Sie das im Rat vor.«[189]

Aber weit Dringlicheres muß der Königliche Rat erfahren: die wirklich entsetzliche Situation, in der sich Nicaragua befindet und die eine einzige ungeheuerliche Schmähung dieses verantwortlichen Gremiums darstellt.

»Eines der ruchlosen Mittel, mit denen man das Volk dieses Königreiches Nicaragua in so kurzer Zeit so elend zerstört hat, war die traurige Lizenz, die der Königliche Rat erlassen hat, auf daß man wieder Sklaven machen könne.«[190]

»Euer Gnaden müssen sich dafür einsetzen, daß das Brandeisen abgeschafft wird, mit dem jetzt wieder öffentlich und unterschiedslos Junge und Alte das Brandzeichen erhalten. So verkauft man sie nach Panama und Peru.«[191]

»Man hat von hier mehr als 12 000 Menschen nach Peru verschifft, und alle sind tot; keiner kam davon. Man hat von hier mehr als 25 000 Menschen als Sklaven nach Panama verfrachtet, und alle sind tot. Und nach Peru, vor den genannten, mehr als 15 000, und alle sind tot. Hier legt kein Schiff ab, das nicht dreihundert Sklaven mitnimmt, und alle sterben, bevor sie Peru erreichen, an Durst und Hunger.«[192]

»Es ist bedeutsam und sehr bezeichnend, und weder förderlich noch ehrenvoll für die spanische Justiz und ihre Redlichkeit, daß in Westindien von den Spaniern ungerechter- und tyrannischerweise mehr als vier Millionen Menschen umgebracht wurden – und daß man dafür nicht einen Mann gehängt hat.«[193]

Las Casas kommt zum eigentlichen Thema seines Briefes:

Er muß den Kaiser sprechen, er muß Seiner Majestät vor Augen führen, was in der Neuen Welt geschieht. Um selbst so schnell wie möglich reich zu werden, töten dort seine Untertanen, die Conquistadoren und Siedler, seine Vasallen, die Indios; und ihm, dem mächtigsten Herrscher, bleibt nichts als eine verwüstete und von Menschen entleerte Erde, wo nach dem Willen Gottes ungezählte Völker unter seiner Oberherrschaft glücklich hätten leben sollen und ihm und allen seinen Nachfahren angemessenen Tribut geleistet hätten.

»Auf die Art verliert der König so viele Vasallen dem Leibe nach, und der allmächtige Gott verliert die Seelen, so teuer zu so schmerzlichem Preis erkauft – und darüber wird ihm der König die allergenaueste Rechenschaft ablegen müssen, herber und härter als je ein König sie gab.«[194]

Las Casas drängt, er müsse an den Hof, um dort Klarheit zu schaffen. Wenn der König Herrscher ist in der Neuen Welt, dankt er es nicht den Conquistadoren, die dort das Leben zerstören, sondern den Mönchen, die es erhalten.

»Dessen kann ich mich rühmen vor Gott: Ehe ich nicht an diesen königlichen Hof gekommen war, noch in den Zeiten, da König Ferdinand lebte, wußte man im Grunde nicht, was Westindien ist, kannte man nicht seine Größe, seinen Reichtum, seinen Wohlstand und nicht die Zerstörung, die dort um sich griff. Ich bewegte alle Mönchsorden Kastiliens, und besonders die des hl. Franziskus und des hl. Dominikus, hinüberzugehen, denn dort brauchte man gute Arbeiter, um die Ernte Christi einzuholen, die reif ist und bereit für die Schnitter.«[195]

Las Casas kann in diesem Brief auch von dem erfolgversprechenden Beginn der Indiomission in Nicaragua berichten.

Doch die Siedler ersticken jede Bemühung im Keim. Bleiben die Indios nur etwas länger im Katechismusunterricht, als es ihnen genehm ist (und im Grunde ist ihnen jede Minute zu lang), dann werden sie auf das grausamste ausgepeitscht, und so kommen sie denn und bitten um Vergebung dafür, daß sie künftig nicht mehr erscheinen werden.

»Deshalb wollen wir dorthin, wo uns Christen nicht stören können. Unterhalb der Lagune gibt es eine große Zahl von Dörfern und Menschen, die Seiner Majestät nicht dienstbar und entschiedene Feinde der Christen sind wegen der Untaten, die sie von ihnen erlitten haben. Wenn Euer Gnaden uns einen königlichen Erlaß vermitteln könnten, wonach kein Christ, groß oder klein, sich ihrer bemächtigen oder sie einer Privatperson in Leibeigenschaft zuteilen darf, verspreche ich, Gottes Beistand und Hilfe vorausgesetzt, sie mit meinen Gefährten zu befrieden und dem Dienst des Königs zu unterwerfen und sie zu bekehren, so daß sie ihren Schöpfer erkennen, und am Ende werden sie tributpflichtig entsprechend dem, was sie besitzen und von dem sie Tribut bezahlen können.

Der Erlaß muß jede Störung und Behinderung bei Todesstrafe verbieten. Ohne das wäre alles nichts wert, denn, wie ich schon sagte, die Briefe des Königs zeigen hier wenig Wirkung, ausgenommen die, die in ihrem eigenen Interesse liegen.«[196]

Am Schluß seines Briefes deutet Las Casas noch einmal an, was er erhofft: »Möge Gott mir die Gnade erweisen, daß ich mich, bevor ich sterbe, gemeinsam mit Euer Gnaden vor unserem großen Fürsten stehen sehe, er lebe in Ewigkeit.«[197] Und er weiß, warum er so zurückhaltend formuliert: »Ich wäre längst an den Hof gegangen, aber seit ich mich fremdem Willen unterwarf und das Gelübde des Gehorsams ablegte, wagte ich nicht um Genehmigung zu bitten, bis man es mir ohne mein Zutun befiehlt. Und so sind dreizehn Jahre vergangen, seit ich Mönch bin.«[198]

Soweit der Brief an jenen Herrn bei Hofe. Der Fortgang

der Geschichte entschlüsselt sich aus anderen Dokumenten.

Nicht nur Las Casas, auch die örtlichen Behörden hatten sich über die große Lagune und ihre mögliche Verbindung mit dem Atlantik Gedanken gemacht und beklagt, daß man ihren Abfluß noch nicht erforscht habe. Im November 1535 erhielt der Gouverneur Contreras den Auftrag, die Gegend um die Lagune im Süden Nicaraguas zu erkunden und – wenn möglich – ihre Verbindung mit dem Nordmeer ausfindig zu machen. Contreras bereitete eine militärische Expedition vor mit dem Ziel, das Land sofort zu besetzen und die Eingeborenen gefangenzunehmen und zu versklaven. Er bot Las Casas an, daran teilzunehmen, um die Einhaltung der kaiserlichen Vorschriften zu überwachen. Dieser war bereit zuzusagen, unter der Bedingung, daß man ihm die alleinige Leitung und Verantwortung übertrage und daß das Unternehmen auf friedliche Weise abgewickelt werde. Davon konnte natürlich keine Rede sein. Contreras lehnte ab, und von da an predigte Las Casas gegen dieses Vorhaben und schloß alle, die daran teilnehmen wollten, von Beichte und Absolution aus. Die Expedition kam nicht zustande.

Aber Las Casas setzte – jetzt in der Stadt León – seine Predigten gegen Krieg und Versklavung der Indios fort. Contreras leitete ein Ermittlungsverfahren gegen ihn ein. Am 23. März, am 30. Juni und am 23. August 1536 fanden drei Untersuchungen statt; die Zeugenverhöre des letzten Termins beziehen sich bereits auf die Abreise der Mönche.

Der Bischof von Guatemala, Francisco Marroquin, hatte Las Casas und seine Gefährten eingeladen, zu ihm zu kommen und in seiner Diözese tätig zu werden. Das königliche Handschreiben vom 7. Juli, das die Contreras-Expedition für zwei Jahre aussetzt, um Las Casas Gelegenheit zu geben, die vorgeschlagene friedliche Missionierung zu versuchen, hat ihn in Nicaragua nicht mehr erreicht. So wurde Guatemala das Land, in dem die Dominikaner den Nachweis erbringen sollten, daß eine friedliche Missionierung der Indios möglich war.

Guatemala

In der Hauptstadt des Landes, Santiago de los Caballeros de Guatemala, der heutigen Ciudad Vieja, hatte vor Jahren Domingo de Betanzos einen Dominikanerkonvent errichtet, »mit Weiden und Fischteichen und Bewässerungsanlagen«, und hier ließen sich nun Bartolomé de las Casas und seine Gefährten nieder: Pedro de Angulo und – seit kurzem – Rodrigo de Ladrada aus dem Konvent von Santo Domingo; er war, aus Peru kommend, zu ihnen gestoßen. Er und Las Casas wurden unzertrennliche Freunde.

Der Eroberer und Gouverneur des Landes, Pedro de Alvarado, war, als sie ankamen, auf Reisen. Während seiner Abwesenheit übernahm ein Abgesandter der Audiencia, Alonso de Maldonado, die Regentschaft. Unter ihm begann, nach der Schreckensherrschaft Alvarados, eine Zeit der Reformen und einer gewissen Humanisierung.

1534 war Guatemala Bischofssitz geworden. Domingo de Betanzos war als erster Bischof vorgeschlagen, lehnte aber ab; an seiner Stelle wurde Francisco Marroquin ernannt. Er hielt sich das ganze Jahr 37 wegen der Bischofsweihe und aus anderen Gründen in Mexico auf; Las Casas wurde sein Stellvertreter.

Er hatte aus dem Kloster in Santo Domingo die Anfangskapitel seines ersten Buches mitgebracht: »De unico vocationis modo omnium gentium ad veram religionem«, und dessen Schlüsselsatz lautete: »Die göttliche Vorsehung hat für die ganze Welt und für alle Zeiten nur einen einzigen Weg vorgeschrieben, um Menschen zur wahren Religion hinzuführen: die Überzeugung des Verstandes mit Hilfe von Gründen und die Einladung und sachte Anregung des Willens.«[199]

Nicht nur ist die vorherige Unterwerfung durch Waffengewalt ein untaugliches Mittel, auch die Mission »im Schutz der Waffen« muß ihr Ziel verfehlen, denn eben diese Waffen werden zum Kriege führen. Las Casas ist von der Leichtfertigkeit entsetzt, mit der – weit vom Schuß – alte Prälaten über den Krieg als Mittel der Bekehrung diskutieren. Wortgewandte verstellen den Blick auf die Wirklichkeit. So schreibt einer seiner großen Widersacher, der Historiker Oviedo: »Wer kann daran zweifeln, daß Schießpulver gegen die Ungläubigen Weihrauch für den Herrn ist?«[200]

Las Casas lenkt in seinem Buch den Blick auf die brutale Realität jedes Krieges: »Das Getöse der Waffen; die plötzlich hereinbrechenden Angriffe und Invasionen; Vergewaltigung und Ärgernis, Tod und Gemetzel; Verheerung, Raub und Plünderung; Gefangennahme und Sklaverei; Eltern werden ihrer Kinder, Kinder ihrer Eltern beraubt, die Könige und natürlichen Herren ihres Standes und ihrer Herrschaft; ungezählte Städte und Dörfer werden verwüstet, und alle diese Übel erfüllen Königreiche und jeden Landstrich mit Klagen und Wehgeschrei und jeder Art von Unheil und Not.«[201]

Niemals darf Waffengewalt zur Missionierung eingesetzt werden! Sie kann und darf nur auf friedliche Weise versucht werden; dabei sind fünf grundlegende Bedingungen zu erfüllen:

1. Die Hörer müssen begreifen können, daß die Prediger nicht die Absicht haben, Macht über sie zu gewinnen;

2. Die Hörer müssen davon überzeugt sein, daß keinerlei Streben nach Reichtum die Prediger antreibt;

3. Die Prediger müssen in ihren Gesprächen mit den Hörern und besonders mit den Ungläubigen ruhig und bescheiden, friedfertig und liebenswürdig sein, so daß in jenen der Wille wächst, sie gern und ihre Predigt ehrerbietig anzuhören;

4. Die Prediger müssen dieselbe Nächstenliebe und Menschenfreundlichkeit empfinden, die den hl. Paulus antrieb und die es ihm erlaubte, ein so großes Werk zum Ziel zu führen;

5. Die Prediger müssen ein exemplarisches Leben führen, so daß allen klar wird, ihre Predigt ist heilig und recht.«[202]

Doch auch die friedliche Mission kann auf Ablehnung stoßen. Dann gilt in jedem Fall: »Die Ungläubigen, welche niemals den Glauben empfingen, die vom Glauben nichts wissen wollen oder die Glaubensverkündiger nicht bei sich dulden, kann man dafür weder bestrafen, noch darf ihnen Leid oder Zwang angetan werden.«[203]

Nun also soll, und noch dazu im berüchtigten »Kriegsland« Tezulutlán, der Versuch einer friedlichen Mission gewagt werden.

Die Verapaz-Mission

Am 2. Mai 1537 schließen Bartolomé de las Casas als Vertreter des Bischofs Marroquin und Alonso Maldonado, der Vertreter des Gouverneurs Alvarado, einen Geheimvertrag. Dieser sieht vor: Las Casas wird mit seinen Gefährten Angulo und Ladrada versuchen, die Indios der genannten Region auf friedlichem Wege zu bekehren und zur Anerkennung des Kaisers als ihres Oberherrn zu bewegen. Voraussetzung dafür ist: die in Tezulutlán lebenden Indios werden der Krone direkt unterstellt und niemals den Spaniern zugeteilt. Außer den genannten Mönchen darf kein Spanier die Region betreten, und dies fünf Jahre lang, gerechnet von dem Tag, an dem die Mönche ins Kriegsland einziehen. Dieser Vertrag erhält Rechtskraft, sobald der Vizekönig von Mexico und der Indienrat ihn bestätigt haben.

Das Zentrum von Tezulutlán lag im Hochland nahe bei Cobán, etwa hundert Kilometer nördlich der heutigen Hauptstadt. Schon 1529 hatte Diego de Alvarado, ein Bruder des Gouverneurs, das Tal von Cobán mit einer Hundertschaft von Spaniern besiedelt, die es aber »ohne ihm nachzutrauern« wieder aufgaben, als Pedro de Alvarado sich auf eigene Faust dem Perufeldzug anschließen wollte. Es war ein rauhes, regenreiches Gebiet, von unbezähmbaren Indiostämmen ständig bedroht. Um mit ihnen in Kontakt zu kommen, entwickelt Las Casas seine eigenen Pläne.

»Es ist nicht sehr vernünftig, Frieden stiften zu wollen, indem man Tyrannen mit wilden und grausamen Kriegern zu denjenigen schickt, die schon in übermäßiger Weise beleidigt wurden und die bestürzt und empört sind über die Übel und schweren Schäden, die man ihnen zugefügt hat. Statt dessen nehmen Mönche von den nächstgelegenen Gebieten, in denen Spanier siedeln, Verhandlungen auf, und zwar mit Hilfe von Indios, die schon befriedet sind, die diese Mönche kennen und ihnen Vertrauen schenken. So haben wir es, Brüder des hl. Dominikus, in Guatemala gemacht.«[204]

Diesen Indios gelang es, die Kaziken des Kriegslandes für die Mönche und ihre Pläne zu interessieren. Maldonado kann in einem Brief an den Kaiser vom 16. Oktober 1538 erste Erfolge berichten: »Schon sind einige hochgestellte Indios aus dem Kriegsland Tezulutlán hierhergekommen, um mit den Patres zu sprechen, und sie sagten, sie wären willens, sich alle friedlich zu unterwerfen.« Aber leider muß er auch berichten, daß seit einigen Monaten alles ins Stocken geraten ist, da alle Dominikaner zu einem Kapitel nach Mexico abberufen wurden. »Das war kein geringer Schlag für das Unternehmen, denn ich glaube ohne Zweifel, daß man das Angestrebte erreicht hätte, und Gott und Eurer Majestät wäre damit gedient gewesen.«[205]

Und doch hat auch dieses Mißgeschick sein Gutes. Auf dem Weg nach Mexico liest Las Casas am 15. August in einem Franziskanerkloster die Messe.

»Ein anderes Fest feierten die Indios in der Stadt Tlaxcala am Tage Mariä Himmelfahrt des Jahres 1538. Ich war dabei anwesend, denn ich zelebrierte das Hochamt, weil mich die Väter des hl. Franziskus darum gebeten hatten. Es wirkten mit drei indianische Chöre für die mehrstimmigen Gesänge und zwölf Indios, die mit großem Wohlklang und sehr feierlich Flöte spielten. Ein kluger und geistreicher Herr bemerkte dazu, in der königlichen Kapelle könne man das Hochamt ganz gewiß nicht schöner zelebrieren.«[206]

Nach Abschluß des Kapitels, das für den 24. August anberaumt war, dürfen Las Casas und seine Gefährten nicht nach Guatemala zurückkehren. Domingo de Betanzos, Ordensprovinzial von Neuspanien, legt nach einer Ordensreform äußersten Wert auf ein präzise geregeltes klösterliches Leben seiner Mönche, und damit steht das – für die Mission sicher notwendige – freie Leben der Las-Casas-Gruppe in Widerspruch. Er und Ladrada werden dem Konvent Tepetlaoztoc nahe der Stadt Mexico zugewiesen, einem Kloster strengster Observanz, das Betanzos selbst gegründet hat und dem er als Vikar vorsteht. Die Bitte des Las Casas, ihn mit seinen Gefährten nach Spanien reisen zu lassen, wird abgelehnt. Andere Mönche werden nach Guatemala beordert, um den Konvent wieder zu besetzen. All dies kommt einer Maßregelung des Las Casas gleich, die sein ganzes Missionswerk in Frage stellt. Jede Tätigkeit im Hinblick auf das Kriegsland ist also unmöglich geworden. Schlimmer noch!

Da Las Casas und Ladrada nicht nach Guatemala zurückkehren, muß Maldonado wohl das gemeinsam vereinbarte Projekt als aufgehoben betrachtet haben; jedenfalls – gegen Ende des Jahres ziehen er und Bischof Marroquin mit einem Trupp Soldaten durch das Kriegsland nach Cobán und weiter nach Norden, um die dort wohnenden Lacandonen zu unterwerfen. Dies mißlingt zwar, aber auf dem Rückweg werden die Eingeborenen von Cobán einem Spanier in Encomienda zugeteilt. Ein Aufstand der Indios ist die Folge.

Las Casas war inzwischen nicht untätig geblieben. Er muß sich an den Vizekönig gewandt haben, denn dieser bestätigt am 6. Februar 1539 seinen mit Maldonado geschlossenen Geheimvertrag und läßt ihn in Guatemala durch den Ausrufer bekanntmachen. Es war dringend nötig geworden, den Vertrag zu ratifizieren und zu publizieren, denn das Gerücht ging um, Alvarado kehre in seine Residenz zurück, und das hätte bedeutet, daß die Amtszeit seines Stellvertreters zu Ende ging. Vermutlich hat diese Verlautbarung des Vizekönigs auch verursacht, daß Las Casas und Ladrada nach Guatemala zurückkehren konnten. Sicher ist, daß sie im November 1539 wieder in der Hauptstadt sind, denn Las Casas kämpft um die Rückgabe ihres alten Klosters, das andere besetzt halten und nicht räumen wollen.

Alvarado und Marroquin erhalten indes ein königliches Schreiben des Inhalts: Man sei darüber unterrichtet, daß Las Casas und andere Mönche begonnen hätten, feindliches Land im Frieden zu erobern und gute Kontakte zu den Indios herzustellen. Es werde verfügt, daß diese Indios nicht den Spaniern zugeteilt würden, sondern der Krone direkt zu unterstellen seien und daß man für sie gute und verantwortungsbewußte Vögte zu bestellen habe[207]. Das Schreiben läßt erkennen, daß auch der Indienrat das Projekt bestätigen wird.

Jetzt endlich kann das Unternehmen Verapaz richtig in Angriff genommen werden – doch das Wichtigste fehlt noch: eine ausreichende Zahl von Mönchen, um ein so großes Werk zu beginnen. Damit kam für Las Casas der seit vielen Jahren ersehnte Augenblick: Jetzt mußte man ihm befehlen, nach Spanien zu reisen, um die geeigneten Ordensbrüder zu finden und ihre Reise zu organisieren. Alvarado, Maldonado, Marroquin geben ihm Empfehlungsschreiben an den Kaiser mit. Zu Beginn des Jahres 1540 verlassen Las Casas, Ladrada und Angulo Guatemala, wandern zum Hafen Puerto Caballos und schiffen sich dort am 12. März ein.

Kurz darauf erhält auch der Stadtrat von Guatemala ein offizielles Schreiben. Durch einen Brief Maldonados aufgeklärt, läßt der Kaiser die Herren wissen, er sei informiert, daß sie nur darauf ausgingen, die Indios zu versklaven, während Las Casas und seine Gefährten sie auf friedliche Weise zu bekehren wüßten. Von nun an dürften die Indios nicht mehr einzelnen Spaniern zugeteilt werden, sondern seien direkt der Krone zu unterstellen. Der empörte Stadtrat tut sich in seiner Antwort keinen Zwang an und schildert Las Casas aus seiner Sicht:

»Wenn wir ihm noch nicht die Maske vom Gesicht gerissen haben, wenn wir ihm sogar einen Brief an Eure Majestät anvertraut haben, dann geschah das, weil wir dachten, daß er in seinem Betragen so weit nicht gehen würde. In den drei Jahren, die er in dieser Gemeinde verbrachte, verweilte er insgesamt nicht ein Jahr hier. Er hörte nicht auf, zu kommen und zu gehen, nach Nicaragua und nach Mexico, zu Wasser und zu Lande, immer befaßt mit seinen Neuerungen. Wir haben es bei allem guten Willen nicht zuwege bringen können, daß er sich hier niederläßt und den Indios die Sakramente spendet. Gebe Gott, daß er sein Versprechen wahrmacht und die rebellischen Indios dieses Gebiets auf friedliche Weise zum Dienste Gottes und Eurer Majestät führt.

Wir sind keine Bösewichter. Wäre diese Sache möglich gewesen, und hätte sie an uns die allergrößten Anforderungen gestellt, wir hätten sie in Angriff genommen und in die Tat umgesetzt, ohne Eigennutz und ohne Grausamkeit, wie sie uns der Pater Las Casas vorwirft, und wir hätten härter gearbeitet als er, der diese Indios niemals gesehen hat. Wir glauben, daß er keinerlei Verhandlungen mit ihnen geführt hat; er will nur Eurer Majestät glauben machen, er sei in diesem Land gewesen und habe dort das Aufsehen erregt, das er überall hervorruft, getrieben von Leidenschaft; und statt daran zu arbeiten, die Indios zu bekehren, wie er sagt, versetzt er die Gegenden in Aufruhr.

Befehlen Euer Majestät, daß der Bischof und der Gouverneur bestätigen, was er in dieser Angelegenheit getan hat. Möge uns Euer Majestät nicht für Hitzköpfe halten, wir fühlen uns nur durch so unheilvolle Worte gekränkt. Zugleich ersuchen wir Euer Majestät um die Gnade, uns Mönche zu schicken, die sich bemühen, die Eingeborenen zu bekehren und nicht, Romane zu schreiben.«[208]

Las Casas war inzwischen in Spanien gelandet und mußte zu seinem Kummer feststellen, daß der König, in seiner Eigenschaft als deutscher Kaiser, wieder einmal außer Landes war. Er kann jedoch veranlassen, daß die Kaziken, die bei der Vorbereitung der Kriegslandmission besonders hilfreich waren, ein kaiserliches Dankschreiben erhalten. Es sind ihrer vier: Don Juan von Atitlán, Don Miguel von Chichicastenango, Don Gaspar von Tequixiztán und Don Jorge von Terpanalitán. Mit gleicher Post – Las

Casas hat das Hochamt in Tlaxcala nicht vergessen – ergeht eine königliche Verfügung an den Ordensprovinzial der Franziskaner in Neuspanien mit der Aufforderung, Las Casas und seinen Mitarbeitern einige Indios zuzuweisen, die ihnen bei ihrem Bekehrungswerk helfen sollen; erbeten werden solche, die »menistriles altos« spielen können (hohe Blasinstrumente der damaligen Kirchenmusik), Schalmeien, Posaunen und Flöten, und dazu einige Sänger aus den Klöstern dieser Provinz. Die Gouverneure von Guatemala, Chiapa und Honduras erhalten den Befehl, nunmehr den Vertrag in Kraft zu setzen, den Las Casas und Maldonado seinerzeit geschlossen haben. Der Ordensprovinzial der Dominikaner in Kastilien wird davon in Kenntnis gesetzt, daß Las Casas, Ladrada und Angulo mit der Bekehrung der Indios im Kriegsland betraut sind und daß zum »principal«, zum Chef des Unternehmens – Pedro de Angulo ernannt worden ist. Er ist es denn auch, der sich als erster, mit sieben weiteren Mönchen, wieder nach Guatemala einschifft. Ihm folgt Luis Cancer, der neu zu dieser Gruppe gestoßen ist. Er wird als erster in das Land Tezulutlán einziehen. Er ist es auch, der auf seiner Hinreise die Sänger und Musikanten aus Mexico mitbringt. Von ihm bewahrt das Kloster San Esteban in Salamanca ein Manuskript auf: »Verschiedene Lieder, Verse und Hymnen über die Glaubensgeheimnisse, in der Sprache von Cobán/Verapaz zum Gebrauch durch die Neubekehrten zusammengestellt von P. Fray Luis Cancer vom Orden des hl. Dominikus.«[209]

Inzwischen warten Las Casas und Ladrada in Spanien auf den Kaiser. In einem Brief bestätigt Las Casas dessen Auftrag, in der friedlichen Gewinnung des Kriegslandes fortzufahren und berichtet von den ersten Ergebnissen, ganz so, wie es Maldonado getan hatte. Er sei aber nicht deswegen nach Spanien gekommen, sondern wegen sehr viel wichtigerer Dinge – »Dinge, die von allumfassender Bedeutung für die Neue Welt sind, Dinge, die wirklich und wahrhaftig den größten Dienst und das wichtigste Interesse zum Inhalt haben, die Euer Majestät in all den vereinten Königreichen besitzen.« Doch darüber könne er nur mit dem Kaiser persönlich sprechen. Und so kommt er zu seiner großen und dringenden Bitte: Der Kaiser möge ihm den Befehl erteilen, bis zu dessen Rückkehr in Spanien zu bleiben; außerdem möge er die Ordensoberen beauftragen, ihm – Las Casas – zu befehlen, hier auf den Kaiser zu warten. Anders geht es nicht – Las Casas kann ja nicht frei entscheiden, er hat Gehorsam geschworen und braucht seine Befehle ...

Worin dieser »größte Dienst« und dieses »wichtigste Interesse« bestehen, erwähnt er nicht, deutet es auch nicht an. Und ebenso geheimnisvoll klingt der Schluß: »Ich weiß gewiß, Euer Majestät werden sich durch mich und den Dominikanerorden sehr gut bedient finden, und wenn nicht, dann werde ich mich nach Westindien zurückbegeben und glauben, vor Gott und Eurer Majestät erfüllt zu haben, wozu ich verpflichtet war.«[210]

»Wenn nicht, dann ...« – was aber geschähe, sollte der Kaiser auf seine Vorstellungen eingehen? Ganz offensichtlich war mit Angulo und Cancer abgesprochen worden, daß diese beiden die Mission im Kriegsland übernehmen und daß Las Casas und Ladrada nicht dorthin zurückkehren werden. Keiner der beiden Missionare wundert sich in späteren Briefen, daß es tatsächlich so kommt, und so erklärt sich auch, daß nicht Las Casas oder Ladrada, sondern Angulo zum »principal« des Unternehmens bestellt wird.

»Sublimis Deus«

Während der dreieinhalb Jahre, die Las Casas in Guatemala verbrachte, ereignen sich große Dinge, die für den Kampf um die Menschenrechte der Indios von außerordentlicher Bedeutung sind, und damit auch für die Tätigkeit Las Casas'. Am 9. Juni 1537 erläßt Papst Paul III. die Bulle »Sublimis Deus«. Sie hat eine Vorgeschichte.

Im Jahre 1530 hatte Karl V. die Indiosklaverei aufgehoben und jede neuerliche Versklavung, unter welcher Begründung auch immer, verboten. Doch nur vier Jahre später kassierte der Präsident des Indienrats, García de Loaysa, auf Geheiß des Kaisers das Verbot und ließ erneut zu, daß sie als Sklaven mit dem glühenden Eisen gebrannt wurden. Las Casas, und mit ihm viele andere, fragten sich bestürzt: auf Grund welcher Informationen man dieses Verbot wieder aufgehoben habe. Man erinnerte sich jenes Gutachtens, das Fray Tomás Ortíz vor dem Indienrat abgegeben hatte. Doch der Prior des Dominikanerklosters in Mexico, Bernardino de Minaya, war der Ansicht, nicht Ortíz, sondern die Meinung des Domingo de Betanzos sei das auslösende Element gewesen.

»Die Verordnung wurde veranlaßt durch einen Dominikaner namens Domingo de Betanzos, der im Indienrat behauptet hat, die Indios seien des Glaubens nicht fähig und würden in fünf Jahren ausgestorben sein, und wenn auch Kaiser und Papst mit all ihrer Macht und die Jungfrau Maria mit dem ganzen himmlischen Hofe auf ihre Rettung ausgingen, so genügte dies nicht, weil sie nach dem Ratschluß der Heiligsten Dreifaltigkeit in ihrem bösen Sinn verhärtet seien wegen ihrer früheren Sünden.«[211]

Als dies in Mexico bekannt wurde, rief der Präsident der Audiencia, der Bischof Sebastian Ramirez de Fuenleal, die

Ordensprälaten von Neu-Spanien zusammen und forderte sie zum Protest auf. In einem Breif vom 11. Mai 1533 urteilt er über Betanzos:

»Er hat behauptet, die Indios seien nicht befähigt, Dinge unseres Glaubens zu verstehen. Er irrt sich. Er spricht ihre Sprache nicht, kennt nicht die Sorge, sie zu unterrichten, steht im Widerspruch zu den Erfolgen der Franziskaner und schließt von den Verhältnissen, wie sie auf den Inseln bestehen, auf Neu-Spanien.« Und an anderer Stelle: »Er stimmt überein mit denen, die sie für Tiere halten, um Nutzen aus ihnen zu ziehen.«[212]

Domingo de Betanzos setzte sich zur Wehr. In einem Brief an den Indienrat versuchte er, die Dinge richtigzustellen. Es hat auch tatsächlich den Anschein, als sei seine Auffassung zumindest entstellt und überzogen kolportiert worden. Zugleich wird jedoch klar, daß es tiefgreifende Meinungsunterschiede zwischen Betanzos und Las Casas gegeben haben muß, welche die Indiomission im Kern betrafen, und daß Betanzos deshalb dem Unternehmen der Verapaz ablehnend gegenüberstand.

Wie dem auch sei – das Thema erregte die Gemüter, und um Klarheit zu schaffen, reist Bernardino de Minaya von Mexico nach Rom. Er übergab dem Papst einen Brief seines Freundes und Ordensbruders Julián Garcés, Bischof von Tlaxcala. Dieser erbittet, daß ein für allemal und von höchster Stelle formuliert werde, was in dieser Streitfrage die offizielle Lehrmeinung der Kirche ist. Paul III. erläßt die Bulle »Sublimis Deus«.

Sie besteht aus drei Teilen. Der erste enthält eine ganz einfache und ganz allgemeine Darstellung des menschlichen Wesens, ohne überhaupt auf die Indios einzugehen. Der Papst erklärt: Gott hat den Menschen als ein Wesen erschaffen, das zu einem Leben in ewiger Seligkeit bestimmt ist. Dieses aber kann man nur im Glauben an Jesus

Christus erreichen. Infolgedessen sind alle Menschen so geschaffen, daß sie den Glauben erlangen können. So hat auch Christus den Auftrag erteilt: »Gehet hin und macht alle Völker zu Jüngern.« Und der Papst wiederholt: »Alle, sagt er, ohne Ausnahme.«

Teil zwei erklärt: Der Teufel, der Feind der Menschheit, der sich allem Guten widersetzt, um die Zerstörung des Menschen zu erreichen, hat seinen Trabanten eingegeben, folgendes zu verbreiten: Die Indios dürfen wie Tiere behandelt werden, die zu unseren Diensten geschaffen sind; man muß nur behaupten, sie seien unfähig, den katholischen Glauben zu empfangen.

Teil drei faßt zusammen: Die Indios, als wahre Menschen, sind nicht nur des Glaubens fähig, sondern erstreben ihn mit großem Verlangen.

»Deshalb bestimmen und erklären wir, daß die genannten Indios und alle anderen Völker, die von jetzt an den Christen bekannt werden, auch wenn sie außerhalb des Glaubens an Jesus Christus sind, auf keine Weise ihrer Freiheit oder der Herrschaft über ihre Güter beraubt werden dürfen und erlaubterweise von ihrer Freiheit und ihrem Besitz Gebrauch machen können, und daß man sie auf keinerlei Weise zu Sklaven machen darf. Alles, was im Gegensatz hierzu getan wird, ist null und nichtig. Wir bestimmen und erklären ferner, daß die genannten Indios zum Glauben an Jesus Christus gerufen werden sollen durch die Predigt des Wortes Gottes und das Beispiel eines guten und heiligmäßigen Lebens.«[213*]

Zu der Bulle »Sublimis Deus« gehörte auch das Breve »Pastorale officium«; es enthielt den Auftrag, mit Kirchenstrafen bis hin zur Exkommunikation, die Einhaltung und Durchführung der Bulle zu überwachen. Für Las Casas waren Bulle und Breve ein Triumph. Er hat sie Wort für Wort in sein Buch »De unico vocationis modo« aufgenommen.

Francisco de Vitoria

Noch ein wichtiges Ereignis im Kampf um die Menschenrechte der Indios fällt in diese Jahre, und wieder steht im Mittelpunkt ein spanischer Dominikaner: Francisco de Vitoria, der Begründer des Völkerrechts und der berühmteste katholische Theologe seiner Zeit. 1539 hielt Vitoria in der Aula der Universität Salamanca seine »relectio«, einen öffentlichen akademischen Vortrag, »Über die kürzlich entdeckten Indios«. Dabei untersucht er mit scholastischer Akribie auch das, was er »Unbegründete Titel für die Unterwerfung der Eingeborenen der Neuen Welt durch die Spanier« nennt.

Die ersten drei Gründe werden kurz und knapp zurückgewiesen: Der Kaiser ist nicht Herr der Welt; auch der Papst ist nicht weltlicher und zeitlicher Herr des Erdkreises; auch das Recht der Entdeckung greift nicht, denn die Inseln und das Festland waren niemals herrenloses Gut, sondern hatten ihre rechtmäßigen Herren. Wie aber steht es, wenn sich die Indios der Bekehrung widersetzen?

»Antwort: Die Eingeborenen sind nicht verpflichtet, sich schon auf die erste Kunde vom christlichen Glauben hin zu bekehren, so daß sie allein schon aus dem Grunde in die Todsünde des Unglaubens verfielen, weil sie nicht glaubten, als man ihnen mit dürren Worten ohne Wunder oder irgendeine andere Beglaubigung verkündete und sagte, die christliche Religion sei die einzig wahre und Christus sei der Erlöser und Erretter der Welt. Wenn der Glaube den Eingeborenen nur auf diese Art und Weise vorgetragen wird und sie ihn dann nicht annehmen, können die Spanier aus diesem Anlaß auch keinen Krieg mit ihnen anfangen und nicht nach Kriegsrecht mit ihnen verfahren.

Wenn der christliche Glaube den Eingeborenen einleuchtend, das heißt mit überzeugenden und vernünftigen Gründen und in Verbindung mit einem sittenreinen und dem Naturgesetz entsprechenden Lebenswandel (der ein wichtiges Mittel zur Bekräftigung der Wahrheit darstellt) gepredigt wird, und das nicht nur einmal und geschäftsmäßig, sondern mit Sorgfalt und Hingabe, dann sind die Eingeborenen verpflichtet, den Glauben anzunehmen, oder sie verfallen der Strafe für Todsünden.

Ich bin nicht hinreichend sicher, ob der christliche Glaube seither den Eingeborenen so vorgetragen und verkündet worden ist, daß sie bei Sündenstrafe zum Glauben verpflichtet wären. Ich habe jedenfalls nichts von Zeichen und Wundern oder von Beispielen so frommen Lebenswandels gehört, dagegen viel von Ärgernis, wüsten Taten und vielfacher Ruchlosigkeit. Es scheint mir danach nicht, als sei die christliche Religion den Eingeborenen angemessen und fromm genug gepredigt worden, daß sie sich ihr beugen müßten.

Selbst wenn der Glaube den Eingeborenen noch so oft mit einleuchtenden Gründen gepredigt wäre, und sie wollten ihn nicht annehmen, dürfte man sie doch nicht mit Krieg überziehen oder ihrer Güter berauben. Das ist die allgemeine Ansicht der Lehrer des geistlichen und weltlichen Rechtes, und leuchtet auch ein, denn der Glaube ist freiwillig. Furcht aber mindert das freie Wollen, und wer sich nur aus sklavischer Angst dem Gottesdienst und den Sakramenten Christi zuwendet, begeht Gotteslästerung.«[215]

Gottes Strafgerichte

Ende 1539 wird Prinz Philipp, zwölf Jahre alt, nominell mit der Regentschaft betraut, denn sein Vater wird für zwei Jahre verreisen. Die Regierungsgeschäfte übernimmt ein Regentschaftsrat unter der Leitung von Don Juan Pardo de Tavera, Präsident des Kastilienrats und Erzbischof von Toledo. Karls Reise geht von Valladolid quer durch Frankreich in seine Heimat, die Niederlande. In Gent, wo er geboren wurde, feiert er, der Graf von Flandern und Herzog von Brabant, seinen vierzigsten Geburtstag. Dort findet auch das erste spektakuläre Ereignis dieser Reise statt, die »Züchtigung Gents«. Aus Protest gegen zu hohe Steuern und deren Verwendung hatte es Aufruhr gegeben. Die Strafen, die Karl verhängt, sind hart. Er läßt Aufrührer hinrichten, hebt alle Rechte und Freiheiten der stolzen Stadt auf, zieht ihre Verteidigungswaffen ab und läßt ihr Vermögen beschlagnahmen. Dann reitet er weiter durch seine niederländischen Provinzen und wird überall mit Jubel begrüßt.

Am 1. Januar 1541 zieht Karl, als deutscher Kaiser, mit seinem Gefolge nach Regensburg, wo sich im April der Reichstag versammelt. Er will die zerstrittenen Religionsparteien in einem letzten Versuch versöhnen. Karl ist vermutlich der einzige, der noch hofft, daß dies möglich ist. Die deutschen Fürsten, die Kurie und Martin Luther glauben längst nicht mehr daran oder sabotieren die Einigung. Ergebnislos geht der Reichstag im Juli zu Ende. Nie wird sich Karl damit abfinden können, daß unter seiner Herrschaft die Einheit der Christenheit zerbrach.

Die Reise geht weiter. Unverzüglich durchquert er als Erzherzog sein Österreich, anschließend sein Herzogtum Mailand. Im Hafen La Spezia bricht er mit seiner Flotte auf und fährt – über Korsika und Sardinien – nach Mallorca. Dort vereinigt sich die Flotte des Kaisers mit den Schiffen aus Spanien und segelt nach Algier. Dies ist zu jener Zeit ein berüchtigtes Piratennest, das den ganzen Mittelmeerhandel lahmlegt. Darunter haben vor allem die Spanier und die zu Spanien gehörenden Königreiche Neapel und Sizilien zu leiden. Karl will deshalb Algier belagern und erobern.

Am 20. Oktober geht die vereinigte Flotte in der Nähe von Algier vor Anker. Schwere Stürme verhindern die Landung. Erst am dritten Tag kann man sie wagen. Aber der Orkan bricht von neuem los. In der Nacht zum vierundzwanzigsten hält er mit unverminderter Stärke an. In der folgenden Nacht und am nächsten Morgen gehen hundertfünfzig Schiffe mit ihren Besatzungen unter. Wenige Tage später bricht Karl das Unternehmen ab. Auch der Kriegsrat spricht sich einhellig dafür aus. Es gibt nur eine Stimme dagegen. Sie gehört dem Mann, der unter weit schwierigeren Bedingungen Mexico erobert hat und der sich nun anbietet, den Sieg doch noch zu erkämpfen. Aber niemand hört auf Hernán Cortés; man hat ihn nicht einmal in den Kriegsrat berufen. Die Flotte nimmt Kurs auf die Heimathäfen. Es war kein gutes Jahr für Spanien. Es geschahen merkwürdige und schreckliche Dinge voll böser Vorbedeutung.

Pedro de Alvarado verunglückte tödlich auf einer Strafexpedition in Mexico. Beim Anstieg auf einen steilen Berg verlor ein Reiter vor ihm die Gewalt über sein Pferd, das rutschte aus, überschlug sich und riß Alvarado mit in die Tiefe.

Seine Frau, vor Schmerz fast wahnsinnig, ließ sich und den Damen ihres Hofes die Haare abscheren und den Palast schwarz anstreichen. Als sie sich endlich entschloß, die Regierung Guatemalas selbst zu übernehmen, unterzeichnete sie die Urkunde ihrer Bestallung nicht mit ihrem eigentlichen Namen, sondern als Beatriz la sin ventura (Beatriz ohne Glück). Das geschah am 9. September, und sie behielt recht. In der Nacht vom 10. zum 11. September bebte die Erde, eine Flutwelle schoß den Vulkan Agua hinab und zerstörte die Stadt, die vollkommen unter Schlamm und Asche begraben wurde. Alvarados Witwe und ihre Damen erstickten darin, und mit ihnen siebenhundert Spanier und sechshundert Indios. Die Stadt mußte aufgegeben und an anderer Stelle neu gegründet werden.

Auch Francisco Pizarro war tot, und sein Bruder Hernando saß im Gefängnis. Dieser hatte, in einem fragwürdigen Prozeß, den alten Kampfgefährten seines Bruders, Diego de Almagro, verurteilen und enthaupten lassen. Dessen Sohn rächte daraufhin seinen Vater; er und einige Verschworene erstachen Francisco Pizarro und erwarteten nun selbst den Henker.

Hernán Cortés lebte noch, aber nicht mehr in Mexico. Er war mit gegen Algier gezogen wie irgendeiner der vielen Herren von Adel. Er war nicht in Ungnade gefallen, aber auch nicht mehr gefragt – ein seltsam unrühmlicher Abgesang für einen so Ruhmverwöhnten.

Und der Kaiser selbst? Er mußte erleben, daß er in seinem Feldzug gegen die Ungläubigen Gott nicht auf seiner Seite fand. Denn nicht die Tapferkeit des Gegners oder eigenes Versagen hatten die Katastrophe verursacht, sondern die Stürme des Himmels. Und wer hatte die Stürme geschickt? Das konnte keine Frage sein.

Die »Brevisíma Relación«

Bartolomé de las Casas war ein Mann des Alten Testaments; aus ihm bezogen seine Gedanken ihr Feuer und seine Texte die Kraft. Er erinnert an die frühen Propheten, die von Gott zu den Königen gesandt wurden, um sie in der letzten Stunde zur Buße zu rufen, wenn sie nicht mitsamt ihrem Reich verdammt und vernichtet werden wollten. Im Kolleg San Gregorio, als er und sein Freund Ladrada schon hochbetagt waren, gaben ihnen die Schüler als Spitznamen die der »apokalyptischen Greise« Elias und Elisäus. Es waren Studenten der Theologie, die wußten, worauf sie anspielten. Bei Jesus Sirach heißt es im 48. Kapitel:

»Da stand der Prophet Elias auf wie Feuer,
dessen Wort war wie ein flammender Ofen.
Wie herrlich warst du, Elias, durch deine Wundertaten.
Wer kann sich in seinem Stolz mit dir vergleichen?
Du vernahmst am Sinai Strafandrohungen
und auf dem Horeb Urteilssprüche der Rache.
Du bist bezeichnet für künftige Drohungen,
um den Zorn zu beschwichtigen, ehe er entbrennt.«

Es ist dieser Las Casas, der jetzt einen neuen Traktat zu schreiben beginnt. Er nennt ihn »Brevísima Relación« – »Allerkürzester Bericht von der Zerstörung Westindiens«. Darin ist die Rede von den Conquistadoren in Peru, die nach ihren grausamen Taten ums Leben kamen, indem die einen die Henker der anderen wurden; daß es mit dem Eroberer Guatemalas ein so böses Ende nahm und daß die Stadt, die er sich erbaut hatte, von Gottes Gerechtigkeit durch ein dreifaches Strafgericht zerstört wurde, durch Erdbeben, Felsbrocken und Wasserfluten. Es ist die Rede davon, daß Gott ganz Spanien wegen seiner Verbrechen an den Indios strafen und vielleicht sogar ganz vernichten werde. Was Las Casas umtreibt, ist die Frage, warum angesichts dieser entsetzlichen Anhäufung von Missetaten die Stimme Gottes nicht vernehmbar wird. Dann erkennt er sie – im ersten Kapitel des Römerbriefs:

»Gottes Zorn enthüllt sich vom Himmel her über alle Gottlosigkeit und Ungerechtigkeit der Menschen, die die Wahrheit in Ungerechtigkeit niederhalten. Ist doch, was sich von Gott erkennen läßt, in ihnen offenbar; Gott selbst hat es ihnen kundgetan. Denn sein unsichtbares Wesen, seine ewige Macht und Göttlichkeit sind seit der Erschaffung der Welt an seinen Werken durch die Vernunft zu erkennen. Sie sind darum nicht zu entschuldigen, weil sie trotz der Erkenntnis Gottes ihn nicht verherrlichten und ihm nicht dankten, sondern sie verfielen in ihren Gedanken auf Nichtigkeiten, und ihr unverständiges Herz wurde verfinstert . . . Weil sie es verwarfen, Gott in der Erkenntnis festzuhalten, überließ sie Gott einer verworfenen Gesinnung, so daß sie taten, was sich nicht geziemt, und nun angefüllt sind von jedweder Ungerechtigkeit, Bosheit, Habgier, Schlechtigkeit, voll von Neid, Mordlust, Streitsucht, Hinterlist, Niedertracht. Sie sind Ohrenbläser, Verleumder, Gotteshasser, Frevler, Stolze, Prahler, erfinderisch im Bösen, treulos, lieblos, erbarmungslos.«*

Daß die Conquistadoren sich so verhalten, wie sie es tun, ist demnach ein Zeichen dafür, daß Gott sie bereits verworfen hat. Eine bevorstehende Strafe braucht nicht mehr »prophezeit« zu werden, sie ist mit der Abkehr Gottes schon eingeleitet.

Die »Brevísima« muß als Apokalypse gelesen werden. Sie zeigt in einer Reihe immer wiederkehrender Verhaltensmuster Menschen, von denen sich Gott abgewandt hat. In der »Geheimen Offenbarung« liest man, daß Christus die Namen derer, die verworfen sind, »austilgt aus dem Buch des Lebens«; darum haben in diesem Traktat die Indios und die Mönche, auch die Herrscher, Namen, die Conquistadoren aber nicht.

So merkwürdig es auf den ersten Blick aussehen mag – man kann dieses Buch auch als den Schlußteil eines zweibändigen Werks über Missionstheorie betrachten. Der erste Band hieße dann »De unico vocationis modo.« In ihm zeigt Las Casas, daß es nur einen einzigen Weg zur Glaubensverbreitung geben kann: die absolute Gewaltlosigkeit. Band zwei wäre dann der »Allerkürzeste Bericht«. Er belegt, daß es diesen Weg für die Conquistadoren und Siedler nicht gibt. Damit aber wäre die Frage, mit welchem Recht die Spanier die Neue Welt bewohnen, nicht mehr beantwortbar.

»Als nun die Kriege beendet und alle Männer erschlagen waren und übriggeblieben die Jünglinge, die Frauen und Kinder, begannen die Spanier, sie unter sich zu verteilen. Man gab sie den Christen in Encomienda unter dem Vorwand, sie im katholischen Glauben zu unterweisen. Sie, die für gewöhnlich beschränkte und grausame Menschen waren, habgierig und lasterhaft, machte man so zu Seelsorgern.«[216]

»In höchst verderblicher Blindheit haben die, die bis heute Westindien regieren, zur Bekehrung und Rettung jener Völker Anordnungen getroffen, wodurch ebendies immer hintangesetzt wurde, denn mit diesen Worten hat man nur ganz andere Dinge beschönigt oder verheimlicht.«[217]

»Etwas ist noch hinzuzufügen: daß bis heute, und von Anfang an, die Spanier nicht mehr Sorgfalt darauf verwandt haben, diesen Menschen den Glauben an Jesus Christus zu predigen, als wären sie Hunde oder andere Tiere. Vielmehr hat man vom ersten Augenblick an den Mönchen verboten zu predigen und hat sie verfolgt, weil man befürchtet hat, dies könnte beim Erwerb von Gold und anderen Reichtümern hinderlich sein. In ganz Westindien hat man heutzutage nicht mehr Kenntnis von Gott als vor hundert Jahren, und man weiß nicht, ob er aus Holz ist, ob er vom Himmel kommt oder irdisch ist – ausgenommen ein kleiner Winkel in Neuspanien, denn dorthin waren Mönche gekommen. Und so sind alle zugrunde gegangen und gehen zugrunde ohne Glauben und Sakramente.«[218]

Und dann der daran anschließende Absatz, der erkennen läßt, daß der Prokurator der Indios seinen Auftrag ganz im Sinne des alttestamentarischen Prophetenamts begreift:

»Ich, Fray Bartolomé de las Casas vom Orden des hl. Dominikus, wurde durch das Erbarmen Gottes angehalten, an den spanischen Hof zu gehen mit dem Vorsatz, die Hölle aus Westindien zu vertreiben und dafür zu sorgen, daß jene ungezählten Seelen, erlöst durch das Blut Jesu Christi, ohne Hilfe nicht auf ewig verlorengehen, sondern zur Erkenntis Gottes gelangen und gerettet werden. Und ich tat es aus Mitleid, das ich mit meinem Vaterland Kastilien habe: möge es Gott nicht wegen so großer Sünden zerstören, begangen gegen seinen Glauben, seine Ehre, und gegen unsere Nächsten.«[219]

Die Neuen Gesetze (I)

Am 26. Januar 1542 traf der Kaiser in Valladolid ein. Las Casas hatte in dieser Stadt schon einmal auf ihn gewartet, Ende des Jahres 1517. Der junge König Carlos I. war nach Spanien gekommen, um seine Herrschaft anzutreten, und Las Casas brauchte einen jungen Herrscher, um mit seiner Hilfe die Indios zu retten, denn der alte Ferdinand von Aragón und der noch ältere Kardinal Cisneros waren ihm weggestorben. Und wie gut hatte sich alles angelassen! Als sie sich zum letzten Mal gegenüberstanden, vor mehr als einundzwanzig Jahren, da war Carlos I. zum deutschen Kaiser erwählt worden, und sein wohlgelittener »Micer Bartolomé« wollte ausziehen, um mit fünfzig Rittern vom Goldenen Sporn das venezolanische Küstenland zu besiedeln. Jetzt trafen sie sich wieder, und was sie zusammenführte, war Angst, die Angst vor dem Zorn Gottes und seinem Strafgericht. Wie das Wiedersehen verlief, ist nicht überliefert.

Wenn Gottes Zorn sich an den Zuständen in den Kolonien entzündet haben sollte, dann war auf zweifache Weise Abhilfe zu schaffen: Es mußten Gesetze erlassen werden, die den Indios zu ihrem Recht verhalfen – und man mußte den Indienrat in seiner personellen Zusammensetzung auf das strengste überprüfen. Im April begann die Beratung der Gesetze, im Mai ordnete der Kaiser die Inspektion des Indienrates an. Noch im selben Monat wurde dieses Gremium suspendiert und, übergangsweise, durch den Kastilienrat ersetzt.

Für die Beratung und Vorbereitung der »Neuen Gesetze« verfaßte Las Casas zwei Schriften: »El octavo remedio« (»Das achte Hilfsmittel«) und das »Memorial de Remedios« (»Die Aufstellung der Hilfsmittel«). Zu diesen beiden kam im Sommer noch die »Representación al Emperador Carlos V.« (»Vorschlag für Kaiser Karl V.«). Genauer gesagt: diese drei Texte wurden mit dem Ziel verfaßt, eine grundlegende Reform der Verhältnisse in der Neuen Welt herbeizuführen. Was dabei herauskam, waren die »Neuen Gesetze« und eine teilweise Umbesetzung des Indienrats. Las Casas wurde nicht zu den Beratungen zugezogen, aber er hat in der Junta das »Octavo Remedio« vorgelesen und später auch das »Memorial de Remedios«. Worum es ihm geht, hat er wie eine Präambel an den Anfang dieser Schrift gestellt.

»Was das Heilmittel für alle Indios in Westindien angeht

und die Art und Weise, wie man es anwenden muß, damit sie Christen werden, ihre Freiheit erlangen und sich am Leben erhalten, und damit es den Spaniern nicht gelingt, sie endgültig zu vernichten, so gibt es keinen anderen Weg, als daß Seine Majestät sie als seine Vasallen, die sie ja sind, der königlichen Krone unterstellt und sie aus allen Encomiendas befreit und daß man nie mehr einen Indio einem Spanier zuteilt.«[220]

Las Casas ruft in seinem Kampf gegen die Conquistadoren den König zu Hilfe. Schon das Wort »Conquista«, erläutert er, ist eine Irreführung. Conquista kann nur sein, wo afrikanische Mauren, Türken oder Häretiker christliche Länder überfallen und die Christen verfolgt werden. Nur in einem solchen Fall dürfen die Christen Städte, Provinzen oder Königreiche mit Waffengewalt erobern. In der Neuen Welt aber, wo sich niemals jemand gegen das Christentum erhob, ehe die Spanier kamen, kann und darf es nur die friedliche Predigt des Evangeliums zur Verbreitung des Glaubens geben.[221]

Da es also in Übersee Conquista nicht geben kann, handeln die Conquistadoren in Wirklichkeit wie Räuber und Mörder, die zu bestrafen sind. Schlimmer noch: ihre Opfer, die Indios, sind Vasallen des Königs von Spanien. Wenn ausländische Truppen sich auf diese Art der Vasallen des Königs bemächtigen, würde dies unfehlbar eine militärische Gegenaktion auslösen. Die Conquistadoren aber sind Untertanen des Königs, die sich an den Vasallen des Königs vergreifen, und das ist Hochverrat. Jedes Todesurteil gegen sie erschiene angemessen. Es wäre schon eine große Gnade des Königs, wenn er ihnen das Leben schenken und sich damit begnügen wollte, ihren geraubten Besitz zu beschlagnahmen.[222]

Las Casas ist sich klar darüber, daß all diese Vorschläge einen Haken haben, denn es waren ja immer die Könige selber, die mit den Conquistadoren Verträge schlossen, die die Encomienda zuließen, und es war ihr königliches Zeichen, mit dem man die Sklaven brandmarkte. Hier hat er spürbare Mühe, die Regierenden aus der Verantwortung für das Geschehene herauszuhalten.[223]

Er klagt die Ratgeber des Königs an: »Was wir in dieser Angelegenheit bedauern und was den Fall noch trauriger und unglücklicher macht, ist – wir sagen es mit großem Schmerz –, daß man vor Eurer Majestät so große Schäden und Verheerungen verborgen hat und daß sich unter denen, die Euer Majestät Brot essen, niemand gefunden hat, der Ihnen einen Hinweis gegeben hätte.«[224]

Auch den Encomenderos versucht Las Casas in seinen Vorschlägen auf juristische Weise beizukommen. Jeder von ihnen erhielt bei der Zuteilung der Indios eine Urkunde, in welcher stand: »Euch, Soundso, werden zusammen mit dem Kaziken Soundso fünfzig (oder hundert) Indios zugeteilt, damit ihr euch ihrer in euren Farmen und Bergwerken bedient und sie in den Dingen unseres heiligen Glaubens unterweist.«[225] Es muß festgestellt werden, ob diese Unterweisung im Glauben stattgefunden hat, andernfalls ist der Vertrag nicht erfüllt worden, und alles so Erwirtschaftete ist unrechtmäßig erworben und muß bis auf den letzten Maravedi zurückerstattet werden. Wenn dies nicht geschieht, ist das königliche Gewissen der Majestät in höchster Gefahr. »Es hieße Spott treiben mit dem Gesetz und dem Glauben Christi, wenn man Leute zu Predigern und Glaubensboten macht, von denen man sicher weiß, daß sie den Glauben weder predigen wollen noch können, sondern von denen man im voraus sicher ist, daß sie ihn durch böses Beispiel und ruchlose Taten auf das wirksamste entehren.«[226]

»Welche Predigt und welchen Glaubensunterricht, sehr Hoher Herr, kann Juan Colmenero in Santa Marta halten, ein ungebildeter Mensch, dem man ein großes Dorf zur Encomienda gegeben hat und der nun dessen Seelenhirte ist? Als einer von uns ihn examinierte, wußte er sich nicht einmal zu bekreuzigen, und auf die Frage, was er die Leute seines Ortes lehre, sagte er: »Ich überantworte sie dem Teufel, und dazu genügt es zu sagen: per signin sanctin cruces.« Was für Seelsorger werden alle diese weltlichen Spanier sein, die dorthin gehen? So hochnäsig und ritterlich sie sind – sie kennen kaum das Credo und die Zehn Gebote, und die meisten nicht einmal das, und sie wissen nichts von dem, was zu ihrem Heil notwendig ist.«[227]

Aber allein durch die Glaubensverbreitung ist der Anspruch der spanischen Könige auf die Oberherrschaft in der Neuen Welt gerechtfertigt.

»Ihre Hoheiten haben aus eigenem Willen eine juristische Absichtserklärung abgegeben, und da diese Absichtserklärung vom Apostolischen Stuhl akzeptiert worden ist, wurde sie umgewandelt in einen Vertrag und verbindliche Übereinkunft. Das ist offenkundig für alle, die sich im Recht auskennen.«[228]

Bis zur Stunde aber ist der Vertrag von seiten der spanischen Krone immer noch nicht erfüllt worden. Der König ist verpflichtet, alle Hindernisse, die der Mission entgegenstehen, zu beseitigen, und ihr Haupthindernis ist die Encomienda. Las Casas protestiert damit nicht gegen eine vernünftige und erlaubte Form der Kolonisation. »Die Ansiedlung von Spaniern in jenen Ländern und Reichen kann sehr wohl geschehen und beibehalten werden ohne Encomiendas und Dienstleistungen der Indios, so wie auch andere Teile der Welt besiedelt wurden, ohne daß man sich der Eingeborenen bediente.«[229]

Die Freiheit ist das köstlichste und höchste weltliche Gut, und die Verwandlung von Freiheit in Leibeigenschaft ist nach dem Tod das größte Übel. Einem Dienstherrn, der seine Untergebenen schlecht oder tyrannisch behandelt, muß durch den Fürsten die Gerichtsbarkeit genommen werden. Die Untergebenen haben das Recht, ihn mit ihren Familien zu verlassen und sogar sich mit Waffengewalt gegen ihn zu wehren.[230]

Las Casas warnt den König eindringlich davor, den Als-ob-Feudalismus der Praxis in einen wirklichen Feudalismus umzuwandeln.

»Es ist mit der Sicherheit der Regierung Eurer Majestät nicht vereinbar, daß es in Westindien große Herren gibt oder daß irgendwer die Gerichtsbarkeit über die Indios innehat, außer Eurer Majestät nach der ihrer natürlichen Herrscher. Und von heute an in alle Zukunft: an niemand soll Eure Majestät den Titel Graf, Markgraf, Herzog verleihen, denn, wenn auch die Männer arm sind, sie schaffen sich ein großes Herz und hegen hohe und unverhältnismäßig große Gedanken, und immer begehren sie aufzusteigen; und hieraus entsteht Verwegenheit. Wir glauben wirklich, in wenigen Jahren wird es Menschen geben, die sich einbilden, Könige zu sein.«[231*]

Am Ende, nach einer Fülle von Ideen und Anregungen, faßt er Auftrag und Rolle des Herrschers noch einmal zusammen:

»All die vergangene Zeit, seit man Westindien entdeckte, wenigstens in den zweiundvierzig Jahren, von denen wir Zeuge sind, war immer eine Zeit der Tyrannen, und nicht irgendeine, sondern die schrecklichste, die es in der Welt je gegeben hat. Will Euer Majestät in jenen Ländern Ordnung schaffen, dann ist das Wichtigste, was Euer Majestät tun muß, alles, was man bisher in Westindien getan und begangen hat, für ungerecht und tyrannisch zu erklären und als null und nichtig vor dem Recht. Es muß veranlaßt werden, daß Genugtuung geleistet und alles wiederhergestellt und in seinen ursprünglichen Zustand versetzt wird, soweit dies möglich ist.

Und so wird in der ganzen Welt erklingen der Ruhm Eurer Majestät als gerechter und katholischer König und Hüter der Gerechtigkeit, Fürst und Wiederhersteller des Friedens und der Ruhe, Trost seiner Vasallen und Vernichter der so wilden und grausamen Tyrannei, und als Besänftiger von Gottes Zorn.«[232]

Die Neuen Gesetze (II)

Am 20. November 1542, in Barcelona, promulgierte der Kaiser die »Neuen Gesetze«. Sie blieben – wie nicht anders zu erwarten – weit hinter den hochfliegenden Reformplänen Las Casas' zurück, sind aber doch ein erstaunliches Dokument spanischer Kolonialethik des 16. Jahrhunderts und zeigen, wie groß der Einfluß Las Casas' auf den Kaiser, aber nicht nur auf ihn, war.

Es handelt sich um ein Paket von vierzig Gesetzen. Die ersten zwanzig befassen sich mit Reformen der Verwaltung, der Audienzgerichte, zu denen zwei neue hinzukommen sollen: das von Peru und das »de las Confines« – »an den Grenzen« zwischen Guatemala und Nicaragua, im heutigen Honduras. Die zwölf folgenden Gesetze (der Rest sind Nachträge) gelten dem Schutz der Indios. An erster Stelle steht das Verbot, Indios zu versklaven. »Wir ordnen an und befehlen, daß künftig aus keinem Grunde, sei es Krieg oder welcher sonst, weder als Strafe für Aufruhr noch auf andere Weise irgendein Indio zum Sklaven gemacht werde. Wir wollen, daß sie als Unsere, der Krone von Kastilien, Untertanen behandelt werden, denn das sind sie . . .«[233]

Die Encomienda wird zwar nicht sofort und vollständig abgeschafft, aber doch rigoros eingeschränkt. Die Vizekönige, Statthalter und deren Stellvertreter, die Beamten, Prälaten, Klöster, Hospitäler, Ordenshäuser, die Münzstätten und Schatzhäuser, die Domänenverwalter und andere Personen, »die wegen ihrer Dienste auf diese Weise begünstigt wurden«, verlieren ihre Indios; diese sind unverzüglich der Krone zu unterstellen. »Ferner verordnen und befehlen wir, daß kein Vizekönig, Statthalter, Richter, Entdecker, noch irgendeine andere Person künftig Indios zuteilen darf, weder im Wege der Neuzuteilung noch durch Abtretung, Schenkung, Verkauf, noch in irgendeiner anderen Form oder auf irgendeine andere Art und Weise, auch nicht durch Testament oder Vererbung; vielmehr sollen die Indios beim Tode ihres Dienstherrn unserer königlichen Krone unterstellt werden . . .«[234]

Nachdem die Gesetze verabschiedet waren, zog der Hof weiter nach Valencia. Dort beendet Las Casas die erste Fassung des »Allerkürzesten Berichts«: »In Valencia, am 8. Dezember, habe ich diese Schrift vollendet.« Das war – wie sich zeigen wird – eine etwas voreilige Feststellung, denn er hat noch verschiedene Male daran weitergearbeitet, zunächst bereits am Ende der ersten Fassung.

»Nachdem ich das Vorstehende geschrieben, wurden einige Gesetze und Verordnungen publiziert, die Seine Majestät zu jener Zeit verabschiedet hatte – in Barcelona im November 1542 und in Madrid im Jahr darauf. Mit ihnen wurde eine Ordnung hergestellt, die angemessen erscheint, um die zahlreichen Missetaten und Sünden gegen Gott und die Nächsten abzustellen und die völlige Vernichtung jener Welt zu verhindern. Seine Majestät bestätigte diese Gesetze, die in Valladolid von sehr angesehenen, gelehrten und gewissenhaften Männern in vielen Zusammenkünften vorgetragen und diskutiert und schließlich einstimmig zu Papier gebracht wurden; sie kamen mit ihren Voten den Geboten Christi sehr nah – als wahre Christen, und frei von jeder Korruption durch die in Westindien geraubten Reichtümer.«[235]

Am 5. Februar 1543 – der Kaiser war jetzt in Madrid – wurde die »Sentencia gegen den Indienrat« gefällt: zwei Mitglieder wurden ihrer Ämter enthoben und bestraft, der Schatzsekretär Francisco de los Cobos verlor seinen Einfluß. »Über den Präsidenten des Indienrats, García de Loaysa, wurde nicht gesprochen, wenngleich sicher war, daß man ihn schuldig fand, große Geldgeschenke angenommen zu haben. Er blieb zwar proforma Präsident, aber ihm wurde Ramírez de Fuenleal zur Seite gegeben, der von nun an praktisch den Vorsitz führte.«[236]

Es ist sicherlich nicht übertrieben, wenn man sagt, mit der Verkündigung der »Neuen Gesetze« und der Umbildung des Indienrats habe der Einfluß, den Las Casas auf Kaiser und Hof gewonnen hat, seinen Höhepunkt erreicht. Und es ist sicherlich auch keine Übertreibung, wenn man hinzufügt, daß jeder der Betroffenen wußte, wem man diese Gesetze verdankt. Las Casas, der Wind gesät hat, erntet Sturm.

Die Stadtverwaltung von Guatemala protestiert in schärfster Form gegen die Gesetze und ihren Urheber Las Casas – »den ungebildeten Mönch, gar nicht heilig, mißgünstig, ruhmsüchtig, leidenschaftlich, ruhelos und unverschämt«[237]. »Wir sind dermaßen entrüstet, als hätte man den Henker hergeschickt, um uns den Kopf abzuschlagen.«[238]

Die Stadtverwaltung von Mexico stößt ins gleiche Horn. Man schickt zwölf Prokuratoren nach Spanien (und wenn es sein muß, weiter nach Deutschland und in die Niederlande, wo immer der Kaiser sich aufhält), die eine Aufhebung der »Neuen Gesetze« bewirken sollen, und zu diesen zählen auch die Ordensprovinziale der Franziskaner, Dominikaner und Augustiner.

Zwölf Dominikaner der Stadt Mexico, darunter ihr Prior Domingo de Betanzos, verfassen ein Gutachten, von dem man nur hoffen kann, daß ihr Ordensbruder Las Casas es nie zu Gesicht bekam: die »Neuen Gesetze« seien zwar an sich gut, könnten jedoch in Mexico unmöglich in Kraft gesetzt werden. Ihre Durchfürung werde den Ruin für das ganze Land, für die Indios und auch für das Christentum bedeuten.

»Die Beständigkeit des christlichen Glaubens und der christlichen Religion bei den Eingeborenen dieses Landes hängt nämlich von der festen Stellung der Spanier in diesem Lande ab. Diese feste Stellung ist jedoch hierselbst unhaltbar, wenn es keine reichen Leute mehr gibt. Reiche Leute gibt es aber nur, wenn die Dörfer nach wie vor als Encomiendas den Spaniern gehören.«[239]

Verbrannte Schiffe

Mit den Schriften des Jahres 1542 hat Las Casas – wie Cortés nach der Landung in Mexico – »seine Schiffe verbrannt«; nun gibt es keine Rückkehr mehr. Eine Zusammenarbeit mit Soldaten und Siedlern wird von nun an nicht mehr möglich sein. Für sie wird er der Feind schlechthin. Damit tritt sein Kampf zugunsten der Indios in eine neue Phase. In der ersten Periode von 1516 bis 1522 versuchte er, die Rechte der Indios, die Interessen der Siedler und den Finanzbedarf der Krone unter einen Hut zu bringen. Damit war er gescheitert. Die zweite Phase von 1531 bis 1542 galt einer friedlichen Missionierung »an den Spaniern vorbei«. Es war abzusehen, daß auch dieses scheitern würde. So kommt es zu einem Trennungsstrich. In der dritten Phase, ab 1542/43, nimmt er auf Siedler und Conquistadoren keine Rücksicht mehr. Sein Gegenüber ist jetzt nur noch der König, vor Gott für sein Volk verantwortlich; so muß er in die Pflicht genommen werden. Nach dem Bruch mit den Conquistadoren und Siedlern gibt es für Las Casas nur noch eine Position, wenn er weiterhin aktiv sein will: eine Stellung bei Hof. Die aber muß erst noch geschaffen werden. Ende Februar 1543 schreiben er und Ladrada ihrem König einen Brief.

»In den Ländern Westindiens leben viele, ja zahllose Menschen, und jeden Tag entdeckt man mehr, und riesige Territorien mit vielen und großen Königreichen – und immer hat ihnen – bis heute – ein Verteidiger gefehlt. Ohne Vorladung und ohne sie anzuhören, hat man über ihre Lage und ihre Freiheit verhandelt und beschlossen, zu ihrem völligen Verderben und der Vernichtung ihrer Freiheit und ihres Lebens, denn man hat nur ihre Feinde angehört, die in ihrer Habsucht nichts anderes verlangen als sie zu verschlingen und zugrunde zu richten.«[240]

»Da die Indios von unserer Rechtsprechung keinerlei Kenntnis haben, und weil sie nicht verstehen, Gerechtigkeit zu fordern, sich zu verteidigen, ihre Sache vorzubringen oder gegen das Unrecht der Spanier Klage zu erheben, ist folgendes notwendig. Euer Majestät möge anordnen, daß in jeder Audiencia, in jeder Statthalterschaft, in jeder Provinz und überall, wo es nötig scheint, ein Mann eingesetzt wird, mit ausreichender Vollmacht, gut, weise und gottesfürchtig, ausgesucht nach dem Rat der Mönche (und nie ohne ihn), der im Einzelfall und im allgemeinen für die Verteidigung und zum Vorteil der Indios tätig wird in allen Dingen, wo es angebracht und notwendig ist, denn eine solche Verteidigung steht ihnen nach dem Naturrecht zu.«[241]

Damit allein freilich ist es nicht getan. Was noch fehlt, ist eine zentrale Behörde, bei der alle Beschwerden und Hinweise zusammenlaufen, ausgewertet und aufbereitet und mit entsprechenden Vorschlägen dem Herrscher zur Entscheidung vorgelegt werden.

»So ersuchen wir Euer Majestät inständig, für den königlichen Hof einen Generalprokurator und Verteidiger aller dieser Völker zu berufen, katholisch und gottesfürchtig, gelehrt und sachverständig, von großer Autorität und eifrig bedacht auf Wahrheit, Gerechtigkeit und Tugend, der sie verteidigt und beschützt und ihr geistliches und weltliches Wohl vor Eurer Majestät und Ihrem Hohen Indienrat vertritt.«[242]

Einen Vorschlag für die Besetzung dieses Amtes macht Las Casas nicht, aber das war ja wohl auch nicht notwendig. Doch der Kaiser tat so, als verstünde er nicht . . .

Am 22. Februar 1543 trat der neuformierte Indienrat zum ersten Mal zusammen. Am letzten Tag des Monats legte Las Casas den zitierten Text dem Plenum vor. Am 1. März verfügte der Kaiser: Las Casas und Ladrada werden beauftragt, den Indienrat in allen wichtigen Fragen zu informieren; die Ordensoberen werden davon in Kenntnis gesetzt und aufgefordert, beiden Mönchen die Erlaubnis zu erteilen, dem Indienrat in der genannten Weise zur Verfügung zu stehen, solange dieser es für notwendig hält.

Das war es nun freilich nicht, was Las Casas gewollt und erhofft hatte. Jedoch, was konnte er tun? Und was würde er von nun an überhaupt tun können? Das, was ihn am meisten gereizt und was seinem Temperament und seinen Fähigkeiten am meisten entsprochen hätte, war nicht Wirklichkeit geworden. Las Casas war Mönch und nicht freier Herr seiner Entschlüsse. Seine Ordensoberen hatten ihn auf Wunsch des Kaisers eine Zeitlang freigestellt, doch diese Zeit würde eines Tages zu Ende gehen. Was dann?

Damals waren zwei Bistümer in der Neuen Welt vakant: Cuzco in Peru und Chiapa im heutigen Mexico. Vicente Valverde, der erste Bischof der alten Inka-Hauptstadt, war während der Auseinandersetzungen der Pizarros und der Almagros geflohen und unterwegs von Indios erschlagen worden. Der Bischof von Chiapa war gestorben, bevor er sein Bistum betreten hatte. Es wurde von Marroquin, dem Bischof von Guatemala, mitbetreut. Doch am 23. Februar wird er in einem königlichen Schreiben aufgefordert, sich nicht länger mit der Verwaltung der vakanten Diözese zu befassen, sondern diese dem dort gebildeten Kapitel zu überlassen.

Ob Karl V. schon in diesem Moment an Las Casas gedacht hat, darüber gehen die Mutmaßungen auseinander. Einerseits gibt es ein Dokument, in dem der kaiserliche Vorschlag an den Papst auf den 1. März 1543 datiert ist[243]; andererseits gibt es den Brief des Prinzen Philipp vom 16. Juni an den spanischen Botschafter in Rom: sein Vater habe sich entschlossen, Las Casas als Bischof von Chiapa vorzuschlagen – der Botschafter möge dies dem Heiligen Vater mitteilen[244]. Am 6. Juli wird dem Ordensprovinzial der Dominikaner aufgetragen, diesem die Annahme des Bischofsamtes zu erlauben – und gegebenenfalls zu befehlen[245].*

Es kann sein, daß der Kaiser die Zuerkennung der Bischofswürde als Ehrung und Auszeichnung dachte für alles, was Las Casas bis jetzt für eine wahrhaft christliche Ordnung in der Neuen Welt unternommen und geleistet hatte. Es kann aber auch sein, daß der Indienrat – entsetzt und aufgeschreckt durch die Vorstellung, der Prokurator aller Indios könnte eine Dauerstellung bei Hof erlangen – nur eins im Sinn hatte: ihn zu befördern – so weit weg wie möglich und, falls erforderlich, so hoch wie nötig. Man weiß nichts darüber. Man weiß nicht, wie es zum Angebot des Bistums Chiapa kam, und man weiß nicht, warum Las Casas es annahm. Was auch immer der Grund war – drei Dinge sprechen in jedem Fall dafür:

Erstens – gegenüber den Siedlern und Conquistadoren genoß ein Bischof größeren Respekt als ein einfacher Ordensmann, und damit auch einen größeren persönlichen Schutz.

Zweitens – er war auf diese Weise der Befehlsgewalt der Ordensoberen enthoben, und das wog möglicherweise gar nicht wenig.

Drittens – was er erreichen wollte, konnte er einzig und allein durch den Kaiser erlangen. Wäre es da taktisch klug gewesen, ihn durch eine Ablehnung zu brüskieren?

Las Casas vertauschte also – notgedrungen – die Schaltstelle aller Indio-Prokuratoren im Zentrum der Macht mit einem Wirkungsfeld am Rande der Welt. Es klingt wie Ironie, daß die für ihn zuständige Audiencia »de los confines« hieß – »die an den Grenzen«; noch schlimmer: es gab dazu das Hauptwort »el confinado« – »der Verbannte«.

Er ging an die Arbeit. Wenn schon Chiapa, dann, so forderte er, sollten die Provinzen Tezulutlán und Lacandón, auch Socunusco, seiner Diözese zugeschlagen werden. (Sie wurden ihm »encomendiert«.) Weiter mußte auf seinen Antrag hin geklärt werden, wie überhaupt die Grenzen zwischen seinem Bistum und den benachbarten Diözesen verliefen, Mexico und Tlaxcala im Westen und Honduras und Guatemala im Osten. Heute ist Chiapa der südöstlichste Bundesstaat Mexicos, aber die Diözese Las Casas' umfaßte unter diesem Namen ein sehr viel größeres Territorium; beginnend bei der Landenge von Tehuantepec zählten die gesamte Halbinsel Yucatan und das nördliche Guatemala dazu.

Im Mai 1543 verläßt Karl V. abermals Spanien. Er wird sein Königreich erst nach seiner Abdankung wieder betreten, also dreizehn Jahre später. Die Regierung seines Landes vertraut er seinem Sohn an, der in diesen Tagen sein sechzehntes Lebensjahr vollendet. Prinz Philipp beginnt seine Regententätigkeit – so könnte man sagen – »im Dienste Las Casas'«; am 4. Juni unterzeichnet er die Zusätze zu den »Neuen Gesetzen«, die der Anwalt der Indios für seine Mandanten noch hat durchpauken können. Am 16. Juni verständigt er den Gesandten in Rom, daß der Kaiser Las Casas als Bischof von Chiapa vorgesehen habe und daß dem Papst davon Mitteilung zu machen sei.

Von nun an bis ans Lebensende Las Casas' wird Philipp, zuerst als Prinzregent, dann als König, sein oberster Dienstherr sein.

Ein Ostindienprojekt

In diese sehr hektische Zeit – der Kaiser ist auf dem Sprung, sein Königreich Spanien für mehr als ein Jahrzehnt zu verlassen – fällt eine Episode, der eine ganze Reihe von Forschern liebevoll nachgegangen sind: Las Casas, der Ostindienfahrer. Die Fakten liegen offen zu Tage.

Ende Januar 1543 landet ein Verwandter des mexicanischen Vizekönigs auf Mindanao und tauft die gesamte Inselgruppe, von Magellan entdeckt und für Spanien in Besitz genommen, nach dem Kronprinzen »die Philippinen«.[247]

Am 1. Mai dieses Jahres verfaßt der Kaiser, bereits in Barcelona und unmittelbar vor der Abreise, einen Brief »an die Könige, Fürsten und Herren usw. usw. aller Länder und Inseln südlich und westlich Neuspaniens« (also der Philippinen, Ostindiens und Chinas), daß er drei Botschafter entsende, um jenen Völkern die Kenntnis Christi zu vermitteln, und dies allein auf friedliche und freundschaftliche Weise. Diese drei Botschafter seien Juan de Zumárraga, Bischof von Mexico, Domingo de Betanzos, Prior des Dominikanerkonvents daselbst, und Juan de Magdalena aus demselben Kloster[248]. Am gleichen Tag ergeht eine kaiserliche Instruktion an die drei[249]. Ein päpstliches Breve (»Cum sint«, vom 14. Februar 1544) genehmigt den Genannten mit zwölf weiteren Dominikanern die geplante Missionsreise[250].

Am 21. Februar 1545 bedanken sich Zumárraga und Betanzos bei Prinz Philipp dafür, daß er ihnen die Genehmigung ihrer apostolischen Reise zugehen ließ[251]. Im selben Jahr, am 20. Juni, ersucht der Kaiser den Papst, das Bistum Mexico zum Erzbistum zu erheben und den Bischof Zumárraga zum Erzbischof[252].

1546 (oder 47) beschließt ein Provinzialkapitel der Dominikaner, Pater Betanzos habe auf sein Vorhaben zu verzichten[253]. Im Jahr darauf verkündet Prinz Philipp, Mexico sei nunmehr Erzbistum[254]. Am 2. Juni 1548 bedankt sich Zumárraga bei Las Casas für dessen Glückwunschschreiben zu seiner Ernennung zum Erzbischof. Ende des Projekts.

Soweit wäre alles in Ordnung, hätte nicht Zumárrage in seinem Brief aus dem Jahre 1545 erwähnt, er habe Las Casas gebeten, beim Papst darauf hin zu wirken, daß er, wegen der Ostindienmission, sein Bischofsamt niederlegen dürfe[251]. Las Casas habe ihm geantwortet, er werde dies gern tun und, falls nötig, selbst nach Rom gehen; außerdem habe er sich, so heißt es in einem Kommentar, »in einer spirituellen Krise angeboten, als Hauptmann und Anführer (capitán y caudillo) mit ihnen zu gehen«[255].

Es gibt nicht den geringsten Hinweis dafür, daß Zumárraga den Kaiser um seine Entpflichtung gebeten hat (und dessen Zustimmung hätte er gebraucht), noch daß Las Casas den Kaiser oder den Prinzen über solche Pläne informiert oder seine Ordensoberen um ihre Meinung gefragt hätte (und das wäre nötig gewesen). Die Vorstellung, Las Casas könnte seinen Kampf um das Überleben der Indios aufgegeben haben – wofür? –: ausgerechnet um mit Betanzos zusammen auf Missionsreise zu gehen, ist absurd. Betanzos hatte einen Grund, neue Missionsgebiete zu erschließen, denn er war von den Indios enttäuscht und sah ihren »von Gott gewollten Untergang« voraus. Las Casas war nicht von den Indios enttäuscht, sondern – mit einiger Wahrscheinlichkeit – vom Kaiser.

Sollte eine Bitte Zumárragas, er möge für ihn beim Papst vorstellig werden, nach dem 1. März und vor dem 1. Mai 1543 bei Las Casas eingetroffen sein, dann wäre in der Antwort eine Reaktion des Unmuts denkbar: er habe manchmal Lust, alles hinzuwerfen und als Feldhauptmann und Anführer mit ihnen nach China zu ziehen – aber ernstzunehmen wäre der Entschluß ebensowenig, wie man die Formulierung »capitán y caudillo« ernst nehmen kann.

Zum Bischof geweiht

Am 12. Januar 1544 beginnen neunzehn Dominikaner aus dem Kloster San Esteban in Salamanca ihren Marsch nach Sevilla. Sie treffen sich dort mit ihren Ordensbrüdern aus verschiedenen anderen Konventen – insgesamt vierunddreißig Priester, fünf Diakone und sechs Laienbrüder. Im März kommt auch Las Casas. Die Flotte liegt zum Auslaufen bereit, aber die Kasse der »Casa de la Contratación«, aus der für alle Passage und Verpflegung bezahlt werden soll, ist leer. Auch die zweihundertfünfzig Dukaten, die Las Casas auszuzahlen sind, lassen sich nicht auftreiben. Er besitzt keinen Pfennig mehr, um sich zu verköstigen.

Am 30. März wird er in der Dominikanerkirche San Pablo zum Bischof geweiht; es ist der Passionssonntag mit seiner düsteren Liturgie vor dem verhüllten Altarkreuz. »Ich weiß nicht, was Seine Majestät gewollt hat, als er dies so anordnete«, schreibt er am selben Tage[256].

Das folgende Vierteljahr, April, Mai, Juni, warten Las Casas und seine Begleiter auf das notwendige Geld, aber es kommt nicht. »Jeder weiß, daß Seine Majestät in der Casa keine Gelder hat, und da ihm jeden Tag neue immense Bedürfnisse einfallen, gibt es keinen Menschen, der so waghalsig wäre, ihm auch nur einen Maravedi zu leihen.«[257] Dazu kommt, daß in Sevilla alles um ein Drittel teurer ist als in Valladolid – »es ist schrecklich.«

Noch immer gibt es in Sevilla wie überall in Andalusien eine große Anzahl von Indios, die gegen alles Recht als Sklaven festgehalten werden. Las Casas weist den Indienrat darauf hin. Seit seiner Ankunft quillt das Kloster San Pablo von diesen hilfesuchenden Menschen über, die alle Hoffnung darauf setzen, daß er ihnen die Rettung aus ihrer Gefangenschaft bringt. Doch damit hat der Kaiser schon einen anderen beauftragt, den Lizentiaten Gregorio Lopez, und der wird – wie sollte es anders sein – immer wieder erneut von den Skalvenhaltern hintergangen. Nicht selten werden die von ihm ausgestellten Befreiungslizenzen einfach zerrissen. Oder auch, man schlägt in seiner Wut, sie hergeben zu müssen, die Sklaven lieber tot.

Es gibt auch schöne und rührende Ausnahmen. Die Sklavin Elvira wehrt sich, in ihre Heimat Santa Marta zurückgebracht zu werden. Sie dient bei einem Doktor aus Jerez und möchte bei ihm bleiben. Ihr freier Wille ist das, was in Las Casas' Augen für diese India am besten ist. Er erfüllt ihren Wunsch, indem er verfügt, sie möge als freie und bezahlte Arbeitskraft bei ihrem Doktor bleiben.

Inzwischen tritt der Guadalquivir über die Ufer, und das bedeutet Gefahr für die Flotte. Am 4. Mai meldet Las Casas, das Hochwasser habe viele Schiffe schwer beschädigt; das für ihn und die Mönche bestimmte sei gesunken und müsse zur Reparatur nach Cadiz geschleppt werden. Dann endlich ist es soweit. Alle versammeln sich im Hafen von Sanlúcar. Die Reisegesellschaft des Bischofs vergrößert sich um vier Negersklaven, Las Casas aus königlicher Gunst zugestanden. Zu guter Letzt wartet man nur noch auf Maria von Toledo, dem Namen nach noch immer Vizekönigin von Española, die Witwe des Columbus-Sohnes Diego Colón, die nach Santo Domingo zurückkehren will. Am 10. Juli endlich kann die Überfahrt beginnen. Es wird eine Reise mit Hindernissen.

Siebenundzwanzig Schiffe haben die Anker gelichtet und passieren die Barre von Sanlúcar – nur nicht die »San Salvador«, auf der sich der Bischof und seine Begleiter befinden. Zwei Tage liegt sie im Hafen fest, bis ein besonders kräftiger Windstoß sie dann doch noch über die Barre schiebt, und als sie endlich das offene Meer erreicht, legt sie sich dermaßen auf die Seite, daß alle glauben, sie müsse kentern. Jetzt wird auch offenbar, warum der Segler die Barre nicht passieren konnte: er war zu schwer und außerdem ungleichmäßig beladen; dazu hatte man versäumt, entsprechend viel Ballast aus dem Schiff an Land zu bringen.

Die Flotte nimmt Kurs auf die Kanarischen Inseln und erreicht am 19. Juli San Sebastián de la Gomera. Dort werden die Fracht (und auch die Mönche) neu auf die einzelnen Schiffe verteilt, und so kann man Ende des Monats die Reise fortsetzen. Am 9. September läuft die Flotte im Hafen von Santo Domingo ein.

Das erste, was Las Casas erfuhr, nachdem er an Land gegangen war: Bereits vor ihm war der Lizentiat Tello de Sandoval hier gewesen und nach Mexico weitergereist, um dort die Neuen Gesetze in Kraft zu setzen. Der energische Widerstand der spanischen Siedler zwang ihn jedoch dazu, diese Gesetze fürs erste zu suspendieren; mehr noch: man habe zwölf Prokuratoren ausgesandt, um die Aufhebung oder doch Abmilderung der Gesetze zu bewirken. In einem Brief beschwört Las Casas den Prinzen Philipp:

»Mit aller Ehrfurcht, die ich meinem Prinzen und Herrn schulde, flehe ich Euer Hoheit an, diese Anträge auszusetzen und zurückzustellen, bis ich zu einem Termin, den Euer Hoheit mir anweisen läßt, vorgeladen und aufgerufen werde, um darauf zu antworten und ihnen mit Gottes Hilfe zu widerstehen und sie zuschanden zu machen und alles, was sie betreiben, in Fetzen zu reißen; denn ich bin Partei in dieser Sache, einmal in der Verteidigung der Freiheit der mir anvertrauten Schafe, die ohne sie nicht zu Gott geführt werden können und ohne welche ich mein Hirtenamt nicht ausüben kann – zum anderen, weil es meine Ehre berührt, denn es liegt mir sehr viel daran, in dieser Angelegenheit tätig gewesen zu sein und Seine Majestät informiert zu haben.«[258]

Als ob er ahnte, was geschehen wird, weist er den Prinzen mit großem Nachdruck darauf hin, daß eine Abschwächung auch nur des kleinsten Buchstabens der Gesetze zur Folge haben würde, daß Seine Majestät die gerechte Sache niemals werde verwirklichen können. Er erinnert den Prinzen noch einmal daran, was dazu nötig ist: »Es muß in diesem Erdkreis der Indios ein Generalprokurator eingesetzt werden, der für sie verantwortlich ist.« Dann bricht er abrupt ab: »Und weil das Schiff ablegen will, kann ich nichts weiter schreiben.«

Viereinhalb Monate sitzen Las Casas und seine Mönche in Santo Domingo fest, für jeden eine schreckliche Zeit. Alle Bewohner der Insel, Kleine und Große, Arme und Reiche, Diener und Herrschende fühlten sich durch Las Casas beleidigt und ließen ihn ihren Haß spüren. Die Einwohner von Santo Domingo, die sich den Dominikanern gegenüber immer hilfsbereit gezeigt hatten, entzogen dem Konvent wegen der unerwünschten Gäste den üblichen täglichen Unterhalt – »sie wollten nicht einmal mehr ein Brot als Almosen geben, damit es nicht der Bischof äße«. Man brachte das Gerücht auf, Mexico, Chiapa, Honduras, das ganze Neuspanien und Peru hätten sich erhoben in einer Rebellion gegen den König wegen der »Neuen Gesetze«[259].

Endlich gelang es Las Casas, ein Schiff für die Weiterreise zu chartern. Einige der Mönche nahmen nicht mehr an dem Unternehmen teil, weil sie das Klima nicht ertrugen. Alle anderen stachen am 14. Dezember in See, umfuhren die Halbinsel Yucatan und kamen, nach zum Teil stürmischer Überfahrt, am 5. Januar 1545 in Campeche an. Hier also betrat Las Casas zum ersten Mal seine Diözese.

Am 18. Januar beginnt eine erste Gruppe von neun Mönchen die Weiterreise. Zwei Tage später erleiden sie Schiffbruch; alle neun ertrinken. Die anderen gehen eine Woche später an Bord, aber heftiger Gegenwind macht die Abreise unmöglich. So erfahren sie noch in Campeche den Tod ihrer Mitbrüder. Schließlich können sie ihre Fahrt fortsetzen und kommen ohne Zwischenfälle zur Isla de Terminos. Von dort geht es weiter in die Provinz Tabasco, dann den Rio Grijalva mit Kanus flußaufwärts und schließlich zu Fuß bergan die letzte Etappe bis zu dem lange ersehnten Ziel. Am 12. März zieht Bartolomé de las Casas mit den Mönchen in der »Ciudad Real de los Llanos de Chiapa« ein – genau ein Jahr und zwei Monate, seit die Brüder von San Esteban Salamanca verlassen hatten, neun Monate, seit sie von Sanlúcar abgesegelt waren. Heute heißt die Stadt »San Cristóbal de las Casas«.

Aufruhr in Chiapa

Las Casas betritt seinen Bischofssitz am Donnerstag nach dem dritten Fastensonntag. Acht Tage darauf erläßt er eine öffentliche Bekanntmachung: es sei kirchlicher Brauch, jedes Jahr einmal eine Visitation abzuhalten, um festzustellen, wie es um das Leben, die Sitten und Gewohnheiten aller Einwohner, der Priester und der Laien, bestellt sei. Er zählt Fälle auf, in denen jeder, bei Androhung der Exkommunikation, gezwungen ist, Abweichungen und Zuwiderhandlungen, die ihm bekannt geworden sind, anzuzeigen. Der zehnte und letzte Punkt befaßt sich mit der Unterdrükkung und Ausbeutung durch die Reichen und Mächtigen. Las Casas beschwört den Schutz der im Alten Testament so oft erwähnten Witwen, Waisen und Unmündigen; er ergänzt diesen Katalog – oder besser gesagt: er spricht statt ihrer nur noch von den Indios.

»Anzuzeigen ist ferner, wenn ihr wißt oder habt sagen hören oder es geht das Gerücht, daß die in Not geratenen, wie es die Indios dieser Länder und Provinzen sind, und die Witwen, Waisen und Unmündigen, die alle zu unserer Gerichtsbarkeit gehören, unterdrückt werden und daß ihnen Unrecht zugefügt wird, daß man ihnen Angst macht und sie bedroht oder Hand an sie legt, damit sie nicht hingehen und vor uns oder dem Gericht Klage erheben, auch wenn man ihnen Söhne oder Töchter oder Frauen raubt, ihre Felder und die Saat beschlagnahmt oder die Äcker mit Gewalt wegnimmt oder zu einem zu niedrigen Preis abkauft, und die Indios, aus Angst vor den Unsern, nicht zu widersprechen wagen. Oder wenn ihr wißt, daß man ihnen Tribute und Dienstleistungen abverlangt über die festgesetzte Taxe hinaus oder ihnen größere Lasten auferlegt als üblich, und dies gegen ihren Willen und ohne die gerechte Bezahlung, die man ihnen schuldet nach den Gesetzen, die Seine Majestät jetzt erneuert hat.«[260]

Am gleichen Tag veröffentlicht er einen Hirtenbrief, in dem er ankündigt, es werde jedem die Absolution verweigert, der Sklaven besitze und sie nicht freilassen wolle. Die Bürger der Stadt halten ihm entgegen, sie hätten gegen die »Neuen Gesetze« Beschwerde eingelegt, und solange hierüber nicht entschieden sei, wären sie nicht daran gebunden. Der Bischof läßt sich darauf nicht ein. Die Gesetze, sagt er, fassen Gottes Gebote in Paragraphen. Auch wenn gegen diese Paragraphen protestiert werde, so sei damit nicht Gottes Gebot außer Kraft gesetzt; wer dagegen wissentlich und willentlich verstoße, könne zwar nicht gerichtlich bestraft werden, würde aber in der Beichte keine Absolution erhalten und bleibe damit von den Sakramenten ausgeschlossen.

Zwei Tage nach dem Passionssonntag entzieht er allen Geistlichen in der Stadt – bis auf den Dechanten und den Kanonikus – das Recht, Beichte zu hören, und auch diesen beiden wird auferlegt, »bestimmte Fälle« ihm allein vorzubehalten. Der Kanonikus richtet sich danach, der Dechant nicht. In offenem Widerspruch zum Auftrag seines Bischofs erteilt er auch denen die Lossprechung, die in den Sklavenhandel verwickelt sind. Da er eine Aussprache verweigert, läßt Las Casas ihn durch den Büttel vorführen. Es kommt in der aufgebrachten Bevölkerung zu einem Handgemenge, und der Dechant flieht und verläßt die Stadt.

Der unbekannte Schreiber, der in seinem Brief an einen unbekannten Empfänger von diesen Dingen berichtet, faßt zusammen:

»So heftig war das Feuer, das durch die Stadt raste, daß die Karwoche nicht wie unter Christen verlief. Die Bürger der Stadt waren so aufgewühlt, wie es sich Euer Gnaden nicht vorstellen können, denn der Bischof ist dermaßen kurz angebunden und rechthaberisch bei diesem Thema, dessen er sich angenommen hat, daß er sagt und darauf besteht: Solange es der Kaiser nicht befiehlt und der Papst nicht bestimmt, werde er von dem einmal Begonnenen nicht abstehen, denn dies wäre es, was zur Entlastung der Gewissen Seiner Majestät und ganz Neuspaniens nötig sei.«[261]

Man wird Las Casas zugute halten müssen, daß ihm Prinz Philipp vor der Abreise unmißverständlich aufgetragen hat, mit aller Strenge auf die Durchführung der Gesetze zu achten, und ebenso unnachgiebig dafür zu sorgen, daß – falls es notwendig wäre – die angedrohten Strafen in aller Schärfe verhängt würden[262].

Man kann sich aber des Eindrucks nicht erwehren, daß er, im Bewußtsein, alle gegen sich zu haben, mit den Spaniern allzu unbarmherzig und rigoristisch verfährt.

Seine Verlautbarung an die Diözesanen beginnt mit den Worten: »Don Fray Bartolomé de las Casas, durch die Gnade Gottes und des Heiligen Apostolischen Stuhles Bischof dieser Stadt Ciudad Real, der Provinz Chiapa und der Provinz von Yucatan – und Protektor der indianischen Bürger und Ureinwohner der genannten Provinzen . . .«[263]

Es ist keine Frage, daß ein Bischof der Neuen Welt immer auch ein Schutzherr der Indios ist (oder es sein müßte). Doch als Prokurator – Anwalt, Bevollmächtigter und Sachwalter der Indios – wie er sich sieht, ist der Seelenhirte Las Casas sich selbst im Wege. Er kann nicht zugleich Prokurator der Indios sein und als Bischof der Spanier zum eigenen Gegenanwalt werden. Diesmal muß Las Casas scheitern an der Unvereinbarkeit dieser Gegensätze.

Die Dominikaner konnten unter den genannten Umständen nicht daran denken, sich in dieser Stadt niederzulassen. Am 13. April, dem Montag nach dem Weißen Sonntag, einen Monat nur nach ihrem Einzug in Ciudad Real, verlassen die ersten vier Mönche die Stadt, um einen Ort ausfindig zu machen, an dem sie ihren Konvent errichten könnten. Sie fanden ihn in dem Indiodorf Chiapa de Corzo an den Ufern des Rio Grijalva.

Die dort wohnenden Indios waren einem Spanier zugeteilt, der – »ein Wunder, noch außergewöhnlicher, als wenn Berge versetzt würden – auf das Gemeinwohl bedacht war, barmherzig zu den Indios, freundlich zu den Mönchen, so daß er ihnen in seinem Dorf Haus und Konvent zusicherte. Zusammen mit den anderen Mönchen wurde Las Casas aufgefordert, zu kommen und den Ort zu sehen und zu ehren, nach dem sein Bischofssitz hieß, und den Grundstein des Klosters zu legen, das sie errichten wollten.«[264]

Er wird in Chiapa de Corzo überschwenglich empfangen, mag aber nicht länger dort bleiben. Sein Platz ist nun einmal in Ciudad Real. Er entschließt sich, nach Gracias de Diós zu gehen, wo inzwischen das Audienzgericht »de los Confines« installiert wurde, um die weltliche Gerechtigkeit zu Hilfe zu rufen.

Verapaz – der wahre Friede

In der zweiten Maihälfte 1545 macht sich Las Casas auf nach Gracias a Diós; er wird aber auf dem Weg dorthin zunächst das befriedete Kriegsland besuchen. In seiner Begleitung befinden sich Fray Vicente Ferrer, anstelle des wohl erkrankten Freundes Ladrada, einige Diener und sein Maestrescuela*. Dieser war ihm all die Zeit treulich gefolgt, seit sie Sevilla verlassen hatten.

Der Sohn des Kaziken von Cobán holt sie mit einer großen Zahl von Indios in Chiapa ab und geleitet sie in das Land Tezulutlán. Erste Zwischenstation ist Sacapulas; von dort geht es weiter nach Jatic, wo er den alten Gefährten Pedro de Angulo wiedersieht. Dieser hat eine große Taufzeremonie vorbereitet. Der Kazike von Chamelco erscheint mit großem Gefolge, um sich dem Zug des Bischofs anzuschließen. Und nun führt der Weg ins Zentrum des Missionsgebiets, nach Cobán, wo Fray Luis Cancer den Bischof begrüßt. Cobán hat eine besonders schöne Kirche. »Auch in Spanien hätte man sie für schön gehalten, wenn sie, statt aus Holz und strohgedeckt, aus Stein gewesen wäre.«[265] Auch gibt es schon ein großes Schulhaus, in dem die Jungen lesen und schreiben lernen und in der Glaubenslehre unterrichtet werden. Hier hört der Bischof zum ersten Mal jene Lieder, die Fray Luis Cancer in der Sprache der Indios verfaßt und komponiert hat. Der Besuch Las Casas' im ehemaligen Kriegsland, dieser Triumphzug von Sacapulas bis Cobán gemeinam mit den begeisterten Indios findet seinen Höhepunkt in einer festlichen, vom Bischof geleiteten Sakramentsprozession.

Aus seiner Feder gibt es für diesen Teil der Reise keinen Bericht; aber es sprechen die Dokumente. Luis Cancer schreibt glücklich an Las Casas in Gracias a Dios, er brauche mehr Arbeiter für diese so große Ernte. In vier Monaten könnten die Mönche die Sprache der Indios lernen. »Sie werden den Weg offen finden, das Haus gesäubert, den Tisch gedeckt.«[266]

Ein königliches Schreiben übermittelt den Dank für die erfolgreiche Arbeit an Pedro de Angulo (Jatic), Juan de San Lucas (Sacapulas), Domingo de Acona (Tezulutlán) und Domingo de Vico (Chamelco)[267]. Prinz Philipp dankt den hilfreichen Kaziken Don Felipe und Don Miguel von Tezulutlán, Don Juan von Chamelco und Don Juan von Cobán. Er beglückwünscht sie zu ihrer Konversion und fordert sie auf, sich mit ihren Leuten in Dörfern zusammenzuschließen[268]. Das Einreiseverbot für Spanier wird um weitere fünf Jahre verlängert[269], und Vater und Sohn Montejo, die in Yucatan regieren, wird ausdrücklich eingeschärft, darauf zu achten, daß auch von dort aus kein Spanier das Missionsland betrete[270]. Schließlich und endlich: Prinz Philipp verfügt, daß von nun an die Provinzen Cobán, Tezulutlán, Acalán und Lacandón den Namen »Verapaz« tragen sollen[271]. Diese Reise des Bischofs-wider-Willen im Kreise seiner Dominikaner war sicherlich ein Höhepunkt im Leben Las Casas'.

Von Cobán nach Tezulutlán, zum letzten Ort der Visitationsreise, der dem ganzen Landstrich den Namen gab, ist es nicht mehr weit. Dort erwartet ihn zu seiner Überraschung Francisco Marroquin, der Bischof von Guatemala. Von dessen früherer Geneigtheit ist nichts mehr zu spüren; Las Casas hat ihm zwei große Provinzen, Verapaz und Soconusco, weggenommen, und das kann er nicht verwinden.

Als Las Casas am 2. Juli in Tezulutlán eintrifft, war Marroquin schon fast eine Woche da – auch er auf Visitationsreise, so, als sei eine Übertragung der Region auf die Nachbardiözese nie erfolgt. Über seine Eindrücke berichtet er dem Kaiser, was die Mönche betreffe, sei er sehr zufrieden, allerdings müsse man in Betracht ziehen, daß es in dem ganzen Gebiet nur etwa sechs bis sieben Dörfer gebe, die ein bißchen etwas darstellten.

»Ich sage das alles, weil ich weiß, daß der Bischof von Chiapas und die Mönche Wunderdinge schreiben werden, aber es ist nicht mehr vorhanden, als ich gesagt habe. Ich wollte gerade wieder abreisen, da kam Fray Bartolomé. Ich werde das Land auch künftig visitieren, und als Fray Bartolomé behauptete, das käme ihm zu, habe ich ihm nur gesagt: ›Wohl bekomm's!‹ Ich kann mir denken, was er an Erfindungen und Einbildungen schreiben wird. Sein Fundament und was er darauf baut, beruht auf Heuchelei. Das demonstrierte er gleich, als man ihm die Mitra gab. Er hüllte sich in eitle Ruhmsucht, als wäre er nie Mönch gewesen und als hätten die Geschäfte, die er betrieb, nicht mehr Demut und Heiligkeit erfordert, um den Glaubenseifer, den er an den Tag legte, glaubwürdig zu machen.«[272]

Las Casas weiß, was zu tun ist. Wie damals auf Cuba, als er sich ein Zeugnis ausstellen ließ, besteht er jetzt auf einer Anhörung, in der vor einem Notar sechs Zeugen zu zwölf Fragen vernommen werden – ein Protokoll, das festhält, was die Dominikaner, von ihm veranlaßt, in dem früher so genannten Kriegsland bewirkt haben.

In Gracias a Diós

Ende Juli, Anfang August kam Las Casas nach Gracias a Diós, auf deutsch »Gott sei Dank« – für den Bischof von Chiapa ein Ortsname voll bitterster Ironie. Alonso Maldonado, in Guatemala Alvarados Stellvertreter, war ein großer Mann geworden. Ihm unterstand die Audiencia de los Confines, und diese umfaßte beinah das gesamte Mittelamerika: Chiapa, Guatemala, Honduras, El Salvador, Nicaragua und Costa Rica. Als Präsident der Audiencia war er, in diesem besondern Fall, zugleich Gouverneur und Generalkapitän, vereinigte also das höchste Richter- und Regierungsamt mit dem militärischen Oberbefehl. Er hatte die Tochter des Gouverneurs von Yucatan, Francisco de Montejo, geheiratet, dessen Land an das seine grenzte, und stand nun ganz und gar auf seiten der Conquistadoren und Encomenderos.

Am 22. Oktober legt Las Casas der Audiencia sein Gesuch vor. In sieben Punkten fordert er die Unterstützung der weltlichen Gerichtsbarkeit in seiner Diözese und droht ihr bei Nichterfüllung mit der Exkommunikation. Die Herren des Audienzgerichts bleiben gelassen. Sie sagen einiges zu, sehen in anderen Punkten keinen Grund, tätig zu werden, nennen die Verwarnungen nichtig und wertlos und kündigen Beschwerde beim Kaiser wegen Mißachtung der Audiencia an.

Las Casas schreibt an den Prinzen Philipp, die Dinge seien schlimmer geworden als zu Zeiten Alvarados:

»Gerechtigkeit ist in dieser Audiencia nirgends zu sehen, außer wenn sie dem Präsidenten Maldonado selbst und seinem Anhang zugute kommt, und das sind viele, die da zu unterhalten sind: er selbst und sein Schwiegervater und sein Schwiegersohn und seine Brüder, Vettern, Verwandten, Freunde, Diener, Anhänger; so hat er sich denn in diesen Provinzen mehr als 60 000 Indios zugeteilt.«[273]

Maldonado schreibt dagegen an den Kaiser: »Seit er Bischof geworden ist, zeigt er einen solchen Hochmut, daß es niemanden gibt, der mit ihm auskommen kann; uns hier will es scheinen, er wäre besser in Kastilien in einem Kloster, denn als Bischof in Westindien.«[274]

Las Casas trifft in Gracias a Diós auch seinen Mitbruder und Freund Antonio de Valdivieso, und jeder wird den anderen als Beistand nötig haben während eines Zwangsaufenthaltes in dieser Stadt, der sie fast an den Rand der Verzweiflung bringt.

Valdivieso war zum Bischof von Nicaragua gewählt worden und nach Gracias a Diós gekommen, um hier durch die Handauflegung dreier Bischöfe die Weihe zu empfangen. Als Las Casas als erster von ihnen eintrifft, hat er bereits sechs Monate gewartet. Marroquin läßt die beiden weitere drei Monate warten. Als er endlich kommt, fehlt immer noch der Bischof von Honduras, der von allen am nächsten wohnt, zwanzig Meilen entfernt. Während all dieser Zeit verweigert die Audiencia Las Casas und Valdivieso die Auszahlung ihrer Bezüge durch bewußte Falschinterpretation der Vorschrift, Bischöfen ihr Gehalt nur dann auszuzahlen, wenn sie sich auch wirklich in ihrer Diözese aufhalten; das gilt natürlich nicht für »Dienstreisen«. Las Casas und sein Freund Valdivieso leben in äußerster Armut, das heißt, sie leiden Hunger. Aus purem Hohn erklärt sich die Audiencia bereit, dem Bischof von Chiapa ein Stück Land zuzuweisen, das er bebauen könne, damit er und seine Diener etwas zu essen hätten[275].

Durch einen Brief Valdiviesos ist uns überliefert, wie Las Casas von Maldonado behandelt wurde. Er habe ihn mit Worten angefahren, »die selbst im Mund eines Negers empörend wären, und er habe gesagt: Ihr seid der schlechteste Mensch und der schlechteste Mönch und der schlechteste Bischof, den es gibt, unverschämt und schlecht erzogen, – man sollte euch in Ketten nach Spanien schicken«[276].

Noch eine Enttäuschung hat Las Casas zu verwinden. Sein Maestrescuela, Luis de la Fuente, hatte ihn am Ende der Visitationsreise verlassen und sich nach Guatemala abgesetzt. Von dort schrieb er einen Brief, in dem er Las Casas, als Urheber der »Neuen Gesetze«, für den Aufstand und Bürgerkrieg in Peru verantwortlich macht. Er droht, ihn auf seiner Reise gefangenzunehmen und »gefesselt nach Peru bringen zu lassen und Gonzalo Pizarro und seinem Feldhauptmann Carvajal auszuliefern, damit sie seinem Leben ein Ende setzten, denn er sei die Ursache für soviel Tod und Verderben, die es dort gibt«[277].

Die radikale und wütende Ablehnung seiner Ideen und seiner Person in Santo Domingo, in Mexico und Chiapa, in Guatemala, Gracias a Diós und in Peru machen jede weitere Zusammenarbeit mit den Spaniern in der Neuen Welt unmöglich. Fray Tomás de la Torre, der seit dem Abschied von Salamanca und der Überfahrt die Ereignisse der Bischofsreise festhielt, schreibt, Las Casas habe damals unter Tränen gebetet:

»Herr, du weißt, was ich hier suche, und siehst, was ich dabei gewinne: Hunger, Ermüdung, den Abscheu aller. Wenn ich mich täusche, täusche ich mich um deines Evangeliums willen, aber so fest, wie ich an dieses glaube, glaube ich, daß ich mich nicht täusche. Aber wenn ich es nicht recht verstehe, dann erleuchte mich, damit ich nicht das Ärgernis bleibe, das ich in dieser Welt bin.«[278]

Am 9. November beendet Las Casas einen Brief an Prinz Philipp mit der Bitte, von der Fülle der Verpflichtungen, die er sich aufgeladen hat, entbunden zu werden.

»Ich habe Euer Hoheit schon in anderen Briefen ersucht, mir die Gnade zu erweisen, mich von meinen Ämtern in Chiapa, Soconusco und Yucatan zu entlasten und zu meiner Kathedralkirche die in der Verapaz zu bestimmen, ehemals Kriegsland, von unseren Mönchen befriedet, wo es nun eine neue Christenheit gibt wie sonst nirgendwo in Westindien. Ich bitte Euer Hoheit inständig um diese große Gnade[279].

Das klingt nach Ausstieg aus allen Verpflichtungen, nach Rückzug in ein – wirkliches oder erträumtes – Idyll. Ob er wirklich nicht gemerkt hat, daß ihm, ein gutes Stück weiter vorn (und gewiß, der Brief ist sehr lang) etwas von ganz anderer Art in die Feder geflossen ist?

»Ich glaube jetzt, daß Gott mir erklären will, was ich tun soll . . . daß er will, ich solle zurückkehren, um Himmel und Erde anzufüllen mit Klagen und Tränen und Stöhnen – an diesem Hof und in dieser Welt – bis Luzifer aus Westindien ausfährt . . . und so glaube ich, ich muß mich noch mehr beeilen zurückzukehren, als ich dachte, und es wird mir nicht möglich sein, die Antwort, den Auftrag und die Bewilligung Eurer Hoheit abzuwarten . . .«[280]

Zum Schluß noch die Nachricht: »Gestern, am Samstag, traf hier der Bischof von Honduras ein, heute, am Sonntag in der Oktav von Allerheiligen, haben wir dem Bischof von

Nicaragua die Weihen gespendet und morgen, so Gott will, werde ich nach Chiapa aufbrechen.«[281]

Er wandert zuerst nach Copanabastla, einem Dominikanerkloster, nicht allzuweit entfernt von Ciudad Real und Chiapa de Corzo, um Erkundigungen einzuziehen, wie die Dinge in seiner Bischofsstadt stehen. Er muß erfahren, daß die Einwohner noch immer fest entschlossen sind, ihm den Zutritt zu ihrer Stadt zu verweigern, wenn er nicht in der Frage von Beichte und Absolution zurückstecke und wie die anderen Bischöfe abwarte, wie der Kaiser auf deren Einspruch reagiere.

Die Dominikaner von Copanabastla raten Las Casas ab, die Stadt zu betreten, aber er besteht darauf und überrascht im Morgengrauen die Indios, die man als Wachtposten aufgestellt hat. Sie werfen sich vor ihm auf die Knie, und Las Casas, um zu verhindern, daß man sie wegen »Wachvergehens« bestraft, fesselt ihnen die Hände, als habe er selbst sie überwältigt. Dann läßt er die Behördenvertreter in die Kirche bestellen, und mit ihnen erscheinen viele seiner Diözesanen. Der Stadtschreiber verliest ein Dokument des Inhalts: wolle er als Oberhirte anerkannt werden, müsse er sie, die Bewohner der Stadt, »als angesehene Persönlichkeiten« respektieren, und ebenso ihren Besitzstand. Der Bischof geht darauf ein. Dann verlangt man Beichtväter, bereit, ihnen die Absolution zu erteilen. Las Casas schlägt den (ihm treu ergebenen) Kanonikus Perera und seine Dominikaner vor, doch diese werden ohne Umstände abgelehnt. Daraufhin bietet er einen Priester an, den er aus Guatemala mitgebracht hat, und einen Bruder des Mercedarierordens, Männer, die zu ihm halten, aber weniger rigoristisch sind als er. So werden schließlich alle beruhigt, und das Weihnachtsfest verläuft – anders als das Osterfest – einigermaßen friedlich und harmonisch.

In der ersten Fastenwoche, am 14. März 1546, verläßt

Las Casas die Ciudad Real endgültig. Seit seinem Einzug ist, fast auf den Tag genau, ein Jahr vergangen, nicht mehr, und den größten Teil der Zeit hat er fern von seinem Bischofssitz verbracht. Mit ihm reisen Rodrigo de Ladrada, Luis Cancer, Vicente Ferrer und der Kanonikus Juan Perera. Ihr Ziel ist die Stadt Mexico; dort ist für die Monate Juni und Juli eine Versammlung aller Bischöfe und Prälaten Neuspaniens anberaumt. Ihr Hauptthema wird die völlig veränderte Situation hinsichtlich der Encomienda sein. Am 20. Oktober 1545 hatte nämlich der Kaiser in Mecheln das wichtigste der Neuen Gesetze aufgehoben, ausgerechnet das, welches jede Neuzuteilung von Indios verbot. Am 16. Januar war die Durchführung des Entscheids von Prinz Philipp unterzeichnet worden und der Erlaß dem Vizekönig zugestellt. Die zwölf Prokuratoren der Siedler und Conquistadoren Neuspaniens hatten einen triumphalen Sieg errungen; die Encomenderos feierten Jubelfeste. Noch schlimmer: im April dieses Jahres, in Regensburg, ordnete Karl V. eine Volkszählung der Eingeborenen an – als Voraussetzung für eine »generelle Zuteilung aller Indios« an die spanischen Siedler. Las Casas war – wieder einmal – gescheitert.

Bürgerkrieg in Peru

Der in Regensburg gefaßte Entschluß des Kaisers, der in Mexico beraten werden sollte, hat seine Wurzeln einerseits in Deutschland, andererseits in Peru. Als man in Valladolid die »Neuen Gesetze« diskutierte, war der Kaiser schon von Las Casas darauf aufmerksam gemacht worden, daß ihre Verabschiedung in Peru Aufstand und Meuterei zur Folge haben könne, und er hatte seine Vorschläge unterbreitet:

man solle die Audiencia von Panama nach Peru verlegen; der Vizekönig von Mexico, Antonio de Mendoza, ein hervorragend bewährter Mann, solle für zwei Jahre die Präsidentschaft dieses Obersten Gerichts und damit praktisch die Regierung des gesamten Landes übernehmen, und er solle mit Blankovollmachten ausgestattet werden, um schnell und ohne Rückfragen Entscheidungen treffen zu können. Am Ende stehe ein neues Vizekönigreich Peru.

All dem wurde – mehr oder weniger – entsprochen. 1542 wird die Audiencia von Lima gegründet, allerdings erst zwei Jahre später besetzt. Ebenfalls 1542 wird Blasco Nuñez Vela aus Avila zum ersten Vizekönig von Peru ernannt und tritt im Jahr darauf die Reise dorthin an. (Der von Las Casas vorgeschlagene Mendoza wird 1551 sein Nachfolger.) Sogar die Blankovollmachten gibt es, wenngleich anders, als Las Casas sich dies vorstellt.

Nuñez Vela nutzt seine Anreise, um überall, wo er an Land geht, die »Neuen Gesetze« rigoros anzuwenden und zieht sich damit Wut und Haß der Siedler zu. Im Mai 1544 trifft er in Lima ein; bereits im September ist er schon entmachtet und gefangengesetzt. Gonzalo Pizarro*, der jüngere Bruder Franciscos, übernimmt die Macht. Sein Herrschaftsgebiet reicht von Panama über Kolumbien, Ecuador und Peru bis nach Bolivien und Mittelchile. Als diese Nachricht den Hof erreicht, ernennt Karl V. einen Kleriker, den Lizentiaten Pedro de la Gasca, zum Sonderbevollmächtigten, um Südamerika der Krone zu erhalten. Er stattet ihn mit Blankovollmachten aus, wie Las Casas es geraten hatte – nur dienen sie jetzt dem Zweck, gegebenenfalls eine Generalamnestie zu verkünden und die »Neuen Gesetze« aufzuheben.

Der Kaiser ahnte nicht, daß es Nuñez Vela inzwischen gelungen war, sich zu befreien, seinen Gegnern zu entkommen und ein kleines Heer um sich zu scharen. Nuñez Vela hingegen wußte nicht, daß die »Neuen Gesetze« schon jetzt eines heroischen Kampfes nicht mehr wert waren. So stellt er sich vor den Toren der Stadt Quito den Truppen Gonzalo Pizarros entgegen, wird besiegt und verwundet und auf dem Schlachtfeld enthauptet. Dies geschah am 26. Januar 1546*.

Am 18. Februar 1546 stirbt Martin Luther in Eisleben. Gut zwei Monate zuvor hat das Konzil von Trient begonnen, und dreieinhalb Monate später wird der Reichstag in Regensburg beginnen. Diesmal geht es nicht mehr um Religionsgespräche. Der Kaiser rüstet gegen die protestantischen Landesherren in Deutschland. Papst Paul III. hat Geld und Truppen angeboten und im Juni einen Bündnisvertrag unterschrieben, um den Protestantismus in Deutschland auszurotten. Zum Oberkommandierenden ernennt Karl V. den Herzog Alba. Er muß jetzt Sold zahlen an 20000 deutsche, 12000 italienische, 10000 niederländische und 10000 spanische Fußsoldaten und 10000 Reiter. Er kann also auf die Einkünfte aus Übersee um keinen Preis verzichten.

In Peru dehnt sich inzwischen die Erhebung weiter aus. Im August 1546 trifft Pedro de la Gasca in Panama ein, ohne Heer, ohne Leibwache, allein. Aber er bringt es fertig, ruhig und freundlich einen nach dem anderen von denen, die zu Gonzalo Pizarro überliefen, dem König zurückzugewinnen. Im Juni 1547 ist er in Lima, im September liefert er Pizarro und Carvajal am Titicacasee eine Schlacht – und unterliegt.

Am 24. April 1547 ist der Krieg in Deutschland mit dem Sieg des Kaisers bei Mühlberg zu Ende gegangen; entschieden ist damit nichts. Das Interim von 1548 ist kein Triumph der katholischen Partei.

La Gasca hat seine Niederlage überwunden. Am 10. April 1548 bietet er Gonzalo Pizarro abermals eine

Schlacht an, nicht weit von Cuzco, doch diese findet nicht mehr statt. Als sich die beiden Heere gegenüberstehen, laufen die Soldaten Pizarros über. Er ergibt sich kampflos, sein Feldhauptmann Carvajal flieht, wird aber gefangen. Beide werden – mit einigen anderen Offizieren – noch auf dem Schlachtfeld hingerichtet. Pedro de la Gasca reist nach Flandern, um dem Kaiser Bericht zu erstatten. Ein Bürgerkrieg von vier Jahren ist zu Ende. Er hat seinem Herrn das Vizekönigreich Peru gerettet. Karl ernennt ihn zum Bischof von Palencia. Die von ihm gestiftete Magdalenenkirche in Valladolid trägt an der Außenfront nur einen Schmuck: das gigantische Wappen derer de la Gasca.

Ohnmacht der Macht

Las Casas und seine Begleiter sind, aus Chiapa kommend, in Mexico eingetroffen; die Beratungen der Bischöfe und Prälaten Neuspaniens haben begonnen. Nach der Entscheidung des Kaisers ist die Encomienda und damit die Leibeigenschaft der Indios kein Thema mehr – vorläufig jedenfalls. Also, beschließt Las Casas, werden wir über die Indios reden, die man in sogenannten »gerechten Kriegen« gefangengenommen und zu Sklaven gemacht hat. Der Vizekönig will auch dieses Thema nicht behandelt wissen. So greift der Prokurator der Indios zu seiner alterprobten Waffe; für seine nächste Predigt wählt er einen Text aus dem von ihm bevorzugten Alten Testament, Isaias, Kapitel 30:

»Jetzt gehe hinein und schreibe es vor ihnen auf eine Tafel und verzeichne es in ein Buch, daß es für einen künftigen Tag zum Zeugnis werde auf ewig. Es ist ein widerspenstiges Volk, es sind verlogene Söhne, Söhne, die auf die Weisung

Jahwes nicht hören wollen. Zu den Sehern sprechen sie: ›Sehet nicht!‹ Und zu den Schauenden: ›Schauet uns nicht die Wahrheit! Sagt uns Schmeicheleien und schaut uns Täuschung! Weicht ab vom Weg, biegt ab vom Pfad, laßt uns in Ruhe mit dem Heiligen Israels!‹«

Der Vizekönig ist offensichtlich beeindruckt. Das Thema darf von den Ordensleuten und ihren Theologen behandelt werden. Das Ergebnis will man dem Kaiser vorlegen.

Las Casas fand noch anderes Wichtiges zu tun. Er bringt seinen Beichtspiegel zu Papier – »Einige Fingerzeige und Regel für Beichtväter«. In diesem »Confesionario« geht es um drei Personengruppen: die Conquistadoren, die Encomenderos und die Kaufleute, die während des Kampfes die Conquistadoren mit Waffen beliefern. Sie alle sind zur völligen Wiedergutmachung verpflichtet und haben ihr Einverständnis hierzu noch vor der Beichte einem amtlichen Schreiber gegenüber zu erklären. Sie haben anzugeben, an welchen Unternehmungen sie teilgenommen haben, ob sie an Räubereien und Mordtaten beteiligt waren, ob sie ohne jedes Vermögen aus Spanien herübergekommen sind und ob alles, was sie heute besitzen, den Indios weggenommen oder durch deren Ausbeutung erworben wurde. Wenn sie Sklaven halten, haben sie diese freizulassen und die ihnen geleisteten Dienste nachträglich voll und ganz zu bezahlen. Das gleiche gilt für die Indios in Leibeigenschaft.

Auch Händler, die Arkebusen und Pulver, Armbrüste, Lanzen und Schwerter verkaufen und vor allem Pferde, begehen Todsünde und sind zu völliger Wiedergutmachung der angerichteten Schäden verpflichtet, da sie als Beteiligte und Verursacher haftbar sind. Sie haben auch den Kaufpreis anderer Waren zu erstatten, denn es ist ihnen bekannt, daß die Conquistadoren nur mit dem Geld bezahlen, daß sie durch Raub, Plünderung und Ausbeutung an sich gebracht haben. Bartolomé de las Casas hat, als könne das gar nicht anders sein, wieder einmal alles zusammengetragen, was nötig ist, um Haß und Wut und flammende Proteste auf sich zu lenken.

In diesen Tagen nimmt er auch die »Brevisima Relación« noch einmal zur Hand. Nachdem der Kaiser den wichtigsten Teil der »Neuen Gesetze« wieder aufgehoben hat, kann der Schluß vom 8. Dezember 1542 so nicht mehr stehenbleiben:

»Ich habe große Hoffnung, daß der Kaiser und König von Spanien, unser Herr, Don Carlos der Fünfte dieses Namens, nunmehr die Übeltaten und Verrätereien erfährt, die man in jenen Ländern und an jenen Menschen gegen Gottes und seinen Willen verübt hat (denn bis jetzt hat man ihm die Wahrheit immer auf das Geschickteste verheimlicht), und daß er dann alle die Übel ausrottet und jener Neuen Welt, die Gott ihm gegeben hat, Hilfe bringen wird – als Liebhaber und Pfleger der Gerechtigkeit, der er ist.«[282]

Jetzt zeigt sich, daß am Ende nichts übrigbleibt als das Überleben des Unrechts – »Und bis heute hat der König nicht die Macht, es zu verhindern«.[283]

Der Schlußtext erhält eine Ergänzung. Die Bekanntmachung der »Neuen Gesetze« wird jetzt verknüpft mit den Protesten und Meutereien, die sie überall in der Neuen Welt unter Conquistadoren und Siedlern ausgelöst haben:

»Und so, als grausame und hemmungslose Tyrannen, kamen sie überein, als Ruhmestitel den Namen ›Verräter‹ anzunehmen, besonders im Königreich Peru, wo heute, im Jahr 1546, so furchtbare und entsetzliche Schandtaten verübt werden, wie man sie weder in Westindien noch sonst in der Welt erlebt hat und dies nicht nur an den Indios, die ja fast alle tot sind und die Länder von ihnen entvölkert, sondern unter sich selbst, der eine am anderen – als Gericht Gottes. Denn da es keine Gerechtigkeit des Königs gab, der sie bestraft hätte, kam sie vom Himmel und ließ zu, daß die einen die Henker der anderen wurden.«[284]

Die »Brevisisma« hat keinen Schluß. Alles bleibt offen, bis eines Tages das Gericht Gottes über Spanien hereinbrechen wird. Karl V. hat sich nicht als der »Besänftiger von Gottes Zorn« erwiesen. Als das Werk 1552 im Druck erscheint, ist es nicht dem Kaiser gewidmet, sondern seinem Sohn, dem späteren König Philipp II.

Am Hof des Prinzen

Im Dezember 1546 verlassen Las Casas, Ladrada, Cancer und Ferrer die Stadt Mexico und machen sich auf den Weg nach Vera Cruz. Im Januar gehen sie dort an Bord und treten die – für Las Casas letzte – Reise über den Atlantik an. Im Mai sind er und Ladrada in Salamanca, und im Juni erreichen sie Aranda de Duero, den Hof des Prinzen. Schwierigkeiten wegen der eigenmächtigen Reise scheint es nicht gegeben zu haben. Seit dem 6. Juli ist Las Casas in den Hof des Prinzen eingegliedert und wird ihm bis an sein Lebensende angehören.

Ein Jahr später wird er zum ersten Mal von den Indios selbst zu ihrem Prokurator bestimmt. Die Kaziken von Oaxaca beauftragen ihn und Ladrada, sie und ihre Indios vor Kaiser, Prinz und Indienrat zu vertreten. Die gesetzmäßige Zeremonie war bereits im dortigen Dominikanerkloster vollzogen worden. Mit der Rückkehr aus Mexico und der Eingliederung in den Hof beginnt Las Casas erneut und nunmehr endgültig seine Tätigkeit als Prokurator der Indios, zwar nicht so, wie er es vor seiner Ernennung zum Bischof erhofft hatte, sondern eher bescheiden und unauffällig, ohne Titel und große Organisation. Auf königliche

Anordnung muß ihm der Indienrat täglich zwei Stunden Audienz gewähren – als Prokurator und Beigeordneter des Rats*.

Die Gegner des Las Casas können jetzt nur noch hoffen, daß er einen schwerwiegenden Fehler begeht, in Ungnade fällt und vom Hof verbannt wird. Fast, so scheint es, haben sie Glück.

Las Casas hat aus Mexico seinen »Beichtspiegel« mitgebracht. Der Hofchronist Juan Ginés de Sepúlveda findet den Traktat »skandalös und teuflisch« und veranlaßt sein Verbot. In Neuspanien werden alle greifbaren Kopien eingezogen. Prinz Philipp fordert vom Autor eine schriftliche Stellungnahme, denn eine der darin enthaltenen Regeln klingt so, als bestreite er die Rechtmäßigkeit der spanischen Oberherrschaft über die Neue Welt, und das ist ein Punkt, über den weder der Kaiser noch sein Sohn mit sich reden lassen. Die Feinde des Las Casas dürfen hoffen.

Da er gerade für seinen »Tratado comprobatorio« über dieses Thema arbeitet, macht er einen Auszug daraus und überreicht ihn dem Prinzen; sein Titel: »Dreißig sehr juristische Thesen.« Er geht seinen Gegnern nicht in die Falle. Er weiß, zieht er die Rechtmäßigkeit dieser Oberherrschaft in Zweifel und bestreitet er die Vollmacht des Papstes, so zu verfahren, dann hat er sich selbst um seinen Einfluß auf Kaiser und Kronprinz gebracht, und seine Mandanten, die Indios, haben – durch seine Schuld und ohne jede Notwendigkeit – ihren Prokurator verloren. Der in vielen Verhandlungen erprobte Anwalt sieht einen besseren Weg, um dem Verlangen des Prinzen zu entsprechen und zugleich seinen Schutzbefohlenen zu dienen: er bestreitet die Oberherrschaft nicht, er definiert sie. So fällt ihm für den »Tratado comprobatorio« der beinah provozierende Titel ein: »Beweiskräftige Abhandlung über die Oberherrschaft und das universelle Fürstentum, das die Könige von Kastilien und

Leon über Westindien innehaben, quasi voraussetzend, daß dies in sich klar und bewiesen sei, da der Heilige Stuhl es so konzediert hat und es zu nichts dient, des weiteren darzulegen, warum es konzediert werden konnte.«[286]

Die Quintessenz des Traktats: eine solche Herrschaftsübertragung ist in der Geschichte nichts Neues. Schon einmal hat der Heilige Stuhl mit göttlicher Autorität einen solchen Transfer vorgenommen: als er die höchste weltliche Würde, das Kaiseramt, den Griechen nahm und den Germanen übertrug[287]. Jetzt ist Karl V. der Oberherrscher in Deutschland. Gibt ihm dies das Recht, sich in der Mark Brandenburg Land anzueignen oder in Sachsen dortige Einwohner zu seinen Leibeigenen zu erklären? Natürlich nicht! Das sieht in der Neuen Welt nicht anders aus. Die Könige von Spanien sind dort nicht Herrscher über Land und Leute, denn ihre Herrscher haben sie längst, und diesen darf nach Recht und Gesetz ihre Herrschaft nicht streitig gemacht werden. Wohl aber ist der König von Spanien Imperator über viele Könige, und ihm gebührt die oberste Gerichtsbarkeit. Seine höchste Aufgabe aber ist es, dafür zu sorgen, daß überall in seinem Herrschaftsgebiet das Evangelium gepredigt wird. Die Entscheidung zum Glauben jedoch muß dem freien Willen jedes einzelnen überlassen bleiben.

»Wenn die Ungläubigen das Evangelium nicht annehmen wollen, darf man sie weder zwingen, noch aus diesem Grund Gewalt anwenden oder sie bestrafen. Denn Christus hat nichts anderes befohlen, als daß man allen Völkern, ohne Unterschied, das Evangelium predige, lehre und bekunde, und es dem freien Willen jedes einzelnen überlasse, ob er glauben wolle oder nicht.«[288]

Gegen die Sklaverei

Noch ein weiteres wichtiges Werk entsteht 1547, diesmal auf Verlangen des Indienrats: der »Traktat über die Indios, die man zu Sklaven gemacht hat«. Freiheit ist das Thema dieser Schrift – Freiheit, Verlust der Freiheit und – als Forderung – die Befreiung.

»Seine Majestät ist durch Gottes Gebot verpflichtet anzuordnen, daß alle Indios, welche die Spanier als Sklaven halten, in Freiheit gesetzt werden. Dafür gibt es drei Begründungen. Erstens ist Seine Majestät verpflichtet, Gerechtigkeit zu üben über Kleine und Große, wie es geschrieben steht im Deuteronomium, Kapitel 1:

»Hört an, was zwischen euren Volksgenossen vorliegt, und fällt gerechte Urteile, was auch einer mit seinem Volksgenossen oder einem Fremden haben mag. Schaut im Gerichte nicht auf die Person, den Geringsten müßt ihr genauso anhören wie den Angesehenen, vor keinem dürft ihr euch fürchten, denn beim Richten geht es um Gottes Sache!«

In besonderem Maße ist es das Amt des Königs, die Armen und Geringgeachteten, die Bedrückten und Unterjochten, die sich nicht selbst zu helfen und zu retten wissen, aus den Händen der Unterdrücker zu befreien, wie es beim Propheten Isaias im 1. Kapitel heißt:

»Hört auf, Böses zu tun! Lernet Gutes tun, und trachtet nach Gerechtigkeit! Helft dem Bedrückten, schafft Recht den Waisen, und seid ein Anwalt der Witwen!« Und bei Jeremias im Kapitel 21: »Haltet jeden Morgen gerechtes Gericht und entreißt den Unterdrückten der Hand seines Bedrückers, damit mein Zorn nicht hervorbreche wie Feuer, das brennt, ohne daß einer es zu löschen vermag.«

Wenn diese nicht befreit werden, dann wahrhaftig wird

Gott seinen brennenden Zorn ausgießen und aus diesem Grunde ein ganzes Volk strafen, ja zerstören. Denn eine der Sünden, um derentwillen Tag und Nacht die Klagen an Gottes Ohr dringen, ist die Unterdrückung der elenden und benachteiligten Armen, wie es im Jakobusbrief, Kapitel 5, zu lesen steht:

»Wohlan nun, ihr Reichen. Weint und heult über die Drangsale, die über euch kommen. Euer Reichtum ist verfault, und eure Gewänder sind zum Mottenfraß geworden, euer Gold und Silber ist verrostet, und der Rost daran wird zum Zeugnis wider euch dienen und wird euer Fleisch verzehren wie Feuer. Schätze habt ihr aufgehäuft in den letzten Tagen. Siehe, der Lohn, der von euch den Arbeitern vorenthalten worden ist, die eure Felder abgeerntet haben, schreit empor, und die Klagen der Schnitter sind zu den Ohren des Herrn gedrungen.«[289]

»Die Bischöfe in Westindien sind nach Gottes Gebot verpflichtet, vor Seiner Majestät und dem Königlichen Rat, gelegen oder ungelegen, auf Anordnungen zu bestehen, um die versklavten Indios aus jeder tyrannischen Unterdrükkung zu befreien und ihnen ihre ursprüngliche Freiheit zurückzugeben; sollte es nötig sein, müssen sie dafür ihr Leben wagen.«[290]

»Die Könige und weltlichen Fürsten sind durch göttliches Recht verpflichtet, Hilfe zu leisten und ihre weltliche Macht einzusetzen, damit die heilige Mutter Kirche wachse und ihre Zucht und Ordnung bewahrt werden; und wenn es ihren Dienern, die sie regieren, weder durch die Predigt der Glaubenslehre noch durch die Sanftheit der geistlichen Disziplin gelingt, ungehorsame und aufrührerische Christen zur Ordnung zu rufen, so setzt man dies durch mit Hilfe des Terrors der Waffen und mit der Macht, über die die Könige verfügen. Und auf diese Weise wächst das himmlische Königreich und zieht Nutzen und Hilfe aus dem weltlichen Königreich; denn wäre das nicht so, brauchte man in der Kirche keine weltlichen Mächte.«[291]

Der Traktat Las Casas' wird in dem Jahr geschrieben, in dem Karl V. mit dem Sieg bei Mühlberg den Schmalkaldischen Krieg gegen seine »ketzerischen« Untertanen beendet. Die Conquistadoren sind zwar dem Wortsinn nach keine Ketzer, aber durch ihre Lebenspraxis doch so etwas wie Apostaten. Konnte der Kaiser nicht auch ihnen, zum Schutz und zur Rettung der Indios, ein solches Mühlberg bereiten?

Es ist für einen heutigen Menschen befremdlich, wie unvermittelt die alttestamentarische Forderung, die Unterdrückten zu befreien, umschlägt in eine kirchliche Forderung, »mit dem Terror der Waffen ungehorsame und aufrührerische Christen zur Ordnung zu rufen«. Es ist nicht anders: die Anfänge der Befreiungstheologie reichen in Zeiten zurück, da sie selbst noch in mancher Hinsicht einer Befreiung bedurfte.

Las Casas contra Sepúlveda

Das eigentlich Bedeutende und Großartige dieses Disputs über Recht und Unrecht der Conquista sind nicht die Worte, die gewechselt werden, sondern sein Anlaß. – Las Casas ist seit zwei Jahren Beigeordneter des Indienrates und hält Vortrag, wann immer sich Gelegenheit bietet, den Herren dieses Gremiums ins Gewissen zu reden. Und dann geschieht das kaum Erwartete, das fast Unglaubliche.

Am 3. Juli 1549 wendet sich der Indienrat mit einer sehr dringlichen Warnung an den Kaiser: die Art und Weise, mit der Conquistas durchgeführt würden, brächte das Gewissen Seiner Majestät in größte Gefahr; man sollte vorläufig auf alle weiteren Unternehmen verzichten, bis geklärt sei, wie man hier gerechterweise zu verfahren habe. Die bisherige Gesetzgebung jedenfalls habe dazu nicht ausgereicht.

»Wer auf Eroberung auszieht, nimmt keinen mit, der Einspruch erhebt, wenn er sie machen sieht, was sie wollen, und der sie anklagt, wenn sie Böses tun. Wir können niemals sicher sein, daß sie die Instruktionen befolgen, die wir ihnen mitgeben; ihre Habsucht ist stärker. Es wäre angebracht, einen Kreis von Gelehrten – Theologen und Juristen – zu berufen, die klären, wie solche Eroberungszüge in Übereinstimmung mit dem Recht und mit sicherem Gewissen geführt werden müssen.«[292]

Am 16. April 1550 ordnete der Kaiser an, daß alle Conquistas auszusetzen seien, bis eine Junta von Theologen und Räten darüber befunden habe. So begannen die sechs Jahre, in denen es neue Entdeckungs- und Eroberungszüge einfach nicht mehr gab. Das Gewissen und seine Forderung auf Recht hatten einen Sieg errungen, der in der Weltgeschichte seinesgleichen sucht.

Am 7. Juli begann die Einberufung der »Junta der Fünfzehn«. Die erste Sitzungsperiode dauerte von Mitte August bis Mitte September. Von den vier geladenen Theologen stellten die Dominikaner drei: Domingo de Soto und Melchor Cano, Schüler und Nachfolger des großen Francisco de Vitoria, und Bartolomé Carranza de Miranda, alle drei Konzilstheologen von Trient und auf seiten Las Casas'. Ihre Gegner versuchten, sie »wegen Befangenheit« abzulehnen, hatten aber mit ihrem Antrag keinen Erfolg. Das Thema der Untersuchung wurde genau umgrenzt: »In welcher Form soll der katholische Glaube der Neuen Welt gepredigt und verkündet werden, und auf welche Art und Weise sollen jene Menschen Seiner Majestät, dem Kaiser, unterworfen werden, ohne sein Gewissen zu verletzten und gemäß der Bulle Papst Alexanders.«[293]

Um zur Klärung dieser Fragen beizutragen, wurden zwei »Informanten« bestellt, die entschieden gegensätzliche Standpunkte vertraten: Bartolomé de las Casas und Dr. Juan Ginés de Sepúlveda, Karls Hofchronist und Prinz Philipps Erzieher.

Sepúlveda war in jenen Tagen ein berühmter Mann. Er hatte in Spanien und Italien studiert und in Bologna die Doktortitel der Theologie und der Freien Künste erworben. Er war ein anerkannter Aristoteles-Übersetzer, stand hoch in Gunst bei Papst Klemens VII. und genoß das Vertrauen des Kardinals Cajetan. Seine Bücher erschienen in Paris und Rom, so 1535 sein »Democrates«. Im selben Jahr wurde er Karl V. vorgestellt und ein Jahr später dessen Hofkaplan und Hofchronist.

Für ihn steht fest, daß die Indios genau dem entsprechen, was er aus seinen Aristoteles-Studien kennt: Es sind Barbaren auf einer so niederen Kulturstufe, daß man sie als »Sklaven von Natur« einschätzen muß – und dementsprechend mit ihnen verfahren kann. Er legt seine Gedanken in dem Buch »Democrates alter« nieder und kommt um Druckerlaubnis ein, doch die wird ihm vom Indienrat verweigert. Er wendet sich an den Kastilienrat, doch der ist dafür nicht zuständig. Er überweist den Text an die Universitäten Salamanca und Alcalá (vielleicht auf das Betreiben Las Casas') – und auch diese sprechen sich gegen eine Druckerlaubnis aus; ihr Votum: »Eine Lehre, nicht frei von Irrtümern und Fehlern.«[294]

Sepúlveda kämpfte also auch in eigener Sache in dieser Kontroverse, so wie Las Casas sein persönlicher Gegner war, da ihn der Einfluß dieses Mannes auf Kaiser und Prinz nicht gleichgültig lassen konnte.

Die Debatte entzündet sich im Grunde an einer Interpretation der Papstbulle »Inter cetera«, die den Königen von Kastilien die Oberherrschaft über die Neue Welt zuspricht:

»Nachdem Ihr alles – und besonders die Erhöhung und Ausbreitung des katholischen Glaubens – sorgfältig geprüft hattet, so wie es katholischen Königen und Fürsten geziemt, habt ihr daher vorgeschlagen, nach Sitte Eurer königlichen Vorfahren berühmten Angedenkens die genannten Festländer und Inseln und deren Bewohner mit Gottes Gnade Euch zu unterwerfen und zum katholischen Glauben zu bekehren.«[295]

Was aber heißt nun »Euch zu unterwerfen«? Sepúlveda hebt ab auf die Prozedur: »Anwendung von Waffengewalt« – Las Casas hebt ab auf das Ergebnis: »Neue Völker werden Untertanen« (und das ging unter den Herrschern des Hauses Habsburg auch ohne Krieg). Die Frage lautet:

»Ist es Seiner Majestät erlaubt, gegen diese Indios Krieg zu führen und sie seiner Herrschaft zu unterwerfen, noch ehe man ihnen den Glauben verkündet hat, weil sie nach ihrer Unterwerfung leichter belehrt und bequemer durch das Evangelium über ihre Irrtümer und die christliche Wahrheit aufgeklärt werden können? – Dr.Sepúlveda vertritt die zustimmende Partei und behauptet, daß ein solcher Krieg nicht nur erlaubt, sondern angebracht und nützlich sei. Der Herr Bischof besteht auf Ablehnung und sagt, dies sei nicht nur nicht angebracht, sondern auch nicht erlaubt, vielmehr ungerecht, und widerspreche unserer christlichen Religion.«[296]

»Es begründet der besagte Dr. Sepúlveda seinen Urteilsspruch, kurz gesagt, mit folgenden vier Argumenten: erstens wegen der Schwere der Verbrechen, die diese Menschen begehen, vor allem den Götzendienst und andere Sünden wider die Natur; zweitens die Unterentwicklung ihres Geistes, die sie zu Barbaren und Sklaven von Natur macht, wodurch sie verpflichtet sind, denen zu dienen, die feineren und vornehmeren Geistes sind, wie die Spanier; drittens aus Glaubensgründen, denn die Unterwerfung erleichtert die Predigt und die Kraft zu überzeugen; viertens wegen der Schäden, die sie sich untereinander und gegenseitig zufügen, indem sie Menschen töten, sei es, um sie zu opfern oder um sie zu fressen.«[297]

Für Dr. Sepúlveda ist jeder Krieg gegen die Indios gerechtfertigt allein schon deshalb, weil sie Götzendiener sind und ihren falschen Göttern sogar Menschenopfer darbringen. Diese Auffassung war so allgemein und selbstverständlich, daß der Standpunkt Las Casas' nicht nur jenseits allem Vorstellbaren war, sondern daß es fast unbegreiflich erscheint, daß hier die Inquisition nicht eingegriffen hat. Las Casas stand in seinem achtzigsten Lebensjahr, als er seine Ordensbrüder an die »Apologie« erinnert, die er in jenem Streitgespräch verlas:

»Es waren mehr als hundert Bögen in Latein und noch einige mehr in Spanisch, in denen ich viele Schlußfolgerungen vorlegte, die vor mir kein Mensch zu berühren oder zu schreiben wagte und deren eine war: Es ist weder gegen das Gesetz noch gegen die natürliche Vernunft seclusa omni lege positiva humana vel divina, dem wahren Gott oder einem falschen, den man für den wahren hält, Menschenopfer darzubringen.«[298]

Aus der Debatte selbst:

»Zu dem, was der erlauchte Doktor noch ins Feld führt: wenn jene Götzendiener und Barbaren ihre Religion oder ihren Götzendienst gerechtermaßen verteidigen, wie ich gesagt habe und noch sage und wie es mein ›Confesionario‹ klar bezeugt, dann folge daraus, daß sie ihre Abgötter gerechterweise und ohne Sünde verehrten. Ich antworte darauf und wiederhole, was ich gesagt habe: Den Irrtum oder das irrende Bewußtsein vorausgesetzt, in dem diese Götzendiener befangen sind (daß nämlich jene ›Götter‹ wahrhaft Gott sind und sie in ihnen wahrhaft Gott verehren und anbeten), so haben sie nicht nur das Recht, oder besser gesagt probablen Grund, ihre Religion zu verteidigen, sondern sie sind dazu durch das Naturrecht verpflichtet, und wenn sie das nicht tun und nicht bereit sind, wenn es notwendig sein sollte, ihr Leben zur Verteidigung ihrer Religion und ihrer Götzen oder Götter hinzugeben, begehen sie Todsünde und fahren nur wegen dieser Sünde zur Hölle. Der Grund ist, daß wir Menschen alle natürlicherweise verpflichtet sind, Gott mehr zu lieben und ihm mehr zu dienen als uns selbst, und infolgedessen seine Ehre und seine Verehrung verteidigen müssen bis zum Tod. Und es gibt in bezug auf diese Verpflichtung keinerlei Unterschied zwischen denen, die den wahren Gott erkennen, wie wir Christen, und denen, die ihn nicht kennen und also irgendeinen Gott für wahr halten.«[299]

Die zweite Session fand statt in der Zeit von April bis Mai 1551. Sie ging zu Ende, ohne daß die Mitglieder der Junta zu einer Einigung gekommen wären: ein Abschlußcommuniqué wurde nicht erstellt. Die Richter reisten ab in ihre Heimatorte, und der Indienrat bemühte sich jahrelang vergeblich um ihre schriftliche Stellungnahme.

Jedoch: sämtliche Conquistas blieben suspendiert, bis am 13. Mai 1556 Philipp II., nunmehr König von Spanien, dem Vizekönig von Peru die notwendigen Vollmachten zugehen ließ, um von nun an wieder Entdeckungsreisen und die anschließende Ausbeutung des Entdeckten in die Wege zu leiten. Das Wort »conquista« wurde dabei vermieden. Waffengewalt sollte nur im Fall von Widerstand erlaubt sein. Der neue König entsprach damit einer Entscheidung, die sein kaiserlicher Vater unmittelbar vor seiner Abdankung getroffen hatte.

Die Kloster-Pensionäre

Im September 1550 informiert der Kaiser seinen Botschafter in Rom, Las Casas verzichte auf sein Bischofsamt, und im Januar des folgendes Jahres wird der Verzicht vom Papst bestätigt. Nun, nach dem Abschluß der Sepúlveda-Kontroverse, kauft sich Las Casas, zusammen mit seinem Freund Ladrada, in das Kolleg San Gregorio in Valladolid ein. Eine solche Möglichkeit war in der Regel des Ordens vorgesehen; ein Bischof, der früher dem Orden angehört und später demissioniert hatte, konnte auf Wunsch in einem der Konvente Wohnung nehmen. Natürlich gab es da eine Reihe von Voraussetzungen zu erfüllen. Man brauchte die Genehmigung vom Ordensgeneral, vom Provinzial, dazu ein päpstliches Breve. Ferner muß Las Casas vor dem gesamten Kapitel feierlich beschwören, sich nicht in den Lehrbetrieb einzumischen – diesen Schwur verlangt man von all den großen alten Herrn, die das Haus mit den jüngeren Lehrern teilen wollen – weiter, Ratschläge nur dann zu erteilen, wenn er ausdrücklich darum gebeten wird.

Nach dem Vertrag erhalten er und Ladrada drei neue Zellen eingeräumt, einen Diener gestellt, volle Verpflegung und ärztliche Betreuung, wann immer nötig, den ersten Platz im Chor, das Recht, nach eigenem Willen zu kommen und zu gehen, und schließlich einen Begräbnisplatz in der Sakristei. Billig ist das Ganze nicht; er muß eine einmalige Zahlung von 2000 Golddukaten leisten, dazu pro Jahr die Summe von 150000 Maravedis, also 400 Dukaten.

Las Casas hat nie in seinem Leben über ausreichende Mittel verfügt, ausgenommen in seiner Zeit als Encomendero und solange das auf Cuba erworbene Vermögen ausreichte. Nach dem Fehlschlag von Cumaná wurde er Bettelmönch. Als Bischof stand ihm zwar ein Gehalt zu, doch mit der Auszahlung gab es nicht selten Schwierigkeiten. Alles in allem lebte er in recht dürftigen Verhältnissen, die bisweilen an wirkliche Not grenzten. Dies ändert sich erst, als er Beisitzer des Indienrates wird, eine offizielle Stellung bei Hofe hat und eine jährliche Rente von 200000 Maravedis bezieht. Dazu vermacht ihm, ganz unverhofft, ein Bürger der Stadt Guatemala eine Erbschaft von 1430 Dukaten. Mit den Nachzahlungen der noch fehlenden Bischofsgehälter kann er nun die Forderungen des Kollegs begleichen.

Er ist jetzt 66 oder 67 Jahre alt.

Er soll ein mustergültiger Pensionär des Hauses geworden sein, bescheiden wie ein Novize. Er betet viel, beichtet oft, so als ob die Sorge für seine Indios umschlagen würde in ein Gefühl der Ohnmacht, in der er sich der Nachlässigkeit zeiht, und manchmal hören die Kollegialen die Donnerstimme seines Freundes und Beichtvaters Ladrada aus der Zelle tönen, die dem jetzt schwerhörigen Las Casas vorhält:

»Bischof, paßt auf, daß ihr nicht zur Hölle fahrt, denn ihr nehmt euch der armen Indios nicht so an, wie es eure Pflicht ist!«[300]

Das Jahr in Sevilla

1551 nimmt Las Casas als Vertreter des Königs am Generalkapitel seines Ordens in Salamanca teil, auf dem man die Neugliederung der Ordensprovinzen in Übersee beschließt. Dort ist Las Casas auch unaufhörlich bemüht, Missionare für seine Indios zu werben. Am 1. Mai dieses Jahres ergeht eine königliche Anordnung an alle Ordensoberen, ihn bei dieser Anwerbung zu unterstützen. Am 9. Dezember folgt die Anweisung an den Indienrat, Passage und Verpflegung für zweiunddreißig Mönche auszuzahlen, die Bischof Las Casas nach Chiapa entsende. Mit gleichem Datum ergeht die Anweisung, dem Bischof die Kosten zu erstatten, die ihm durch die Begleitung der Mönche nach Sevilla entstehen. Für ihre Unterbringung bis zur Abfahrt erhält der Konvent San Pablo 55 000 Maravedis ausbezahlt.

Im Januar 1552 trifft Las Casas in seiner Geburtsstadt ein. Am 1. Februar bringt er zwölf Mönche an Bord, kurz darauf weitere neun. Am 25. Oktober schreibt er diesen wütend verzweifelten Brief an den Indienrat:

»Es ist ein Hohn und spottet aller Gerechtigkeit, was hier geschieht. Die Flotte ist jetzt seit zehn Monaten dabei, die Schiffe zu beladen und abzufertigen, und zwar so: die schwarzen Schiffe der Armada, deren Aufgabe es ist zu kämpfen, sind gerammelt voll beladen, und am meisten überladen ist das Kapitänsschiff, durch die Habgier des Teufels und seines Bruders; so konnte es nicht auslaufen, wieviel Wasser auch im Meer war. Dazu, sagt man hier, würde eine Sintflut nötig sein. Man hat gewartet, bis die starken Südweststürme kamen. Sie waren so heftig, daß sie zwei Schiffe aneinander schlugen; man mußte sie aufgeben. Es ist ein Jammer zu sehen, wie die Menschen zugrunde gehen, die vor Hunger sterben, Männer und Frauen. Es sind fünf- oder sechstausend Menschen, die in ihrer Not alle möglichen Verbrechen begehen. Wer soll den Schaden ersetzen, den eine solche Flotte – dreiundsechzig oder vierundsechzig Schiffe – verursacht?«[301]

Dieses dreiviertel Jahr vergeblichen Wartens hat nur knapp die Hälfte der Mönche ausgehalten. Mit den letzten vierzehn ist Las Casas nun schon fünfunddreißig Tage in Sanlúcar. Er hat sie an Bord gebracht, aber sie sind nach wenigen Tagen wieder an Land gekommen. Die Geduld der meisten ist nun erschöpft. Als in der zweiten Novemberhälfte die Flotte endlich die Anker lichtet, sind es nur noch sechs Missionare, die in die Neue Welt mitfahren.

Las Casas hat während der überlangen Wartezeit in Sevilla seine wichtigsten Traktate in Druck gegeben.

Eine Druckerlaubnis für sie hat er nicht beantragt – und folglich auch nicht erhalten. Es handelte sich ganz offenbar nicht um eine »Veröffentlichung«, sondern um Privatdrucke, eine Vervielfältigung mit Hilfe der Druckerpresse anstelle von handschriftlichen Kopien. Sie waren nicht für den Buchhandel bestimmt, sondern für einen kleineren Leserkreis: Prinz Philipp, die Mitglieder des Indienrats, für die Missionare des Dominikanerordens, die Las Casas so auf ihr künftiges Wirkungsfeld vorbereiten wollte.

So war am Ende nicht alles verlorene Zeit gewesen. Und da in San Pablo, wo er wohnte und vormals die Bischofsweihe empfing, sich auch die große Bibliothek des zweiten Columbus-Sohnes Fernando befand, die reiches Material über die Entdeckung Amerikas enthielt, nimmt er hier die Arbeit an seiner »Historia de las Indias« wieder auf und verfaßt »heute, welches ist das Jahr 1552«, eine Einführung in dieses Werk.

An ihrem Schluß zählt Las Casas die Gründe auf, die ihn bewegen, seine »Historia« zu schreiben; die drei letzten sind seinem Volk und den Indios, den Conquistadoren und den Mönchen gewidmet:

»... Um mein spanisches Volk aus dem schweren Irrtum und dem höchst verderblichen Trug zu befreien, in dem es lebt und bis zum heutigen Tag gelebt hat – in der Meinung, diesen ozeanischen Völkern fehle das Wesen des Menschen; so hat man aus ihnen rohe Tiere gemacht, unempfänglich für Tugend und Lehre, hat das Gute, das sie haben, verfälscht und das Schlechte, das in ihnen steckt, vergrößert. Ihnen (den Indios) will ich, auf irgendeine Weise, die Hand geben, damit sie nicht auf immer, wegen der ganz und gar falschen Vorstellung, die man von ihnen hat, niedergeschmettert in abgrundtiefer Entmutigung verbleiben . . .«

». . . Um die Prahlerei und über alle Maßen eitle Ruhmsucht vieler (Conquistadoren) zu dämpfen und das Unrecht nicht weniger aufzudecken, die sich der lasterhaften Werke und verdammungswürdigen Schlechtigkeiten rühmen, als könnten sie sich so zu heldenhaften Männern mit gewaltigen Taten herausputzen . . .«

». . . Letztlich, um kundzutun, auf anderen Wegen, als andere es taten, von der Größe und gewaltigen Zahl der bewunderungswürdigen und staunenswerten Taten, die, wie wir glauben, in den schon vergessenen Jahrhunderten niemals vollbracht worden sind.«[302]

»Der Autor und Urheber dessen ist, nach Gott, Don Fray Bartolomé de las Casas, Ordensbruder des hl. Dominikus und Bischof der Ciudad Real der Llanos de Chiapa – der ich, durch Gottes Gnade, der Älteste an Jahren bin, der ich länger gelebt und mehr Zeit in Erfahrung zugebracht habe als irgendwer, der heute lebt, wenn es nicht vielleicht doch einen oder zwei in Westindien gibt. Deo gratias. Die Historia beginnt.«[303]

Encomienda auf ewig?

Die Geschichte Spaniens wurde in jenen Tagen nicht nur auf der Iberischen Halbinsel und in den Ländern Westindiens geschrieben, sondern auch in Deutschland und in den Niederlanden, in Frankreich und England. Das machte es dem Prokurator aller Indios nicht gerade leicht, seine Mandanten so zu vertreten, wie er sich dies gewünscht hätte. Im Frühjahr 1553 war er nach Valladolid und ins Kolleg San Gregorio zurückgekehrt.

Der Kaiser befand sich noch immer in Deutschland. Seit zehn Jahren hatte er, der König von Spanien, sein Land nicht mehr betreten. Die Wirren der Reformation hielten ihn im Norden fest. Fast drei Jahre war auch Prinz Philipp außer Landes. Von August 1548 bis Juli 1551 zog er mit seinem Vater auf einer Präsentationsreise durch Deutschland und die Niederlande. Die Hoffnung Karls V., seinen Sohn auf diese Weise als Nachfolger in der Kaiserwürde bestätigt zu sehen, erfüllte sich nicht. Ein ganzes verlorenes Jahr saß Philipp in Augsburg fest, während in Spanien Maximilian und Marie an seiner Stelle regierten. Sie war eine Tochter Karls V. und er der Sohn von dessen Bruder Ferdinand. Durch Heirat unter Blutsverwandten blieb alles in der Familie.

Die Mutter Karls und Ferdinands, Johanna die Wahnsinnige, lebte, seit ihrem dreißigsten Lebensjahr umnachtet, in Tordesillas. Nominell noch immer Mitregentin, wurde in jedem königlichen Erlaß ihr Name nach dem Kaiser, ihrem Sohn, aber vor ihrem Sohn als dem König von Spanien genannt.

Ihre jüngere Schwester, Katharina von Aragón, hatte König Heinrich VIII. von England geheiratet, der dann mit der römischen Kirche brach, weil ihm der Papst die Scheidung von ihr verweigerte. Unter dessen Sohn Edward VI. kam es auch in England zur Reformation. Als dieser 1553 starb, kam seine Halbschwester Maria Tudor auf den Thron, die Tochter der Katharina von Aragón, eine Cousine Karls V. Der witterte eine Chance, das Land der katholischen Kirche zurückzugewinnen. Er tritt seinem Sohn das Königreich Neapel ab, und König Philipp von Neapel, künftiger König von Spanien, der Niederlande und Westindiens, heiratet seine zehn Jahre ältere Tante Maria und siedelt, dem Namen, nicht der Regierungsgewalt nach König von England, dorthin über. In Spanien regiert nunmehr seine jüngste Schwester, die jetzt neunzehn Jahre alte »princesa gobernadora« Juana.

In Peru war es unterdessen zu neuen Unruhen gekommen. Kaum verließ Pedro de la Gasca das Land, entfachte einer der königlichen Offiziere, Francisco Hernández Girón, einen neuen Aufstand. Er richtete sich gegen eine bessere Behandlung der Indios, und nur mit Hilfe der Indios konnte er 1554 niedergeschlagen werden. Girón wurde hingerichtet.

Im selben Jahr erschien am Hof ein Lizentiat Ribera, von den peruanischen Encomenderos ermächtigt, der in Geldnot befindlichen Krone die ungeheure Summe von acht Millionen Pesos anzubieten – als Gegenleistung für die endgültige Umwandlung der zeitlich befristeten Encomienda in eine »auf Ewigkeit«.

Der Kaiser, in Flandern, schlug seinem Sohn in London vor, klären zu lassen, ob ein solcher Verkauf der Indios rechtlich zulässig sei.

Prinz Philipp berief, dem Wunsch seines Vaters gemäß, eine Junta ein. Gewichtigster Gegner einer Encomienda auf Ewigkeit war Bartolomé Carranza de Miranda, Dominikaner und ein alter Freund Las Casas'. Dieser hält ihn über die Dinge in London auf dem laufenden. Die Antwort des Las Casas vom August 1555 wird ein sehr persönlicher Brief, offen, ohne jeden Vorbehalt und frei von all den Rücksichten, die er dem Kaiser, dem Prinzen und dem Indienrat gegenüber sonst zu nehmen hat – ein seltenes und für den Menschen Las Casas sehr erhellendes Dokument.

»Es sind jetzt sechzig Jahre und eins mehr, daß jene unschuldigen Völker beraubt, tyrannisiert und vernichtet werden, und vierzig, daß der Kaiser in Kastilien regiert, und niemals, bis auf Flickwerk, hat er dem abgeholfen.«[304] »Es wird niemand geben, Padre, der diesen unseren katholischen Fürsten die Augen öffnet und sie begreifen läßt, daß sie in Westindien nichts besitzen, was auch nur einen Heller wert wäre und das sie guten Gewissens an sich bringen könnten.«[305] »Und heute, an diesem Tag, ereignet sich dasselbe, wird auf gleiche Weise geraubt, tyrannisiert und zerstört durch jene Repartimientos, und diese Welt breitet sich aus und geht dem Ende zu, und es gibt keinen lebenden Menschen, es sei denn ein Schwachkopf, der es wagte, mir das abzuleugnen oder das Gegenteil zu sagen.«[306]

Las Casas weiß, wie drüben das Verbot, freie Indios als Sklaven zu verkaufen, umgangen wird. Encomenderos, die nach Spanien zurückkehren wollen, bieten ihre ganze zusammengeraffte Habe zum Verkauf an, darunter auch die Hemden, die ihre Indios auf dem Leibe tragen, ein Hemd für vierzig oder fünfzig Castellanos – klar, daß bei diesem Preis der Indio in dem verkauften Hemd steckenbleibt. Und nun soll die gesamte Indiobevölkerung Perus regelrecht verkauft werden!

»Welch größere Beleidigung könnte Gott und seinen Geboten durch einen christlichen Fürsten zugefügt werden, welch größerer Hohn und Spott, der der zeitlichen und ewigen Bestrafung noch würdiger wäre.«[307] Zum ersten mal spricht es Las Casas aus, daß es »eine böse Stunde für die Spanier war, als man Westindien entdeckte«[308] und: »Hätte es doch Gott gefallen, daß sie niemals dorthin gefahren wären!«[309]

Weiter beklagt er, daß weder der Kaiser noch der Prinz in Spanien sind, sondern sich in Flandern und in England »wie in einen Winkel« zurückgezogen haben. Die wichtige Frage der ewigen Leibeigenschaft darf aber nicht in England oder Flandern entschieden werden. Las Casas fleht seinen Freund Carranza an, alles daranzusetzen, daß entweder der Kaiser oder der Prinz nach Spanien zurückkehre, wo sich ihre Berater und die dafür geschaffenen

Gremien befinden, damit diese ungeheure Frage gemeinsam und sorgfältig beraten werde.

»Und ich füge hinzu: Ich glaube, so fest wie ich an Gott glaube, daß die Könige von Kastilien durch göttliches Gebot verpflichtet sind, wenn es auf friedliche Weise nicht möglich ist, durch Krieg und Waffengewalt und mit dem Risiko und der Gefahr für allen zeitlichen Besitz, den sie in Westindien haben, die Indios aus der Gewalt des Teufels zu befreien und sie in ihre ursprüngliche Freiheit zurückzuversetzen, und ihren Königen und natürlichen Herren ihren alten Stand zurückzugeben.«[310] »Endlich, Padre, sage ich, daß ich keinen Zweifel hege: Es gibt kein Heilmittel, die Gemetzel, die die Spanier unter jenen Menschen anrichten, auszurotten, bis nicht der König die Spanier unterwirft und nicht länger ihre über alle Maßen ruchlosen Zerstörungen unter diesen erbarmungswürdigen Völkern duldet. – Wenn man diesen Verrätern nicht den Krieg erklärt und sie vernichtet, dann sage ich voraus: Sie werden derart überhand nehmen, daß der König sich daran erinnern wird, wenn sie ihn aus allem herausgeworfen haben, und das wird das gerechte Gericht Gottes sein.«[311]

Das Volk und der König

Es wird berichtet, man habe in der Londoner Junta Bartolomé Carranza und seinen Gegenspieler Pedro de Castro mit Gewalt voneinander trennen müssen, so feurig verteidigte der Freund des Las Casas »das Buch des Bischofs von Chiapa, das dieser über die westindischen Angelegenheiten verfaßt hat«.[312] Man vermutet, es handle sich um den Traktat »De Regia Potestate«, diesen großartigen Entwurf eines Selbstbestimmungsrechts der Völker.

Hier ist Las Casas' Biografie noch einmal zu überdenken. Er wurde hineingeboren in die Regierungszeit der Katholischen Könige und lebte seine ersten zweiunddreißig Jahre in ihrer Welt. Ferdinand von Aragón und Isabella von Kastilien aus dem Haus der Trastámara stammten von Fürsten ab, die ohne Zweifel sehr unterschiedlichen Ranges waren, politisch, aber auch in moralischer Hinsicht, aber ebenso zweifellos waren sie fern dem burgundischen Zeremoniell, mit dem die Habsburger Karl und Philipp den spanischen Hof überformten. Die Ständevertretung der Bürger in den Cortes büßte ihre alte, stolze Stellung ein. Früher hatte sie jedem neuen König auf ihrer Weise gehuldigt: »Wir, von denen jeder soviel wert ist wie du, und die wir zusammen mehr wert sind als du, sind bereit, dich als unseren König anzuerkennen, sofern du unsere Rechte und Vorrechte achtest, – wenn nicht, dann nicht!«

Diesen Klang sollte man im Ohr haben, wenn man die Texte des Traktats liest, die Las Casas in – zum Teil wortwörtlicher – Übereinstimmung mit anerkannten spanischen Rechtsgelehrten zu Papier gebracht hat. »Die Normen des Rechts beginnen zu existieren exakt mit der Gründung der Städte und der Einsetzung ihrer Ratsversammlungen. Dem entsprechend geht die Staatsgewalt unmittelbar vom Volk aus. Das Volk ist die Wirkursache, welche die Könige, die Fürsten und alle Regierenden hervorbringt: In seinen freien Wahlen haben sie ihren Ursprung. Wenn ein Volk seine Fürsten oder seinen König wählt, gibt es damit seine eigene Freiheit nicht auf.«[313]

»Dem Wesen nach und geschichtlich betrachtet war das Volk eher da als die Könige. Das Volk war verpflichtet, aus den öffentlichen Gütern die Mittel bereitzustellen, die für den Unterhalt des Königs erforderlich waren. Dann bestimmte und dekretierte das Volk die Rechte des Königs.«[314]

»Die Machtbefugnis und die Gerichtsbarkeit des Königs gilt ausschließlich der Förderung der Interessen des Volkes, ohne seine Freiheit zu behindern oder zu beeinträchtigen. So sind die Untertanen nicht der Gewalt des Königs unterworfen, sondern sie unterstehen der Gewalt des Rechts.«[315]

»Kein König oder Fürst kann legitimer Weise durch Schenkung, Verkauf, Tausch oder auf andere Weise der Veräußerung Städte, Dörfer, Burgen oder irgendeinen Winkel seines Landes, so unbedeutend er sei, einem anderen Herrn abtreten. Er kann auch nicht über Hoheitsrechte verhandeln, sofern nicht seine Untertanen, die Bürger und Einwohner der in Frage kommenden Stadt oder Landschaft dem aus freiem Willen zustimmen. Und wenn der König gegen ihren Willen oder mit erzwungenem Einverständnis so handelt, begeht er Todsünde, und eine derartige Veräußerung oder Abtretung besitzt absolut keinerlei juristische Gültigkeit.«[316]

Alle diese Gedanken sind vorgebildet in einer Reihe von Traktaten, die Las Casas 1552 drucken ließ, ohne staatliche Druckerlaubnis zwar, aber sie waren ja auch nicht zur Veröffentlichung bestimmt, und so ließ man es hingehen. Später aber war dies nicht mehr möglich. Als König Philipp die Nachfolge seines Vaters angetreten hatte, verfügte er im Herbst 1556: »Bücher, die westindische Angelegenheiten behandeln, dürfen in Spanien weder gedruckt noch verkauft werden, wenn sie nicht zuvor dem Indienrat vorgelegen haben und geprüft worden sind.«[317]

Alle derartigen Schriften, die früher ohne Lizenz gedruckt wurden (wenn auch nicht für den Verkauf) mußten eingezogen werden; wer von jetzt an gegen das Verbot verstieß, hatte strenge Strafen zu gewärtigen.

Zwei Jahre später verschärft Philipp die Bestimmungen und droht für nicht genehmigte Drucklegung die Todesstrafe an. Jedoch – auch anderswo gab es Druckereien.

1563, also noch zu Las Casas' Lebzeiten, kam als Kaiserlicher Botschafter und Prinzenerzieher der Baron von Dietrichstein nach Madrid, und in seinem Gefolge ein Jurist vom Reichskammergericht in Speyer namens Wolfgang Griesstetter.

»Und damit man nicht glaube, ich hätte die Gründe vergessen, die Reisen ins Ausland rechtfertigen, und in Betracht der Fertigkeit und Gewandtheit, über die die Spanier in der Erklärung und Interpretation der Gesetze verfügen, wollte ich, wenn sich Gelegenheit dazu bot, durch Gespräche lernen und mich durch das Lesen ihrer Traktate weiter bilden. Während ich ernsthaft mit diesen Dingen befaßt war, machte mich ein anerkannter Rechtslehrer mit einem Traktat des sehr berühmten und höchst gelehrten Autors Bartolomé de las Casas, Bischof von Chiapa, bekannt. Er hieß: »Über Könige und Fürsten hinsichtlich der Veräußerung von Gütern, die der Krone gehören.« Nachdem ich ihn gelesen und festgestellt hatte, daß dieser Autor wie kein anderer eine so wichtige und grundlegende Frage aufwarf, untersuchte und analysierte, dachte ich, es sei der Mühe wert, ihn zu publizieren und auch anderen eine so nützliche Lehrmeinung und die Bekanntschaft mit einem so unvergleichlichen Autor zu vermitteln. Dieser Entschluß befestigte sich, als ich vor einem Jahr nach Deutschland zurückkehrte und den Traktat einigen sachverständigen und mir befreundeten Männern zeigte und mich überzeugen konnte, daß ihre Auffassung mit der meinigen übereinstimmte und daß, ihrer Meinung nach, das Buch verdiente, veröffentlicht zu werden.«[318]

So steht es in der Widmung an seinen ehemaligen Dienstherrn zu lesen, den Baron von Dietrichstein, und so kam es zu der ersten wirklichen Veröffentlichung einer Schrift des Las Casas, – 1571 gedruckt in Frankfurt am Main; drei weitere Ausgaben folgten: 1625 in Tübingen,

1678 in Jena und 1701 in Köln. Die erste spanische Ausgabe erschien erst 1822 – aber immer noch nicht in Spanien, sondern in Paris.

Es gilt als sicher, daß dieses Werk in der Heimat des Las Casas der Inquisition angezeigt wurde als in Widerspruch stehend zu den Lehren der Apostel Petrus und Paulus, nach denen die Untertanen verpflichtet sind, der Obrigkeit gehorsam zu sein.

Warten auf den Kaiser

Die Londoner Junta war zu keiner Einigung gekommen. Nun beauftragte Prinz Philipp seine Schwester Juana, die »princesa gobernadora«, die Sache vor den Indienrat zu bringen. Abermals tritt in Valladolid eine Junta zusammen, um in einer ebenso schwierigen wie folgenreichen Frage zu einer Lösung zu kommen. Für die Indios und gegen den Antrag plädieren Bartolomé de las Casas, Rodrigo de Ladrada, Tomás de San Martín, Bischof von Charcas, und Pedro de la Gasca, jetzt Bischof von Palencia. Las Casas' bedeutendster Kontrahent ist der sechsundsiebzigjährige Vasco de Quiroga, ein Vertreter der alten Zwei-Schwerter-Theorie des Hostiensis, aber zugleich ein Freund der Indios*.

Auch Bernal Diaz de Castillo, der Kampfgefährte und Chronist des Hernán Cortés, nimmt auf der Gegenseite »als der älteste noch lebende Eroberer Neuspaniens« an der Versammlung teil. Von ihm gibt es einen lakonischen Bericht über deren Verlauf: »Es wurde sehr viel hin und her geredet. Der Präsident des Indienrates, Marqués de Mondéjar, entschied sich für keine der beiden Parteien, sondern hörte zu, was jeder vorbrachte, und beobachtete, wohin sich die Stimmenmehrheit neigte. Man wartete auf die Rückkehr des Kaisers aus Augsburg.«[319]

Aber der Kaiser kommt nicht wieder. Am 26. September 1555 wurde in Augsburg der Religionsfriede geschlossen; er sicherte den Protestanten dauernden Frieden und ihren bisherigen Besitz an Kirchengütern zu. Von nun an bestimmte der jeweilige Landesherr die Religion seines Landes. Karl V. hat seinen langen Kampf gegen die Reformation verloren. Er nimmt an diesem Reichstag nicht mehr teil und läßt sich von seinem Bruder Ferdinand vertreten. Am 25. Oktober 1555 übergibt er seinem Sohn Philipp die Regierung der Niederlande, am 16. Januar des folgenden Jahres die Regierung Spaniens und Westindiens. Die Kaiserwürde geht auf seinen Bruder Ferdinand über. Karl V. hat abgedankt. Im Herbst verläßt er die Niederlande; er reist nach Spanien und bezieht seinen Alterssitz in Yuste.

Der Prokurator aller Indios richtet nun an den neuen König eine »Summarische Bittschrift«: wie notwendig es sei, die »Encomienda auf ewig« zu verhindern. Er führt zwanzig Gründe an – moralische, theologische, juristische und nicht zuletzt die, um es gelinde zu sagen, Abträglichkeit, die dies in aller Welt für seinen königlichen Namen und glorreichen Ruf zur Folge hätte. Er weiß aber auch, wie schlecht es um die Finanzen des Königreiches bestellt ist (im Jahr darauf erlebt Spanien seinen ersten Staatsbankrott), und so schreibt er unter Punkt 19:

»Da sich Eure Majestät jetzt, angesichts der unaufhörlichen Geldnot, entschließen, die Güter der Indios zu Hilfe zu nehmen, sollte man anordnen und ihnen mitteilen, man werde sie freilassen und ihre Kaziken und natürlichen Herren wieder in ihren Stand und ihre Herrschaft einsetzen; sie werden dies erkaufen und jene Millionen bezahlen, die ein gewisser Herr Ribera so ruchlos verspricht, sofern er sie kaufen darf. Es ist offenkundig, daß jene, die die Königreiche kaufen wollen, die Millionen, die sie versprechen, nicht haben, sondern erst noch aus den Häuten der Indios und aus ihrem Leben herausschinden müssen, bis sie alle tot sind. Um das Land zu sichern, nicht gegen die Indios, sondern gegen die Spanier, sollten Euer Majestät eine Garnison dorthin legen, und alle, die ungute Gedanken hegen, werden zittern.«[320]

Eine Antwort des Königs ist nicht bekannt. Nach entsprechendem Beschluß des Indienrats stimmt König Philipp II. der »perpetuidad de la encomienda« zu. Doch erwies sich alles ungleich schwieriger als gedacht. Die Verhandlungen um immer neue Bedingungen zogen sich über Jahre hin. So wurde es möglich, daß die Indios laut einer Vollmacht vom 19. September 1559 Bartolomé de las Casas und den Provinzial der peruanischen Dominikaner, Domingo de Santo Tomás, beauftragen, mit der Krone einen Vertrag zu schließen, der die »Encomienda auf ewig« ein für allemal zu den Akten legen soll. Sie bieten dafür 100 000 Dukaten mehr als die Encomenderos und sind bereit, falls nötig, bis auf insgesamt zwei Millionen Dukaten hinaufzugehen, zahlbar nach einer Frist von vier Jahren. Von besonderem Interesse ist der Schluß des Memorials, das die Beauftragten der Indios in dieser Sache an den König richten. Er erhellt eindeutig, daß es sich bei dem Angebot nicht nur um schöne Worte handelt.

»Und weil es in diesem Boden viele Gräber mit großen Reichtümern gibt, die die Kaziken nicht verraten wollen, damit nicht die Spanier diese Schätze an sich reißen, möge Seine Majestät durch öffentliche Anordnung befehlen, daß kein Spanier sie anrühren darf, wenn die Indios sie ausgraben; und von allem Gold, Silber und Edelgestein wollen sie Seiner Majestät ein Drittel geben, während zwei Drittel ihnen verbleiben.«[321]

Philipp war unschlüssig und entschied nichts, und schließlich verlief alles im Sande.

Der Carranza-Prozeß

Im Frühjahr 1557 bezog Karl V. seine letzte Residenz – Yuste. Und in diesem Jahr erfuhr er, man habe in Sevilla eine protestantische Gemeinde aufgespürt, im Jahr darauf eine weitere in Valladolid. Der Kaiser, der das Augsburger »cuius regio, eius religio« nie verwunden hatte, geriet außer sich. Er schrieb an Philipp: »Mein Sohn, dieser schwarze Handel, der sich hier erhoben, hat mich empört und aufgebracht, wie du es dir wohl vorstellen kannst. Triff sofort Vorkehrungen, um ihn mitsamt seinen Wurzeln auszurotten, durch die größte Strenge und die härteste Bestrafung.«[322] Und noch wenige Tage vor seinem Tod fügt er in seinem Testament einen Auftrag an den Sohn hinzu: »Ich befehle ihm, als Wichtigstes und Hauptsächlichstes, daß die Ketzer vernichtet und bestraft werden mit allem nur möglichen Nachdruck der Gewalt, ohne Ausnahme, ohne Barmherzigkeit und ohne Beachtung des Standes, der Würde und der Person der Angeklagten.«[323]

In diesem Jahr 1558 beruft König Philipp Bartolomé Carranza auf den Erzbischofsstuhl von Toledo. So wird Carranza Primas der katholischen Kirche in Spanien. Noch im gleichen Jahr wird er, angeblich wegen häretischer Lehrsätze in seinen Büchern, bei der Inquisition denunziert. Die Verfolgung aller der Ketzerei Verdächtigen ist Sache des Generalinquisitors Fernando Valdés, Erzbischof von Sevilla und durch die Berufung Carranzas nach Toledo zu Unrecht, wie er meint, übergangen. Er veranlaßt die Regentin, Prinzessin Juana, ihrem kaiserlichen Vater mitzuteilen, »mehrere Lutheraner hätten bei ihren Aussagen Carranza belastet; wäre er nicht Erzbischof, hätte man ihn schon verhaftet«[324].

Am 21. September 1558 stirbt Karl V. Carranza ist in der

Sterbestunde bei ihm, spendet die letzte Ölung und reicht ihm das kleine Kruzifix, das auch die Kaiserin bis zu ihrem Tod umklammert hatte, und er spricht vom Kreuzestod Christi als der entscheidenden Quelle der Gnade. Dem anwesenden Großkomtur von Alcántara erscheint das doch sehr protestantisch ...

Im Januar 1559 findet das erste Ketzer-Autodafé in Valladolid statt; im August wird Carranza gefangengenommen und dort eingekerkert; im September wird ein Autodafé in Sevilla abgehalten, ihm folgt im Oktober ein weiteres in Valladolid; diesmal präsidiert König Philipp.

Im November steht Las Casas – von Carranza als Entlastungszeuge benannt – zum ersten Mal vor dem Inquisitionstribunal. (Es wird noch drei weitere Anhörungen geben.) Da jeder weiß, daß diese beiden Männer befreundet sind, versucht die Gegenseite, Las Casas wegen »Parteilichkeit« abzulehnen. Dem wird nicht stattgegeben. Carranza seinerseits lehnt den Generalinquisitor Valdés als Richter ab, kann damit aber die Eröffnung des Prozesses nicht verhindern.

Bemerkenswert ist, daß Las Casas keinerlei Angst zeigt. Der Großinquisitor erkennt in den Schriften des Angeklagten häretische Ansichten. Las Casas gibt zu Protokoll, daß er darin nichts Häretisches gefunden habe. (Das heißt: sollte die Gegenseite obsiegen, stünde auch er im Verdacht der Ketzerei.) Aber er geht noch einen Schritt weiter: er bestreitet die moralische Kompetenz des Generalinquisitors. Er stellt fest:

Auf dem Konzil von Trient waren es die spanischen Prälaten, die vor allen anderen die Residenzpflicht der Bischöfe gefordert haben, und keiner hat sich so sehr dafür eingesetzt wie Carranza. Er hat eine eigene Schrift zu diesem Thema vorgelegt und darauf bestanden, daß der Bischof durch göttliches Recht gehalten sei, alle Pflichten seines Amtes am Orte seines Amtes selbst auszuüben, statt andernorts Wohnung zu nehmen und seine Pflichten einem Vikar zu übertragen. So hat es das Konzil beschlossen; aber jeder weiß, daß Valdés sich seit Jahren nicht um diese Pflicht gekümmert hat, nicht einmal, als es in Sevilla zu einer Hungersnot gekommen war. – Carranza lehrt, daß aus Kirchengütern keine Majorate gemacht werden dürfen; Valdés hingegen kauft in seinem unglaublichen Nepotismus Ländereien auf, um für einen seiner Neffen ein Majorat aus Kirchengütern zu errichten. – Carranza wendet sich gegen die übliche Praxis, hohe geistliche Würdenträger zu Präsidenten der königlichen Räte und Kanzleien zu machen, und eben dieser Vorwurf trifft Valdés. Und schließlich: Las Casas unterstützt Carranzas Antrag auf Ablehnung des Generalinquisitors als Richter in diesem Prozeß, indem er auf die leidenschaftliche Voreingenommenheit Valdés' Carranza gegenüber hinweist.

Tatsächlich enthebt der König nach dieser Prozeßphase Valdés der Leitung des Gesamtprozesses. Einige Jahre später verliert Valdés alle Funktionen eines Inquisitors und behält lediglich den Titel eines Großinquisitors. Der Prozeß geht aus verschiedenen Gründen, die mit Carranza nichts zu tun haben, erst 1576 zu Ende. Zehn Jahre nach seinem Tod behält Las Casas auch in diesem Punkt noch recht: Häretisches ist dem Erzbischof von Toledo nicht nachzuweisen. Knapp drei Wochen nach dieser Urteilsverkündung stirbt Carranza.

Der Lacandonenkrieg

1559 – Las Casas ist jetzt fünfundsiebzig Jahre alt. Er hat in diesem Jahr als Prokurator der Indios von Peru der Krone ein überraschend hohes finanzielles Angebot vorgelegt, um die »Encomienda auf ewig« abzuwenden. Er stand in diesem Jahr zum ersten Mal als Entlastungszeuge Carranzas vor dem Inquisitionsgericht. Nun erfährt er in diesem Jahr den schwersten Schock: Die Spanier von Chiapa und Guatemala und die Indios der Verapaz ziehen gemeinsam aus zu einer Strafexpedition ins Land der Acalaes und der Lacandonen. Der von ihm selbst erwählte Nachfolger, Bischof Tomás de Casilla, segnet Waffen und Fahnen. Don Juan, der Kazike der Indios von Cobán, läßt achtzig (nach anderen Quellen achtzehn) Anführer der Acalaes hängen und führt hundertachtzig Gefangene nach Cobán; dort werden sie als Sklaven verkauft. Das Land Acalá läßt man nahezu zerstört zurück. Die spanischen Truppen bringen hundertfünfzig Lacandonen nach Guatemala, darunter auch den Kaziken, ihr religiöses Oberhaupt.

Was war geschehen, und was steckte dahinter? Man muß zwölf Jahre zurückgehen. Damals, 1547, hatte Las Casas ein Schreiben des Prinzen erwirkt, daß die Provinzen Lacandón, Tezulutlán, Cobán und Acalán, durch Pedro de Angulo und andere Mönche in Frieden zum Glauben geführt, von nun an Verapaz heißen sollten. Der Prinz, noch keine zwanzig Jahre alt, stimmte dem Wunsch zu, aber er war etwas genauer als Fray Bartolomé – er sprach von den Provinzen, »die sie auf friedliche Weise gewonnen haben und noch gewinnen werden«[325]. Und es stellte sich heraus: das eigentliche »Kriegsland« war nicht Tezulutlán, sondern Lacandón und Acalán, und diese Indios lehnten jeden Kontakt mit den Spaniern ab.

Auf Vorschlag Las Casas' schreibt Prinz Philipp zwei Briefe gleichen Inhalts an die Audiencia de los Confines und an die Dominikaner der Verapaz: Jahr für Jahr kommen Lacandonen-Krieger in die Dörfer des ehemaligen Kriegslandes, zerstören sie, nehmen die Bewohner gefangen und rauben und stehlen. Es ist dringend erforderlich, alles zu versuchen, um sie auf friedliche Weise für den Frieden zu gewinnen und ihnen den christlichen Glauben nahezubringen – eine Aufgabe für die, die ihnen am nächsten wohnen, die Dominikaner der Verapaz.

Tomás de la Torre, damals Prior in Guatemala, und Domingo de Vico, Prior von Cobán, hatten sich schon Ende 1550 oder Anfang 1551 in das Gebiet der Acalaes gewagt, »wohin bis jetzt kein Mönch und kein Spanier je gekommen war«[326]. Sie fanden dort Freunde und Feinde – letztere wohl in der Überzahl, und gründeten die Missionssiedlung »San Marcos«; doch diese bestand nicht lange.

1555 machten sich Domingo de Vico und ein Gefährte, Andrés Lopez, auf nach San Marcos. Sie lehnten das Angebot des Kaziken Don Juan, sie mit dreihundert Soldaten seines Volkes zu begleiten, ab und entwaffneten auch die dreißig christlichen Indios, die mit ihnen zogen. Die Acalaes riefen die mit ihnen verbündeten Lacandonen zu Hilfe, und die beiden Mönche und alle Indios in ihrer Begleitung wurden umgebracht, die Kirche zerstört.

Am 22. Januar 1556 wendet sich die Regierende Prinzessin an den Präsidenten und die Richter der Audiencia de los Confines und verlangt eine Strafexpedition.

»Durch ein Schreiben des Bischofs von Chiapa, Don Fray Tomás Casillas, haben wir erfahren, daß seine Diözese in Unruhe versetzt wird durch einige benachbarte Dörfer der Ungläubigen. Unter denen sind am gefährlichsten Puchutla und Lacandón. Diese, so sagt man, fügen dem Glauben am meisten Schaden zu. Es vergeht kein Jahr, in dem sie nicht irgendein Dorf zerstören, und im vergangenen Jahr 1555 verbrannten sie zwei Siedlungen, etwa fünfzehn Meilen von Ciudad Real de Chiapa entfernt. Und wie man dem Bischof versichert hat, sind weitere vierzehn Dörfer zerstört worden. Die Ungläubigen kommen bei Nacht und fallen über das Dorf her, töten viele Leute und nehmen andere gefangen; sie opfern die Kinder auf den Altären, reißen ihnen die Herzen heraus und beschmieren mit ihrem Blut die Heiligenbilder, die sich in der Kirche befinden; und am Fuße des Kreuzes opfern sie andere. Dies getan, rufen sie mit lauter Stimme: ›Christen, sagt euerm Gott, er soll euch verteidigen!‹ Und sie verbrennen die Kirche und die Häuser des Dorfes und schleppen viele Gefangene mit sich fort.«[327]

»Nach der Zerstörung des Dorfes erhoben sich vier andere Dörfer in seinem Bistum und, überredet durch ihre ungläubigen Nachbarn, sagten sie ihrem Glauben ab, denn sie sahen, daß die von Puchutla und Lacandón nicht bestraft wurden und daß sie furchtlos alles wagen konnten, den Glauben zu beleidigen und die erst jüngst Getauften zu verunsichern.«[328]

In der Theorie einer friedlichen Mission war eine mögliche Glaubensverweigerung vorgesehen. Ein Kernsatz der Missionslehre Las Casas' lautet: »Die Ungläubigen, welche niemals den Glauben empfingen, die vom Glauben nichts wissen wollen oder die Glaubensverkündiger nicht bei sich dulden, kann man dafür weder bestrafen, noch darf ihnen Leid oder Zwang angetan werden.«[203]

Doch darum ging es hier nicht. Der Plan einer Lacandonen-Mission war aufgegeben worden. Was hier in Gang kam, war nichts anderes als eine regelrechte »indianische Reconquista«, und mit einer solchen Möglichkeit hatte offenbar niemand gerechnet – auch Las Casas nicht.

Am 28. Januar 1558 tritt in Cobán das Kapitel der Dominikaner zusammen, um die Frage zu klären, ob es dem König erlaubt sei, gegen die Indios von Puchutla und Lacandón Krieg zu führen – »nicht, weil sie Ungläubige sind oder Menschenfleisch äßen oder dergleichen, sondern weil sie Kirchen und Dörfer verbrennen, Heiligenbilder zerbrechen und ihren Götzen Christenkinder opfern.« Und ihre Antwort lautet: »Es ist dem König nicht nur erlaubt, gegen sie Krieg zu führen, sondern er ist in seinem Gewissen dazu verpflichtet und, um seine Untertanen zu verteidigen, die aus Lacandón und Puchutla gänzlich zu vernichten.«[329]

Der Krieg kann beginnen. Danach wird die Provinz Verapaz wieder auf das reduziert, was sie ursprünglich war, das Kriegsland Tezulutlán. Der König beschließt, diese Region vom Bistum Chiapa abzutrennen und daraus ein eigenes Bistum zu machen. Er fragt Las Casas um Rat, und der schlägt ihm Pedro de Angulo als Bischof vor, dem als erster die Leitung der Missionsarbeit in der Verapaz übertragen worden war.

Am 27. Juni 1561 empfängt er in Cobán die Bischofsweihe.

Von Pedro de Angulo hatte Las Casas in zwei Briefen erfahren, welche »desastres« hier und in der nächsten Umgebung zu beklagen waren; am Ende dieses Jahres schrieb ihm Tomás de la Torre: Er habe seit acht Jahren nicht ein einziges Wort von ihm gehört – man befürchte, er sei gestorben. Las Casas antwortet zwar, nicht ihm direkt, sondern in einem langen Brief »An die Dominikaner von Chiapa und Guatemala«, aber über die Lacandonen-Mission und den Lacandonen-Krieg hüllt er sich in Schweigen.

»Die zwölf Zweifel«

Am 26. Februar 1566, in seinem Todesjahr, wird Bartolomé de las Casas noch einmal zum Prokurator der peruanischen Indios berufen, und immer noch geht es um die »Encomienda auf ewig«. Es hat sich nichts geändert und es ändert sich nichts. Der dritte Vizekönig von Peru, Andrés Hurtado de Mendoza, Marqués de Cañete, schreibt an Philipp II.:

»Ich fand dieses Land in einer heilloseren Verfassung, als ich je gedacht hätte. In dem neugegründeten Pueblo, das sie La Paz nennen, fand ich als Corregidor und Obersten Richter einen gewissen Juan Remón installiert, einen Soldaten, der sich dort als starker Mann fühlt. Dieser hält gleich 200 Kampfgenossen aus, verbraucht seine Rendite und macht noch Schulden dabei. Jetzt fordert er von mir ein zweites Repartimiento, er bräuchte es wegen seiner zweihundert Freunde, und pocht darauf ohne eine Spur von Höflichkeit. Majestät möchte doch Persönlichkeiten von einigem Ansehen als Beamte hierher schicken; diesen würde nicht gleich das Hirn verrückt wie einem, der in Spanien Matrose gewesen ist oder den Steigbügel gehalten hat und nun auf einmal über eine Jahresrente von 10000 bis 12000 Pesos verfügt.

Ich mache mich schon auf einen Krieg gefaßt, und fast würde ich ihn begrüßen, auch wenn ich dabei mein Leben verlöre. Euer Majestät aber gebe ich zu bedenken, daß man in diesem Reich mit sanften Medizinen und Amnestien nicht mehr auskommen wird wie vormals. So man nicht hart durchgreift, wird Euer Majestät dieses schöne und reiche Land verlieren. Die Behandlung der Indios durch die Encomenderos ist schlimmer denn je; man müßte hinter jeden spanischen Bürger einen Vizekönig stellen, damit er die

Eingeborenen nicht beraubt, ausbeutet und quält. Obwohl ich ein harter Mann bin, bricht es mir das Herz, was ich hier mit ansehen muß. Es steht so schlimm, seit hier die Beschränkung der Tribute aufgehoben und die persönliche Arbeitsverpflichtung wieder eingeführt wurde, und die Indios werden immer weniger. Wenn Gott hier nicht hilft, wird es gehen wie auf der Insel Santo Domingo.«[330]

Seit Las Casas vor etwa dreißig Jahren das Kloster in Santo Domingo verlassen hatte, beschäftigt ihn das Schicksal Perus. In jenem Brief »an eine Persönlichkeit des Hofes«, in dem er von seiner mißglückten Peru-Reise und der Landung in Nicaragua erzählt, stand schon die Frage: »Sagen Sie mir, Euer Gnaden, hat man in dem erlauchten und hohen Rat untersucht, ob die Tötung Atabalicas Rechtens war und ebenso der Raub seines Königreichs und seiner großen Schätze?«[331] Diese Frage bewegt ihn noch immer, als er jetzt, im Januar 1564, seinen Traktat über die »Zwölf Zweifel« schreibt, sein letztes großes Werk.

Am 20. Juni 1566 – einen Monat vor seinem Tod – wird Bartolomé de las Casas in den Indienrat bestellt. Er soll dabei sein, wenn auf Anordnung des Königs dieser Traktat verlesen wird.

»Guainacápac (Huayna Capac) war Herrscher über Peru. Er regierte von Chile bis Quito ein Gebiet von tausend Meilen. Er starb, als die Spanier nach Peru kamen. In dieser Zeit lebten seine beiden Söhne Atabaliba (Atahualpa) und Guáscar (Huascar) und viele andere. Diese beiden, Atabaliba und Guáscar, waren nun die Herrscher und regierten, als die Spanier nach Peru kamen. Beide führten Krieg gegeneinander. Diese beiden Herrscher und alle Söhne Guainacápacs sind inzwischen gestorben, doch leben noch viele Enkel des besagten Guainacápacs. Einen von ihnen, der sich Tito nennt, halten die Indios heutigen Tags für ihren König im Gebiet der Anden, und dorthin habe er sich zurückgezogen. Offen bleibt die Frage, ob der König von Spanien nicht verpflichtet ist, diesen Inka namens Tito von dort zurückzuholen und ihm die Herrschaft über Peru zu geben (vorbehaltlich seiner universellen Herrschaft und obersten Staatsgewalt, um ihn im Zaum zu halten, sollte er rebellieren wollen), oder ob er ihn guten Gewissens in den Anden lassen kann, wo er sich jetzt aufhält, seiner Herrschaft beraubt.«[332]

Für Las Casas kann es darauf nur eine Antwort geben.

»Die Könige von Peru und ihre Erben sind Oberherrscher jener Königreiche durch Naturrecht, göttliches und Völkerrecht; werden sie Christen, verlieren sie weder ihren königlichen Status, noch haben sie damit den König von Kastilien als universalen Herrscher und Kaiser anerkannt.«[333]

»Der Katholische König von Kastilien, unser Herr, ist verpflichtet, so er auf Erlösung hofft, die Königreiche von Peru dem Inka, Enkel des Guainacápac, zurückzugeben. Und er ist verpflichtet, den übrigen Herren zurückzugeben, was das Ihre ist.«[334]

»Sollten die Encomenderos gegen den König von Spanien rebellieren, wenn er den Königen von Peru ihre Königreiche zurückgibt, weil sie auf ihre Repartimientos nicht verzichten wollen, ist der König von Spanien verpflichtet, gegen sie Krieg zu führen und, wenn es nötig sein sollte, dabei zu sterben, um jene unschuldigen Menschen zu befreien, die von ihnen unterdrückt werden.«[335]

Es ist unglaublich, was Las Casas, ein »Untertan«, seinem Souverän zu sagen wagt, und fast noch unglaublicher ist, daß König Philipp II diesen Text akzeptiert und anordnet, ihn im Indienrat zu verlesen.

Las Casas wendet sich in den »Doce dudas« auch an die Kirche und ihre Diener. Da alles Vermögen, das die Encomenderos aufgehäuft haben, von den Indios geraubt oder erpreßt ist, und also nicht wirklich ihr Eigentum, so sind alle, die von den Encomenderos Geld oder Geldeswert annehmen, zur Rückgabe an die Indios verpflichtet, auch die Männer der Kirche – »der Kaplan für den Dienst in der Seelsorge, die Priester dafür, daß sie Messe lesen, andere, die einem nahelegen, Kirchen oder Klöster zu errichten, und die Mönche, die von ihnen Bücher und Almosen empfangen.«[336]

Die Kirche darf keinen Zehnten fordern für Ländereien, die zwar jetzt von Christen ausgebeutet werden, aber in Wirklichkeit den Indios gehören[337].

»Todsünde begehen die Mönche und Geistlichen, die von den Encomenderos Almosen und milde Gaben annehmen, sowohl für den Bau von Kirchen und Klöstern, wie für den Dienst am Altar mit Silber, Gold und Edelsteinen, die Kaplaneien einrichten und Grund und Boden dafür zur Verfügung stellen.«[338]

Bei Kathedralen und Pfarrkirchen sind zu taxieren der Baugrund, das Baumaterial und die Arbeitskosten für die Indios, die nicht bezahlt worden sind; alles das ist den Indios zu erstatten. Andernfalls gäbe man damit den Encomenderos ein schlechtes Beispiel und verhinderte so stillschweigend, daß jene Wiedergutmachung leisten.

Der letzte Text

Am 7. Januar 1566 wurde der Dominikaner Antonio Michele Ghisleri als Pius V. auf den Stuhl Petri erhoben. Eine halbe Stunde nach vollzogener Wahl teilte ein Prälat der Bischofskirche von Chiapa, der sich gerade in Rom aufhielt, dem ehemaligen Bischof seiner Diözese die erfreuliche Nachricht mit. So konnte Las Casas noch kurz vor seinem

Tode dem Papst in einer Bittschrift unterbreiten, was ihm besonders am Herzen lag.

»Es ist Unrecht, wenn der Bischof die Sprache seines Kirchenvolks nicht beherrscht und nicht daran arbeitet, sie sorgfältig zu lernen. Darum ersuche ich Eure Heiligkeit demütig, ihnen zu befehlen, die Sprache ihrer Schafe zu lernen, und ihnen klarzumachen, daß sie dazu durch das göttliche und das Naturrecht verpflichtet sind.

Ein sehr großes Ärgernis und ein nicht geringer Schaden für unsere allerheiligste Religion ist es, wenn sich in dieser neuen Pflanzung Bischöfe, Geistliche und Mönche bereichern, während ihre gerade bekehrten Gemeinden in einer so übergroßen und unglaublichen Armut verbleiben, daß viele durch Gewaltherrschaft, Hunger, Durst und übermäßige Arbeit Tag für Tag auf das allerelendeste sterben. Darum ersuche ich Eure Heiligkeit demütig, zu erklären, daß solche Geistlichen durch das göttliche und das Naturrecht verpflichtet sind, alles, was sie an Gold, Silber und Edelsteinen erworben haben, zurückzuerstatten, denn sie haben es an sich gebracht und Menschen weggenommen, die äußerste Not litten und noch heute darin leben, wo sie doch durch das göttliche und das Naturrecht verpflichtet wären, ihre eigenen Güter an sie zu verteilen.«[339]

Tod und Begräbnis

Bartolomé de las Casas starb am 18. Juli 1566 im Dominikanerkloster »Nuestra Señora de Atocha« vor den Mauern der Stadt Madrid. Alte Zeugnisse berichten: »Er starb im Dienste seines Amtes und bat alle, in der Verteidigung der Indios weiterzumachen; er bereute, darin so wenig erreicht zu haben, und forderte sie auf, dies mit ihm zu beweinen.«[340] »Er wurde aufgebahrt im Altarraum der Klosterkirche, und wenn auch die Exequien vom Superior mit der größten Feierlichkeit zelebriert wurden, – der Bischofsstab aus Holz und das arme Bischofsgewand, mit denen er begraben werden wollte, sind ein kostbares Dokument seiner Demut und Bescheidenheit; seit er sich aus der Welt zurückgezogen hatte, waren sie – nach seiner Menschlichkeit – seine vornehmsten Tugenden.«[341] Es heißt, Las Casas sei »unter großer Anteilnahme von ganz Madrid« im Atocha-Kloster beigesetzt worden[342].

Doch – wo liegt er begraben? Es gibt eine Tradition, die von einer Überführung der sterblichen Reste nach Valladolid spricht; in der Sakristei des Kollegs San Gregorio habe man sie bestattet (ganz so, wie es der Wohnvertrag bestimmte). Später seien sie in die Klosterkapelle überführt worden, in der alle Konventualen ihre letzte Ruhe fanden[343]. Andere, wohl die meisten, halten am Grab im Atocha-Kloster fest. Antonio Maria Fabié, der 1879 die erste neuere Las-Casas-Biografie und eine Reihe seiner Schriften herausgab, bemühte sich, das Grab »in den Kapellen und Kellergewölben, so wie sie heute existieren« zu lokalisieren – jedoch vergeblich. Auch hier hatte die Geschichte mitgespielt.

Im 19. Jahrhundert gab es viel Raub und Zerstörung zu beklagen – durch die Truppen Napoleons, die Karlistenkriege. Atocha war aufgegeben worden, und erst hundert Jahre später, 1926, wurde die neuerbaute Kirche ihrer Bestimmung übergeben. Zehn Jahre später, zwei Tage nach Ausbruch des Spanischen Bürgerkriegs, wurde der Konvent überfallen, die meisten Mönche ermordet, die Kirche niedergebrannt. Wieder zwanzig Jahre später, 1956, berichtet Reinhold Schneider, der deutsche Schriftsteller, was er in Atocha vorfand:

»Wir haben nach einem anderen Grabe gesucht und fanden es nicht: dem Grab des Las Casas. Er starb zweiundneunzigjährig im Dominikanerkloster in Atocha; so lange hat seine eigensinnige Kraft das Leid der Welt getragen. Aber wo er liegen mag, ist eine neue, eine nicht sehr erfreuliche Kirche im Stil einer Moschee gebaut worden (nicht weit von dem großen Bahnhof). Und nun wird dort wieder gebaut; der kalkig weiße Boden ist aufgewühlt. Auch das Kloster ist neu. Aber die Dominikaner haben doch den Platz behauptet; sie haben ihn im Bürgerkrieg mit ihrem Blute bezahlt. Nur ein alter, fast tauber Pater sei noch am Leben aus der alten Zeit, erzählt ein freundlicher junger Bruder. Er sei auf wunderbare Weise der Erschießung entronnen. Vielleicht wüßte er etwas von Las Casas. Aber wir wollen ihm seinen späten Frieden nicht stören. Die Brüder hoffen, daß die Bauarbeiten den Grabstein, vielleicht das Gebein zu Tage fördern in der Gegend eines zwischen Schutt und Steinen verirrten Campaniles. Dann würde der große Ankläger und Anwalt der Gerechtigkeit endlich zu seiner Ehre gelangen. Im Gang der tragischen Geschichte der europäischen Expansion ist die Größe des Vaters der Indios offenbar geworden. Er ist heute kein Ankläger mehr, er ist Verteidiger der Heimat, Sprecher des christlichen Gewissens. Aber vielleicht auch wird sich keine Spur seines Grabes mehr finden. Er ist eingegangen in die Geschichte, in das Fortleben der Toten.«[344*]

Testament und Vermächtnis

Vierzehn Tage nach dem Tod Las Casas' wird sein Testament eröffnet:

»Und da ich eine große Anzahl von Briefen erhalten habe, Botschaften von vielen Mönchen der drei Orden und zahlreichen anderen Personen aus fast ganz Westindien, die Nachricht geben von den Missetaten und Ungerechtigkeiten, die Angehörige unseres Volkes begangen haben und noch heute begehen, und in denen ich inständig aufgefordert werde, vor den Königen und dem Indienrat für die Betroffenen einzustehen und Abhilfe zu schaffen, und weil diese Briefe Zeugnisse der Wahrheit sind, die ich mit Gottes Hilfe immer und seit vielen Jahren verteidigt habe, und sie als überprüfte Geschichte von vielen und glaubwürdigen Zeugen dienen werden –

darum bitte ich den Hochwürdigsten Herrn Rektor dieses Kollegs San Gregorio, er möge einen der Kollegialen, der weniger beschäftigt ist, damit beauftragen, daß diese Briefe, die ich im Kolleg in unseren Zellen gelassen habe, und die, die sich hier in Atocha befinden, die ich bislang erhalten habe und noch täglich erhalte, zu einem Buch zusammengefaßt werden, geordnet nach Monaten und Jahren, in denen sie geschrieben wurden, und nach den Provinzen, aus denen sie gekommen sind – und daß man dieses Buch in der Bibliothek aufbewahre, damit man erkenne, wenn Gott sich entschließen sollte, Spanien zu zerstören, daß dies geschieht um der Zerstörung willen, die wir in Westindien verübt haben, und daß sichtbar werde der Grund seiner Gerechtigkeit.«[345]

Im Testament Las Casas' fand sich außerdem folgende Bestimmung:

»Ich vermache dem genannten Kolleg San Gregorio alle meine Schriften in Latein und Spanisch, die sich von meiner Hand geschrieben vorfinden und die Angelegenheiten der Indios behandeln, ferner die ›Historia General de las Indias‹, ebenfalls in Spanisch und von meiner Hand geschrieben. Es ist mein Wille, daß sie auf keinerlei Weise das Kolleg verläßt, es sei denn, um gedruckt zu werden, wenn Gott diesen Zeitpunkt gewähren sollte, wobei die Originale für immer im Kolleg bleiben sollen.«[346]

Doch schon fünf Jahre danach verfügt der Präsident des Indienrats, daß der Rektor des Kollegs San Gregorio alle Schriften Las Casas' an einen noch zu benennenden Beauftragten auszuhändigen habe. Das Interesse an einer fundierten Geschichtsschreibung war erwacht:

»Damit das Gedächtnis an die denkwürdigen und bedeutsamen Geschehnisse, die sich in Westindien zugetragen haben, erhalten bleibt und mit der größten Genauigkeit und Wahrheit aufgeschrieben wird, die möglich ist.«[347]

Für das neugeschaffene Amt eines »Cronista mayor« wurde der Sekretär des Präsidenten bestimmt. Am 24. September 1579 geht diesem die Anordnung zu, alle Schriften Las Casas' in Verwahrung zu nehmen und sie niemandem zugänglich zu machen, es sei denn auf ausdrücklichen Befehl des Königs.

Es gab aber auch die acht von Las Casas selbst in Druck gegebenen Traktate; ihre Wege ließen sich nicht mehr verfolgen, und es konnte geschehen, daß einer davon in die falschen Hände fiel. Der Aufstand der Niederlande, beginnend im August 1566, einen Monat nach dem Tod Las Casas', verhalf seiner »Brevisima« zu einem »sensationellen Erfolg«. 1578, zehn Jahre nach der Hinrichtung der Grafen Egmont und Hoorne, erscheint die erste holländische Übersetzung des »Allerkürzesten Berichts«; als dann im Westfälischen Frieden die Vereinigten Niederlande ihre Unabhängigkeit erreichen, gibt es in Europa schon zweiunddreißig Ausgaben der »Brevisima«. Der ersten, noch ganz neuen spanischen von 1646 stehen vierzehn holländische gegenüber und weitere siebzehn, die auf einer Übersetzung des Holländers Jakob von Miggrode beruhten, – sieben französische, drei deutsche und drei italienische, zwei englische und zwei lateinische. Alle Übersetzungen hatten neue Titel bekommen und dazu das Motto Miggrodes: »Den siebzehn Provinzen der Niederlande zu Warnung und Beispiel«.

Mit Bartolomé de las Casas hat das alles nichts zu tun. Absurde Vorstellung, daß er ein antispanisch-antikatholisches Pamphlet hätte schreiben wollen oder können, wie es im Grunde auch unsinnig ist zu sagen, der »Allerkürzeste Bericht« sei seine berühmteste Schrift. Überaus erfolgreich wurde, was andere daraus gemacht haben.

Um der feindlichen Propaganda, die sich lustvoll der »Brevisima« bedient, eine authentische Darstellung der Geschichte Westindiens entgegenzusetzen, wird 1597 Antonio de Herrera zum »Cronista mayor« bestellt. Und hier nun fällt Philipp II. eine wahrhaft königliche Entscheidung. Am 24. September, ein Jahr vor seinem Tod, verfügt er, daß dem Chronisten Herrera für eben diese Arbeit – zur Widerlegung der holländischen Angriffe, die sich auf Las Casas berufen – dessen Schriften ausgehändigt werden. Herrera macht auch ausgiebig von diesem Quellenmaterial Gebrauch*.

Man wird durch diese Entscheidung Philipps einmal mehr daran erinnert, wie eng die Geschichte des Las Casas mit der eigentlichen Geschichte dieses vielgeschmähten Königs verbunden ist. Die Art und Weise, wie Philipp, zunächst als Prinzregent, dann als der König von Spanien und Herr Westindiens auf die Forderungen Las Casas' einging, wie er auf ihn hörte und seine Sache förderte, wie er ihn und seine immerwährende Kritik ertrug, ist außergewöhnlich, ja einmalig, wenn man sich die Landesherren im Europa jener Jahre vor Augen hält. Wer von ihnen, sei es in England oder Frankreich, in Holland oder Deutschland, in Italien oder im Vatikan, hätte einen so unbequemen prophetischen Mahner auch nur neben sich geduldet?

In einer Klausel des Testaments heißt es – und damit geht die Geschichte Bartolomé de las Casas' zu Ende:

»Und ich glaube, daß der Herr wegen dieser gottlosen Taten seinen Zorn über Spanien ausgießen muß (denn alle haben mehr oder weniger teil an dem geraubten blutigen Reichtum) – wenn es nicht große Buße tut; doch ich fürchte, daß es sie zu spät oder gar nicht tun wird, durch die Blindheit, mit der Gott wegen unserer Sünden Große und Kleine geschlagen hat und vor allem die, die als klug und weise gelten und prahlen, die Welt zu beherrschen. Durch deren Sünden und insgesamt durch all dies, sage ich, geschieht diese neue Verdunkelung der Einsicht, so daß man in sechzig Jahren, seit man damit begann, diese Völker zu berauben und auszurotten, bis heute nicht klug wurde und begriff, daß, zu Schmach und Schande unseres heiligen Glaubens, soviel widerrechtliche Aneignung fremder Staaten und Herrschaften und endlich eine derart totale Zerstörung und Entvölkerung Sünde gewesen sind und eine unermeßlich große Ungerechtigkeit.

El Obispo. Fray Bartolomé de las Casas.«[348*]

Nachwort

Es gibt keine historische Gestalt, die uns – Spanier wie Nichtspanier – so in die Geschichte der Entdeckung und Eroberung Amerikas, »wie sie eigentlich gewesen«, einführen könnte, wie Bartolomé de las Casas. In diesem so gern und leichthin bespöttelten Wort Leopold Rankes bedeutet »eigentlich«, daß wir natürlich über diesen Geschichtsabschnitt Bescheid wissen, jedoch – bedingt durch Lügen und Informationsunterschlagung – wohl nicht so ganz zutreffend. Und in der Tat basiert unser Wissen darüber noch heute mehr auf der »leyenda negra«, als uns klar wird.

»Leyenda negra« ist, kurz gesagt, die Hälfte eines Buchtitels. Als Ganzes lautet er: »La leyenda negra y la verdad historica« – »Die schwarze Legende und die geschichtliche Wahrheit (oder Wirklichkeit)«. Der Autor dieses Worts war der Spanier Julián Juderías, der 1913 einen Aufsatz über das Thema schrieb, dafür einen Preis erhielt und 1916 unter demselben Titel ein Buch vorlegte. Es handelt von der antispanischen Propaganda in verschiedenen europäischen Nationen mit den Mitteln der Geschichtsverfälschung. Juderías zeigt solche Geschichtsverdrehungen in drei Themenkreisen auf: Leben und Regierung Philipps II., die spanische Inquisition und die Eroberung Mittel- und Südamerikas. Es sind die drei Lebensbereiche, die die Existenz Las Casas' bestimmen und prägen.

Wie jeder neue und förderliche Denkansatz wurde auch dieser sehr schnell von den falschen Seiten vereinnahmt. Spanische Vaterlandsverteidiger erkannten darin die Möglichkeit, jede unangenehme Wahrheit in der eigenen Geschichte als »leyenda negra« abzutun; das wiederum erlaubte den antispanischen Propagandisten so zu tun, als habe es derartige Geschichtsfälschungen nie und nirgends gegeben: Sie existierten nur als Ausflucht und Trick jener spanischen Chauvinisten. In Wirklichkeit gibt es sie und hat sie immer gegeben. Dieser Widerspruch hängt in gewisser Hinsicht damit zusammen, daß die Geschichte der Conquista zwei Gesichter hat. Sie erscheint als das letzte große Heldenepos des ausgehenden Mittelalters, das alle Ritterromane jener Zeit in den Schatten stellt, oder, wie man auch gesagt hat, als die größte Tat der europäischen Renaissance, und andererseits als das blutige und abscheuerregende Gemälde eines ebenso grausamen wie sinnlosen Völkermords.

Wie steht es nun mit König Philipp, der Eroberung Amerikas und der Inquisition in der »geschichtlichen Wirklichkeit«?

Wenn sich Las Casas als Zeuge vor dem Inquisitionsgericht für seinen Freund Carranza einsetzt und dem prozeßführenden Großinquisitor die moralische Kompetenz abspricht, dann geschieht das nicht von ungefähr: Las Casas hat andere Inquisitoren kennengelernt. Sein Leben als Prokurator der Indios beginnt mit dem Auftritt des ersten Inquisitors in der Neuen Welt. Es war der Dominikanerprior Pedro de Córdoba, unter dem mit der berühmten Adventspredigt von 1511 das erste Manifest über die Menschenrechte der Indios verkündet wurde. Er begann den Kampf, der die heidnischen Indios vor den unchristlichen Spaniern retten sollte. Ihm, letzten Endes, dankt Las Casas seine »Bekehrung«. Ex-Großinquisitor Kardinal Deza ebnet ihm den Weg zu König Ferdinand, und Kardinal Jimenez de Cisneros, Übergangsregent von Spanien und Großinquisitor von Kastilien, macht ihn zum Prokurator aller Indios. Nach dessen Tod ernennt der junge König Karl seinen Erzieher Adrian von Utrecht zum Großinquisitor, und auch der unterstützt die indiophile Politik des Prokurators.

Als Las Casas seine Tätigkeit bei Hof begann, war König Ferdinand bereits todkrank. Den ersten Eindruck von dieser für ihn neuen Welt vermittelte ihm der Regent Westindiens, Bischof Fonseca. Als ihm Las Casas erregt vom Hungertod der siebentausend Kinder auf Cuba berichtete, sagte er nur: »Seht diesen drolligen Narren! Was geht das mich, was geht das den König an?« Unter Karl wäre das schon nicht mehr möglich gewesen, und schon gar nicht unter Philipp. Was immer das Herz des Indioprokurators bedrückte, er konnte sicher sein, der Prinz, der König Philipp, wußte, daß es ihn anging, und er entzog sich seiner Verantwortung nicht.

Zum Dritten: die Eroberung Amerikas. In der »eigentlichen« Geschichte der Neuen Welt hat es niemals ein Spanien gegeben, dessen Conquistadoren den Atlantik überquerten, an Land gingen, unermeßliche Territorien mit grausamster Waffengewalt eroberten, die Ureinwohner besiegten, unterjochten und zu Sklaven und Leibeigenen machten, sie ausbeuteten, peinigten, umbrachten oder verhungern ließen – ohne daß sich nicht gleichzeitig in Spanien und in den Kolonien Widerstand formiert hätte, der den Kampf zum Schutz der Indios gegen die Conquistadoren und Siedler aufnahm und diesen vor Kaiser, Prinz und Indienrat ausfocht. Jede Beschreibung der Eroberung Amerikas ohne adäquate Darstellung dieses Widerstands ist nicht geschichtliche Wirklichkeit, sondern schwarze Legende.

Von größter Wichtigkeit ist dabei, daß Las Casas nicht isoliert dargestellt wird, als weißer Rabe sozusagen, sondern gezeigt wird in dem großen Verbund von Gleichgesinnten, mehr oder weniger Gleichgesinnten, die sich wie er, oder ähnlich wie er, tatkräftig für die Indios eingesetzt haben.

Ein zweiter Aspekt. Wenn ein Mann, noch dazu ein Spanier, hochgesteckten Zielen nachjagt und dabei ein ums andere Mal scheitert und sich Hohn und Spott, Groll und Prügel zuzieht, dann ist eins unvermeidlich: Man nennt ihn einen Don Quijote, und so ist es auch Las Casas ergangen. Nun wäre dagegen nichts einzuwenden, wenn damit jener hochgemute Mann gemeint ist, der in einer schnöden, unchristlichen Welt die Tugenden des fahrenden Rittertums wieder zu Ehren und den Armen und Schwachen, den Gefangenen und Unterdrückten Hilfe bringen will. Dieser liebenswerte christliche Humanismus (wenn auch sein Ansatz ein wenig verschroben oder närrisch ist), hat auch außerhalb des Christentums Verehrer gefunden. Doch besteht die Gefahr, daß hier etwas mißverstanden wird, daß nämlich Männer wie Don Quijote und Las Casas scheitern müssen, weil sie und ihre Vorhaben »weltfremd« sind. Auf Don Quijote mag dieses Wort zutreffen; ganz im Bann seiner Ritterromane, könnte man sagen, lebt er an der äußersten Peripherie der Wirklichkeit. Auf Las Casas trifft das nicht zu.

Las Casas zieht es in das Zentrum der Wirklichkeit, entgegengesetzt der peripheren Existenz all derer, die die Welt überhaupt nicht wahrnehmen, oder nur ganz ungefähr, gerade ausreichend, um darüber mitzureden und Urteile zu fällen. Als Atlantikfahrer und Soldat, als Feldkaplan und Großgrundbesitzer – Las Casas redet nicht und urteilt nicht darüber, sondern setzt seinLeben ein und hat Teil daran, auch an der Schuld. Als er erkennt, daß sein Leben so in falscher Richtung läuft, wirft er seinen Besitz hin; er steigt nicht aus, er steigt ein. Von jetzt an hat er es mit den Mächtigen zu tun, die für das, was geschieht, die Verantwortung tragen, und sie haben es mit ihm zu tun. Wie er sich vor Kaiser, Prinz und Indienrat einsetzt (und immer wieder durchsetzt) – das ist nicht weltfremd. Er ist es auch nicht im Hinblick auf das, was möglich ist. Er macht sich keine Illusionen über die »Christlichkeit« seiner Zeitgenossen, und er weiß (oder hat es gelernt), daß man einer ganz und gar unchristlichen Welt christliches Fühlen und Denken, Handeln und Leben nicht aufzwingen kann; das alles schüttelt sie ab wie ein naßgewordener Hund die Wassertropfen.

Was also ist zu tun? Was kann er tun? Es gibt für ihn nur eine Alternative: Angesichts der Welt, die ist, wie sie ist, wird Handeln töricht und Nichthandeln schmählich; ein Drittes gab es nicht, und Schmach war nicht wählbar. So blieb nur das Handeln, mochte es töricht sein – oder scheinen; was dabei herauskam, stand nicht in seiner Macht. Er hatte damit den äußersten Punkt erreicht, den ein Mensch weg von der Peripherie hin zum Zentrum der Wirklichkeit erreichen konnte.

Was gab ihm Kraft und Einsicht? Es war sein sehr persönliches Christentum. Sicherlich war Las Casas in allem ein Kind seiner Zeit und seiner Nation. Er glaubte dem Hexenwahn und hielt Inquisition für nötig. Er bejahte den Glaubenszwang durch die Könige, um den christlichen Lebenswandel der Untertanen zu gewährleisten. Er nannte jene Kardinäle, die sich von Rodrigo Borja ihre Stimmen zur Papstwahl abkaufen ließen, ein heiliges und erhabenes Kollegium, und glaubte, daß die ungetauft hingemetzelten Indios für alle Ewigkeit in der Hölle gepeinigt würden. Von all dem hat er sich nie distanziert oder dagegen protestiert – nur: alles das hat niemals sein Leben bestimmt. Sein Denken und Trachten gehörte den Indios, ihrem Überleben, der Rückgewinnung ihrer Freiheit; da blieb für anderes kein Raum. Jeder Mensch, jede Gruppe, jede Zeit akzentuiert innerhalb des Christentums anders. Man braucht nur die Bibel aufzuschlagen und zu vergleichen, dann sieht man sofort, welchen Rang »der Nächste« einnimmt und wie sehr am Rande »die Obrigkeit« steht. Und doch kann es geschehen, daß dann und dort die Frage nach der Obrigkeit so wichtig wird, daß man den Nächsten fast darüber vergißt.

Die Akzente, die Las Casas setzte, waren: aus dem Alten Testament der Glaube an einen gerechten Gott, der die Könige unter strengster Strafe verpflichtet, die Armen und Unterdrückten aus den Händen ihrer Unterdrücker zu befreien, und aus dem Neuen Testament die Erkenntnis, daß der Glaube nicht aus Gedanken besteht (oder gar aus Gerede), sondern sichtbar sein muß: im Verhalten des Menschen zum Menschen. Ist er da nicht zu sehen, dann existiert er auch nicht.

Die Befreiung der Indios hat für Las Casas eine klare theologische Voraussetzung: Die Knechtung von Menschen ist nicht in Gottes unerforschlichem Ratschluß begründet, sondern entsteht durch die Tyrannei der Gewaltherrscher. Ihre Macht zu brechen ist ein Gebot Gottes. Nicht ein einziges Mal findet sich in den Schriften Las Casas' eine Vertröstung der Armen auf das Jenseits.

Auf seinem Sterbebett hat sich Las Casas angeklagt, in der Verteidigung der Indios so wenig erreicht zu haben, und dieser Selbstvorwurf war sicherlich nicht deklamatorisch gemeint. Letzten Endes sind alle seine Aktionen zugunsten der Indios gescheitert, auch wenn sie am Anfang wie Siege schienen: die Verabschiedung der »Neuen Gesetze«, die friedliche Missionierung der Verapaz. Doch das ist nicht das letzte Wort. Die entscheidende Frage ist: Was hat er erreichen wollen? Und daran schließt sich an eine weitere: Hat er das erreicht, was er erreichen wollte?

Die Antwort auf die erste Frage ist leicht; sie besteht aus drei Teilen: Erstens – er wollte erreichen, daß die Indios überleben; zweitens – er wollte erreichen, daß sie ihre ursprüngliche Freiheit zurückerhalten; drittens – er wollte erreichen, daß sich die Indios, lebendig und frei, zum christlichen Glauben bekehren.

Hat er erreicht, was er erreichen wollte? Nun, über die

Freiheit und über die Christlichkeit der Indios wird man diskutieren dürfen, aber daß Indios die Conquista überlebt haben, ist sicher. Nur: Ist das das Verdienst Las Casas'? Mit festen Behauptungen ist hier nichts gewonnen. Fragen wir anders. Was konnte Las Casas überhaupt – und wie konnte er es bewirken? Die Regierungsgewalt lag in den Händen des Königs; er konnte sie seinem Sohn, dem Prinzen, übertragen. Auch der Indienrat hatte Regierungsfunktion. Alles, was der Prokurator der Indios erreichen konnte, war, den König, den Prinzen und den Rat in seinem Sinne und zugunsten der Indios zu beeinflussen – gegen die Einflußnahme anderer Parteigänger, die das Gegenteil bewirken wollten. Das hat Las Casas zweifellos erreicht.

Eine andere Frage ist, was dem König in seinem Herrschaftsbereich möglich war, zumal bei einem Volk, das seinem Fürsten auf jeden Befehl mit Lust antwortete: »Ich gehorche, aber ich tu's nicht!« Das, was die Spanier, die in Westindien siedelten, gewinnen wollten, waren Reichtum und Ansehen, und dem diente nicht die Christianisierung, sondern die Versklavung der Indios. Insofern mußte der König – und mit ihm Las Casas – scheitern. Und doch wäre es falsch, von einem Scheitern schlechthin zu sprechen.

Jede Conquista verlief nach immer demselben Schema. Zuerst erfolgte die Besitznahme des Landes und die Unterwerfung der Einwohner mit Waffengewalt und sinnlos scheinenden Gemetzeln. Doch waren diese Schlächtereien kühl geplant; die schier unglaubliche zahlenmäßige Unterlegenheit der Spanier wurde so durch das zitternde Entsetzen der Indios wettgemacht. Nach der »Befriedung« erfolgte die Zuteilung der Indios an die Spanier und ihre und des Landes Ausbeutung. Diese zweite Phase, so schlimm sie immer war, forderte weniger Tote als die erste. Was nun hier für jede einzelne Conquista gilt, gilt auch für das Zeitalter der Conquista schlechthin. Und das heißt: Wem es gelang, die erste Phase der Schlachten und Gemetzel zu überleben, der hatte eine gewisse Chance davonzukommen. So zeigt sich, jede Anklage Las Casas', jede daraus resultierende Verfügung des Königs warf Sand in das Getriebe der Vernichtung: die Einreiseverbote für spanische Siedler und Soldaten in bestimmte Missionsgebiete, die »Neuen Gesetze« und der darauf folgende Bürgerkrieg in Peru, die Suspendierung aller neuen Entdeckungs- und Ausbeutungszüge über sechs Jahre. Es gelang zwar den Conquistadoren und Siedlern immer wieder, sich den königlichen Gesetzen und Anordnungen zu entziehen, aber der Vernichtungsprozeß verlangsamte sich doch, geriet stellenweise ins Stokken, und so wurde das Entscheidende möglich: daß die Zeit der Conquista zu Ende ging, ehe es mit den Indios zu Ende gegangen wäre. Las Casas hat das Seinige dazu getan.

»Wenn jemand dazu beigetragen hat, die Lage der Indios zu verbessern, dann sicherlich Las Casas; der unstillbare Haß, den ihm alle Gegner der Indios, alle, die fest an die Superiorität der Weißen glaubten, entgegengebracht haben, ist dafür ein ausreichendes Indiz. Er hat dieses Resultat mit den Waffen erzielt, die ihm am besten entsprachen: indem er wie ein Besessener schrieb. Er hat ein unauslöschliches Bild von der Vernichtung der Indianer hinterlassen, und jede einzelne Zeile, die ihnen seither gewidmet worden ist – einschließlich dieser hier – ist ihm etwas schuldig. Niemand hat es wie er verstanden, mit solcher Hingabe eine ungeheure Energie und ein halbes Jahrhundert seines Lebens darauf zu verwenden, das Schicksal der anderen zu verbessern.«[349]

Anmerkungen

* (S. 15) 1974 wurde in Spanien und in Lateinamerika der 500. Geburtstag Las Casas' gefeiert. Ein Dokument, das dieses Datum beglaubigt hätte, gab es nicht. Zwei Jahre danach legten Helen Rand Parish und H. E. Weidmann ein Protokoll vor, in dem der Kleriker Bartolomé de las Casas am 19. September 1516 als Zeuge vor Gericht beschwört, einunddreißig Jahre alt zu sein. Somit müßte er im letzten Quartal 1484 oder aber erst 1485 das Licht der Welt erblickt haben. Man hat allgemein, aber ohne zwingenden Grund, dem Jahr 1484 den Vorzug gegeben.

* (S. 21) 1508 bewilligte Papst Julius II. den Katholischen Königen das Patronat über die zu gründende Kirche in Amerika. Damit war eine Entwicklung abgeschlossen, die mit der Schenkungsbulle Alexanders VI. begonnen hatte. Durch das Patronat wurde nicht nur allen anderen christlichen Fürsten Europas eine Teilnahme an der Amerikamission untersagt – auch der Papst selbst hatte sich von der Pflicht, die Neue Welt zu missionieren, dispensiert. Das Patronat blieb während der gesamten Kolonialzeit, also bis ins 19. Jahrhundert, in Kraft.

* (S. 33) Las Casas berichtet in der »Historia«, Columbus habe nach eigenen Angaben 1,1 Millionen Ureinwohner auf Española gezählt, doch das könne sich nur auf die bereits Tributpflichtigen beziehen. Vier große Provinzen seien damals noch gar nicht von den Spaniern erkundet worden. So hält er selbst eine Schätzung von 3 Millionen für realistischer.

* (S. 34) Er erwähnt diese Reise mit einem Halbsatz in seiner »Apologetica Historia«: ». . . und ich sah dies im Jahr 7, will sagen 1507, als ich von Westindien nach Rom fuhr.«[350]

* (S. 79) Als Gehalt bezog Las Casas 100 Goldpesos im Jahr. »Das war damals nicht wenig, denn noch hatte man die Hölle von Peru nicht entdeckt, die mit ihren ungezählten Zentnern Gold Spanien arm gemacht und zerstört hat.«[351]

* (S. 90) »Im Jahre 1444 machten die reichsten und angesehensten Bürger der Stadt Lagos dem Infanten den Vorschlag, sich an einer Expedition in schon entdecktes Land zu beteiligen und sicherten ihm einen entsprechenden Gewinnanteil zu. Der Infant ging darauf ein, und sie rüsteten sechs Karavellen aus. – Sie kamen zur Insel Nar, und am Fronleichnamstag (an guten Tagen gute Werke) bei Sonnenaufgang fielen sie über die Bevölkerung her. Die Menschen waren durch den jähen Schreck und die plötzliche Untat verstört und außer sich: Eltern ließen ihre Kinder schutzlos zurück, Männer ihre Frauen, Mütter versteckten ihre Kinder unter Sträuchern und Pflanzen, – und zu all dem sagt ein portugiesischer Chronist folgende Worte:

›Endlich wollte unser Herrgott, der allem Guten seinen Lohn gibt, daß sie für die Arbeit, die sie an diesem Tag in seinem Dienst geleistet hatten, den Sieg über ihre Feinde errangen und ihren Sold und die Erstattung ihrer Kosten erhielten, indem sie hundertfünfundfünfzig Seelen gefangen nahmen und viele, die sich verteidigten, töteten, während andere, flüchtend, ertranken.‹

Welche Gefühllosigkeit könnte größer sein als diese? Um Gott zu dienen, sagt er, töteten sie so viele dieser Ungläubigen und schickten sie zur Hölle und ließen dieses Land zurück in Wut und Haß auf den christlichen Namen und voller Trauer und Bitterkeit.«[352]

(Schließlich, nach vielen Gemetzeln, kamen die Portugiesen mit 216 Sklaven zurück nach Lagos, und da der Infant, Prinz Heinrich der Seefahrer, Anspruch auf ein Fünftel hatte, wurden am nächsten Tag die Gefangenen in fünf Gruppen aufgeteilt, damit sich Prinz Heinrich seinen Anteil aussuchen konnte.)

»Welches Menschen Herz, so hart es sein mochte, wurde nicht von Mitleid angerührt, wenn er dieses Grüppchen sah? Manche ließen die Köpfe hängen, die Augen voller Tränen, und die einen sahen die anderen an, kläglich wimmernd, und blickten zum Himmel auf, laut heulend, als riefen sie den Vater der Natur um Hilfe an; andere versteckten ihr Gesicht in den Händen und warfen sich ausgestreckt auf den Boden; wieder andere ließen ihr Wehklagen hören wie Gesang, so wie es in ihren Ländern üblich ist, und wenn auch die Worte ihrer Sprache von den unseren nicht verstanden wurden, so verstand man doch ihre Trauer. Und die stieg an, als plötzlich jene, die sie aufzuteilen hatten, ihre Arbeit aufnahmen und einen vom anderen trennten, um gleiche Teile zu machen; und so wurden Kinder von ihren Eltern getrennt, die Frauen von ihren Männern, Geschwister von ihren Geschwistern. Der Infant war anwesend und saß auf einem mächtigen Pferd, begleitet von seinen Leuten. Er verteilte sein Fünftel wie einer, der aus seinem Anteil keinen Schatz aufhäufen will, und gab sich wohlgefällig der Betrachtung hin, daß nun jene Seelen, die früher verloren gingen, gerettet wurden. Und der portugiesische Chronist fügt hinzu:

›Auch wenn die Klagen jener im Augenblick sehr groß waren, besonders, als die Verteilung beendet war und jeder seinen Anteil wegführte, und einige verkauften den ihren, und diese wurden in andere Länder gebracht, und es konnte geschehen, daß der Vater in Lagos blieb, und die Mutter brachten sie nach Lissabon, und die Kinder wieder anders wohin, und bei dieser Trennung wuchs ihr Schmerz im ersten Verlust. Doch trotz all dem: Durch den Glauben an Christus, den sie empfingen, und weil sie nun christliche Kinder zur Welt brachten, wandelte sich alles in Freude.‹

Dies alles schreibt wörtlich der genannte Gomes Eanes, portugiesischer Historiker, der kaum weniger Gefühllosigkeit zu haben scheint als der Infant. Er nimmt nicht wahr, daß weder die gute Absicht des Prinzen, noch das spätere Wohl die Sünden der Vergewaltigung, den Tod und die Verdammnis derer, die ohne Glauben und Sakramente dahinstarben, und die Gefangennahme der Anwesenden, – daß alles dies solch großes Unrecht nicht rechtfertige. Der Irrtum und die Täuschung, in der jene zu jener Zeit lebten, sind offenkundig, und wollte Gott, sie hätten nicht angedauert und dauerten fort bis in unsere Tage.«[353]

(Bevor man anfing, die Gefangenen in Gruppen aufzuteilen, hatte man den stattlichsten Neger als Spende für die Stadtkirche von Lagos ausgesondert und einen zweiten für die Kirche von Kap San Vicente) –

»– als ob sie von dem vergossenen Blut und dem ungerechten und schändlichen Fang Gott seinen Anteil geben wollten, als wäre Gott ein gewalttätiger und ungerechter Tyrann und würde es ihnen danken und sich erkenntlich zeigen für den Anteil, weil diese Elenden nicht wußten, was geschrieben steht:

›Gott billigt die Gaben derer nicht, die sie in Sünde und zum Schaden ihrer Nächsten darbringen als Opfer von dem Geraubten und böse Gewonnenen, wie wenn man dem Vater, um ihn zu ehren und ihm zu dienen den Sohn in Stücke gehackt darbringt.‹ – Dies ist katholische Regel und evangelische Wahrheit: Man darf nicht die kleinste läßliche Sünde begehen, die man sich denken kann, damit das größte Gut hervorgehe, das vorstellbar ist, – und um so weniger derartig große Todsünden.«[354]

* (S. 103) Diese Antwort Las Casas' ist von Gustavo Gutierrez zum Bestandteil der Befreiungstheologie gemacht worden: »Bartolomé de las

Casas und alle, die wie er für die Indianer Partei ergriffen haben, sind Zeugen der Konfrontation zwischen der mittelalterlichen Christenheit und dem ›andern‹ der bis dahin bekannten Welt. Obwohl mit der traditionellen Theologie groß geworden, entdeckten Menschen seiner Zeit dennoch neue Wege, als sie sich bemühten, das Evangelium aus der Sicht der ›gegeißelten Christusse in den Indischen Ländern‹ zu verstehen. – In Bartolomé de las Casas und in den Männern und Frauen, die sich wie er von den Indianern herausfordern ließen, sieht die Theologie der Befreiung ihre Vorläufer auf dem Weg, den sie selbst zu gehen versucht.«[355]

* (S. 148) Der Text wurde tatsächlich in die »Recopilación de leyes de las Indias«, eine zusammenfassende Gesetzessammlung von 1680, aufgenommen.

* (S. 150) Er hatte zwar bereits sehr viel früher die Priesterweihe empfangen, aber damals war für die Weltgeistlichen ein Studium nicht erforderlich; erst 1563, im letzten Jahr des Konzils von Trient, wurde die Einrichtung von Priesterseminaren zwingend vorgeschrieben.

* (S. 168) Wie man Geschichte verfälschen kann, zeigt die Darstellung dieses Sachverhalts durch den holländischen Aufklärer Cornelius de Pauw: »Zu Beginn betrachtete man die amerikanischen Ureinwohner nicht als Menschen, sondern als Orang-Utans, die man ohne Gewissensbisse umbringen konnte. Schließlich, um den Kalamitäten jener Zeit noch das Lächerliche hinzuzufügen, fertigte der Papst eine Bulle aus, in der er erklärte, nachdem er in den reichsten Regionen Amerikas Bistümer gegründet habe, hätte es ihm und dem Heiligen Geist gefallen, die Amerikaner als wirkliche Menschen anzuerkennen; so daß also die Bewohner der Neuen Welt, ohne jene Entscheidung eines Italieners, noch immer in den Augen des Glaubens Lebewesen zweifelhafter Natur wären. Es gibt kein Beispiel ähnlicher Entscheidungen, seit die Erde von Affen und Menschen bewohnt wird.«[214]

* (S. 175) In der Zeit der »Brevisima« spricht Las Casas immer wieder von der »verworfenen Gesinnung«, allein in dieser Schrift viermal, davon einmal in Latein, und so pflegt er die Bibel und die Kirchenlehrer zu zitieren; an anderer Stelle fügt er hinzu: ». . . von der der hl. Paulus spricht.« Das aber geschieht nur im Römerbrief 1,28, also im oben zitierten Text.

* (S. 182) Der Aufstieg des Gonzalo Pizarro hat diese Voraussage bestätigt.

* (S. 189) Es gibt eine nicht weiter bestätigte Überlieferung, nach der Karl V. Las Casas zunächst das Bistum Cuzco angeboten habe, das als das reichste in der Neuen Welt galt, und daß er es aus diesem Grunde abgelehnt habe. Immerhin schreibt Las Casas in einem Brief an den Prinzen Philipp im Hinblick auf seine Diözese von »dem erbärmlichsten Land, das ich mit meinem Willen akzeptierte, obgleich Euer Hoheit mir ein anderes, besseres bestimmte«[246].

* (S. 201) Damals ein Titel, der in Bischofskirchen demjenigen zustand, der die kirchlichen Wissenschaften lehrte.

* (S. 211) Auf der Seite des Vizekönigs kämpften vier Brüder der hl. Teresa von Avila, die in ihrer Heimatstadt als direkte Nachbarn Haus an Haus mit Nuñez Vela gewohnt hatten. Alle vier wurden verwundet, einer erlag seinen Verletzungen.

* (S. 216) Der Haß hat scharfe Augen. Einer von Las Casas' Intimfeinden, der Franziskaner Toribio de Benavente, genannt Motolinía, giftet in einem Brief an den Kaiser: »Er ist ohne Genehmigung des Vizekönigs nach Spanien zurückgekehrt und hat sein Bistum im Stich gelassen, nicht aus Gesundheitsgründen oder um sich in ein Kloster zurückzuziehen, sondern um sich zum Prokurator bei Hof zu machen und zu prokurieren, daß ihn die Indios als Prokurator anfordern.«[285]

* (S. 239) Als Lizentiat der Rechte war er 1530 an das Audienzgericht in Mexico berufen worden. Er kümmerte sich vor allem um die Jugendlichen, kaufte Land auf und errichtete seine »Pueblo-Hospitales de Santa Fé« – Dörfer, die sich aus mehreren Familiengemeinschaften zusammensetzten, jeweils zehn bis zwölf miteinander verwandte Paare unter dem Befehl eines padre de familia. Es ist ein Idealmodell, ausgerichtet nach der »Utopia« des Thomas Morus. Sein Wirken zum Wohl der Indios war so überzeugend, daß er dem Kaiser vom Indienrat für das neugegründete Bistum Michoacán als Bischof vorgeschlagen wurde, und dies, obwohl er noch nicht einmal Priester war. 1538 erhielt er die Weihen.

* (S. 254) Mehr als zwanzig Jahre lang hat sich Reinhold Schneider mit Las Casas befaßt, zum erstenmal in dem Aufsatz »Die Rechtfertigung der Macht«, geschrieben im Jahr nach Hitlers Machtergreifung. Nach dem Anschluß Österreichs und dem Einmarsch ins Sudetenland erscheint sein erfolgreichstes Werk, die Novelle »Las Casas vor Karl V.« Ein Jahr nach Kriegsbeginn legt Reinhold Schneider den Sammelband »Macht und Gnade« vor, eröffnet mit der »Rechtfertigung der Macht«, dazu zwei weitere Aufsätzen, die von Las Casas berichten – »Schuld und Sühne der Konquistadoren« und »Das Ethos Spaniens«. Dieser Sammelband und die Novelle, noch in den Kriegsjahren mehrmals aufgelegt, gehören zu den ersten Büchern, die 1946 wieder in Deutschland gedruckt werden dürfen.

* (S. 257) Noch 1832 befand die Spanische Akademie, daß eine Drucklegung der »Historia de las Indias« nicht nötig sei, da die »Historia« des Herrera alles Wichtige daraus enthalte. Erst 1875/76 wurde sie dann, durch die Überzeugungskraft eines cubanischen Historikers, von der Madrider Akademie in Druck gegeben.

* (S. 258) Dieser Text wird mißverstanden, wenn man ihn nicht innerhalb seiner Zeit begreift. Die Wiederkunft Christi, so glaubte man damals, hat sich unmißverständlich angekündigt, das Jüngste Gericht steht unmittelbar bevor. Martin Luther 1538: »Ich will Deutschland wahrsagen, nicht aus den Sternen, sondern ich verkündige ihm den Zorn Gottes aus der Theologie; denn es ist unmöglich, daß Deutschland ohne schwere Schläge bleiben wird, weil Gott ja jeden Tag gereizt wird, um uns zu verderben.«[356] »Darum weiß ich keinen andern Rat und Hilfe, als daß der Jüngste Tag komme; man kann nimmer helfen, es ist ganz hoffnungslos.«[357] Michelangelo vollendet 1541 in der Sixtinischen Kapelle sein »Jüngstes Gericht« – »eine Vision, in der das Licht der Erlösung nicht gegen die Finsternis des Verderbens aufkommt«.

Glossar

WESTINDIEN. Las Casas verwendet zur geographischen Bezeichnung der Neuen Welt abwechselnd die Namen »las Indias‹ und »las Indias occidentales« – »die Indien« oder »die westlichen Indien«. In der zeitgenössischen Literatur hat sich dann immer mehr der Name »Westindien« durchgesetzt, als klarer Gegensatz zum asiatischen Ostindien, aber ohne die Einengung auf die Großen und Kleinen Antillen, die einer späteren Zeit entstammt. So wird auch in diesem Buch das gesamte von Spanien besetzte Amerika als »Westindien« bezeichnet.

TAINOS und KARIBEN. Die beiden Bevölkerungsgruppen der Ureinwohner, denen die Spanier zuerst begegneten und die sie für lange Jahre als »die Indios« betrachteten. Beide Gruppen stammten aus dem nördlichen Südamerika (Venezuela, Guayana). Etwa um die Zeitenwende begannen Angehörige der südamerikanischen Aruak- (oder Arawak) Völkerfamilie die Kleinen und Großen Antillen zu besiedeln, als letzte von ihnen die am höchsten entwickelten Tainos. Sie wurden im 14. und 15. Jahrhundert durch die Kariben von den Kleinen Antillen vertrieben und auch immer wieder in ihren Wohnsitzen auf den Großen Antillen bedroht. Die Kariben, auf einer sehr viel niedrigeren Kulturstufe, waren (oder galten) als Kannibalen und wurden als wilde Krieger von den friedfertigen Tainos gefürchtet. Es ist denkbar, daß diese die Spanier als Beschützer vor den Kariben begrüßten. Die Tainos wurden sehr bald vollständig ausgerottet, während Karibenstämme über Jahrhunderte Widerstand leisteten und sich vereinzelt bis in unser Jahrhundert erhalten konnten.

VIZEKÖNIGREICHE. Bis zu Beginn des 18. Jahrhunderts war die Neue Welt in zwei Vizekönigreiche unterteilt. Als erstes wurde Neuspanien mit der Hauptstadt Mexico gegründet. Es umfaßte alle spanischen Besitzungen in Nord- und Mittelamerika und (ab 1535) Venezuela. 1543 kam das Vizekönigreich Peru hinzu; es umfaßte ganz Südamerika ohne Venezuela, aber mit Panama. Die Vizekönige waren Beamte des Königs in einem befristeten Dienstverhältnis. Dieser Titel hat also nichts zu tun mit dem, der Columbus verliehen wurde und den man danach nur noch seinem Sohn, und auch dies nur nominell, zugestand.

KASTILIENRAT und INDIENRAT. Als oberste Behörde für bestimmte Erbländer der Monarchen fungierten der Kastilienrat, der Rat von Aragón und der von Navarra. Da die Neue Welt zum Herrschaftsbereich der Könige von Kastilien gehörte, übernahmen einige dafür ausgewählte Mitglieder des Kastilienrats die Verwaltung der Westindischen Angelegenheiten. Ab 1517 nannten sie sich dann Indienrat, wenngleich die offizielle Installation unter diesem Titel erst sieben Jahre später erfolgte.

CASA DE LA CONTRATACION. Die 1503 in Sevilla gegründete Behörde zur organisatorischen und finanziellen Abwicklung aller Übersee-Angelegenheiten.

AUDIENCIA. Appellationsgericht für Prozeßsachen in zweiter Instanz, wurde in Übersee zugleich als Gegengewicht gegen die Machtfülle mancher Gouverneure installiert. Die ersten entstanden in Santo Domingo (1511) und in Mexico (1527).

PROKURATOR. Ursprünglich die Vertreter bestimmter ausgewählter Städte in den Cortes, der Ständeversammlung, neben Adel und Klerus Repräsentanten des Bürgertums. Aber auch Berufs- und Interessengruppen konnten ihre Anliegen vor den Herrschenden von den von ihnen benannten Bevollmächtigten, eben den Prokuratoren, vertreten lassen.

ENCOMIENDA/REPARTIMIENTO. Die Zuteilung (von repartir = zuteilen repartimiento genannt) von Indios als Zwangsarbeiter an die spanischen Siedler begann schon in der Columbuszeit, wurde ausgebaut unter dessen Nachfolger Bobadilla und erhielt ihre endgültige Form unter Ovando, dem dritten Gouverneur. Dieser war, wie Bobadilla, Ordenskomtur, und als solchem war ihm eine Komturei oder Kommende, auf spanisch »encomienda«, zugeordnet. So bedeutet »encomendar« nicht nur »anvertrauen«, sondern auch »als Kommende übergeben«. Es ist bezeichnend für das Selbstwertgefühl der Siedler – ob Hidalgos, Bauern, Arbeiter –, daß sie sehr bald das Wort »repartimiento« durch »encomienda« verdrängten.

GELD. Die gängige Rechnungseinheit war der kupferne Maravedi. Um 1500 machten 375 Maravedis einen Golddukaten (Goldgewicht 3,48 Gramm); 435 Maravedis ergaben einen Gold-Castellano oder Peso d'Oro (Goldgewicht 4,55 Gramm). Zum Vergleich: Anfang Mai 1990 kosteten in der Bundesrepublik Deutschland 10 g Barrengold 250,– DM. Wenn Las Casas 1516 als Prokurator aller Indios ein Jahresgehalt von hundert Goldpesos bekommt, dann entspricht dies 455 Gramm Gold und damit nach heutigem Wert 11 375,– DM. Über den Kaufwert ist damit nichts ausgesagt.

ESPAÑOLA, lat. HISPANIOLA, von Columbus gewählter Name für die Insel Haiti: »la isla española« = die spanische Insel.

Zitatierte Literatur

Drei Viertel aller Zitate stammen aus der fünfbändigen Ausgabe der OBRAS ESCOGIDAS DE FRAY BARTOLOMÉ DE LAS CASAS, erschienen in der BIBLIOTECA DE AUTORES ESPAÑOLES, Madrid 1957/58/61. Sie enthalten in Band 1 und 2 die HISTORIA DE LAS INDIAS (abgek. Historia 1/2), in Band 3 und 4 die APOLOGETICA HISTORIA (abgek. Apologetica 1/2) und in Band 5 die OPUSCULOS, CARTAS Y MEMORIALES (abgek. Opusculos). Die »kritische Einleitung« schrieb Juan Perez de Tudela. Ebenfalls zu Rate gezogen wurde die dreibändige »Historia de las Indias« in der Ausgabe des FONDO DE CULTURA ECONOMICA, Mexico 1951, mit dem Vorwort von Lewis Hanke (abgek. Hanke/Hist.). DE REGIA POTESTATE, Ed. Luciano Pereña, Corpus Hispanorum de Pace, Consejo Superior de Investigaciones Científicos, Madrid 1969.

Weitere Quellenwerke:

Peter Martyr von Anghiera, Acht Dekaden über die Neue Welt, Darmstadt 1972 (abgek. Dekaden).

Christóbal Colón, Los cuatro viajes del Almirante, Madrid 1971.

Bernál Díaz del Castillo, Wahrhaftige Geschichte der Entdeckung und Eroberung von Mexico, Wiesbaden 1982.

Antonio Maria Fabié, Vida y escritos de Fray Bartolomé de las Casas, 2 Bde., Madrid 1879.

Fray Antonio de Remesal, Historia General de las Indias Occidentales, Biblioteca de Autores Españoles, 2 Bde., Madrid 1966.

Zitierte Literatur:

Fray Gonzalo de Arriaga, Historia del Colegio de San Gregorio de Valladolid, Madrid 1928/30.

Marcel Bataillon, Estudios sobre Bartolomé de las Casas, *Barcelona 1976*.

Benno M. Biermann, Las Casas und seine Sendung, Mainz 1968.

Heinrich Fausel, Dr. Martin Luther, Leben und Werk 1522–1546, Gütersloh
Michael de Ferdinandy, Karl V., München 1978.
Lorenzo Galmés, Bartolomé de las Casas, Madrid 1982.
Rudolf K. Goldschmitt-Jentner, Christoph Columbus, Hamburg 1942.
G. Gutierrez, Die historische Macht der Armen, Mainz 1984.
Lewis Hanke, Estudios sobre Fray Bartolomé de las Casas, Caracas 1968.
Joseph Höffner, Kolonialismus und Evangelium, Trier 1972.
R. Konetzke, Süd- und Mittelamerika I, Fischer Weltgeschichte; Bd. 22, Frankfurt a.M. 1965.
Peter Lahnstein, Auf den Spuren von Karl V., München 1979.
Martin Luther, Von weltlicher Obrigkeit, Hamburg 1965.
Niccolo Macchiavelli, Der Fürst, Wiesbaden.
Salvador de Madariaga, Cortés, Stuttgart 1956.
Fr. Schiller, Sämtl. Werke, Bd. 4: Historische Schriften, München.
Reinhold Schneider, Pfeiler im Strom, Wiesbaden 1958.
Tzvetan Todorov, Die Eroberung Amerikas, übers. von W. Böhringer, Wiesbaden.
Zürcher Bibel 1978 (ZB mit weiteren Angaben).

Zitierte Sammelwerke und Aufsätze:

Lewis Hanke y Manuel Giménez Fernandez, Bartolomé de las Casas 1474–1566, Bibliografia Critica, Santiago de Chile 1954 (BCr).
Robert Streit, Bibliotheca Missionum, Freiburg i. Br. 1963
Geschichte in Quellen, Renaissance . . ., München 1976 (Quellen).
Die Eroberung Perus in Augenzeugenberichten, München (Peru).
Beckmann, Der Missionar . . ., Neue Zeitschr. f. Missionswiss. NZM 22 (1966).
Benno M. Biermann, Die Anfäge der Dominikanertätigkeit . . ., Archivum Fratrum Praedicatorum XIII/1943 (Anfänge); – Las Casas und B. de Carranza, AFP 1961 (Carranza); – BdlC und die Gründung der Mission in Verapaz, NZM 16/1960 (Verapaz); – Zur Auseinandersetzung um die Menschenrechte der Indianer, NZM 24/1968 (Menschenrechte).

Die Zitate

1 Fabié 2, 157
2 Opusculos, 539a
3 Lahnstein, 114
4 Luther, 32 + 21
5 Opusculos, 76a/b
6 Historia 2, 459a
Ebd. 2, 268b
Opusculos, 61b
7 Ebd. 538a/b
8 Historia 1, 232b
9 Ebd., 1, 243f.
10 Ebd., 1, 286a
11 Ebd., 1, 404b
12 Ebd., 1, 469a/b
13 Ebd., 1, 20b
14 Goldschmit, 100
15 Macchiavelli, Kap. 21
16 Historia 2, 13b
17 Ebd., 2, 46f.
18 Opusculos, 140a/b
19 Historia 2, 28b
20 Ebd., 2, 29b
21 Colón, 33
22 Ebd., 92
23 Historia 1, 185a
24 Ebd., 1, 288f.
25 Ebd., 1, 397a/b
26 Ebd., 1, 396b
27 Ebd., 1, 319f.
28 Historia 2, 20b
29 Opusculos, 87b
30 Historia 1, 408a
31 ZB, 3 Mos 26,13
32 Historia 2, 12b
33 Ebd., 2, 98b
34 Ebd., 2, 12a
35 Ebd., 2, 32a
36 Ebd., 2, 38a
37 Ebd., 2, 95b
38 Ebd., 2, 125a
39 Ebd., 2, 106b
40 Ebd., 2, 123a
41 Historia 1, 261a
42 Ebd., 1, 246a/b
43 Historia 2, 132b
44 Ebd., 2, 134a/b
45 Ebd., 2, 135
46 Ebd., 2, 135f.
47 ZB, Lk 6,46
48 Ebd., Mt 7,21
49 Ebd., Jak 2,14–17 + 24 + 26
50 Historia 2, 175b
51 Ebd., 2, 176a/b
52 Ebd., 2, 178b
53 Ebd., 2, 222f.
54 Opusculos, 142b
55 Historia 2, 241b
56 Ebd., 2, 238a
57 Ebd., 2, 237a
58 Ebd., 2, 243b
59 Ebd., 2, 243f.
60 Ebd., 2, 244f.
61 Ebd., 2, 251f.
62 Ebd., 2, 355ff.
63 Ebd., 2, 357f.
64 Ebd., 2, 359a
65 Ebd., 2, 360a
66 Ebd., 2, 360b

67 Ebd., 2, 366b
68 Ebd., 2, 367a
69 Ebd., 2, 198b
70 Ebd., 2, 189b
71 Ebd., 2, 188a/b
72 Ebd., 2, 183b
73 Ebd., 2, 211b
74 Ebd., 2, 212a
75 Ebd., 2, 212a
76 Ebd., 2, 369b
77 Ebd., 2, 216b
78 Ebd., 2, 309b
79 Ebd., 2, 308f
80 Ebd., 2, 312a
81 Ebd., 2, 368a
82 Ebd., 2, 369a
83 Ebd., 2, 370a
84 Ebd., 2, 378a
85 Opusculos, 5b
86 Ebd., 27f.
87 Ebd., 18b
88 Ebd., 7b
89 Ebd., 17b
90 Historia 2, 386b
91 Ebd., 2, 383b
92 Ebd., 2, 384a/b
93 Ebd., 2, 387a
94 Ebd., 2, 486b
95 Ebd., 2, 487a
96 Ebd., 2, 395a
97 Ebd., 2, 395a
98 Ebd., 2, 397a/b
99 Ebd., 2, 401a
100 BCr 17
101 Historia 1, LXXII
102 Historia 2, 401b
103 Ebd., 2, 409a
104 Schiller 32f.
105 Historia 2, 413b
106 Ebd., 2, 487f.
107 ZB, Spr 24, 11 + 12
108 Historia 2, 417a/b
109 Ebd., 2, 421a
110 Ebd., 2, 422a
111 Ebd., 2, 421a
112 Ebd., 2, 421b
113 Ebd., 2, 422a/b
114 Ebd., 2, 426f.
115 Ebd., 2, 427b
116 Ebd., 2, 427b
117 Ebd., 2, 426a
118 Ebd., 2, 428a
119 Ebd., 2, 489a
120 Ebd., 2, 489a
121 Ebd., 2, 367a/b
122 Ebd., 2, 425a
123 Ebd., 2, 490b
124 Ebd., 2, 511b
125 Ebd., 2, 499a/b
126 Ebd., 2, 501f.
127 Ebd., 2, 502 + 505
128 Ebd., 2, 506b
129 Ebd., 2, 509a
130 Ebd., 2, 510a
131 Ebd., 2, 535b
132 Ebd., 2, 536b
133 Ebd., 2, 543a
134 Dekaden, 7 – IV – 20
135 Ebd., 7 – IV – 19
136 Historia 2, 551a
137 Ebd., 2, 554b
138 Ebd., 2, 555a/b
139 Ebd., 2, 556b
140 Ebd., 2, 556b
141 Ebd., 2, 556f.
142 Ebd., 2, 557b
143 Ebd., 2, 558a
144 Ebd., 2, 558b
145 Ebd., 2, 559a/b
146 Ebd., 2, 560b

147 Ebd., 2, 561a
148 Ebd., 2, 563a
149 Ebd., 2, 563a/b
150 Ebd., 2, 566a/b
151 Ebd., 2, 567a/b
152 Opusculos, 513f.
153 Konetzke, 169
154 Opusculos, 49f.
155 Apologetica 1,11f.
156 Historia 1, 300b
157 Apologetica 1, 58f.
158 Ebd., 1, 233f.
159 Historia 2, 484a/b
160 Apologetica 2, 215a
161 Ebd., 2, 215b
162 Ebd., 2, 211f.
163 Ebd., 2, 214a/b
164 Ebd., 2, 214b
165 Apologetica 1, 178b
166 Galmés, 102f.
167 Historia 2, 453a
168 Madariaga, 380
169 Fabié 2, 58
170 Opusculos, 58b
171 Ebd., 56b
172 Ebd., 57a/b
173 Historia 2, 478a
174 Ebd., 2, 479a/b
175 Ebd., 2, 478f.
176 Opusculos, 48b
177 Ebd., 137a/b
178 Ebd., 43f.
179 Historia 1, 236a
180 Opusculos, 43b
181 Historia 2, 528a
182 Opusculos, 49a
183 Ebd., 47b
184 Ebd., 50a
185 Ebd., 50a/b
186 Ebd., 120a
187 Ebd., 59f.
188 Ebd., 60b
189 Ebd., 66a
190 Ebd., 64a
191 Ebd., 66a
192 Ebd., 64b
193 Ebd., 61a
194 Ebd., 60b
195 Ebd., 63b
196 Ebd., 66f.
197 Ebd., 68b
198 Ebd., 63b
199 Hanke, 111
200 Ebd., 110
201 Ebd., 115
202 Ebd., 113
203 Beckmann, 179
204 Opusculos, 346a/b
205 Fabié 2, 83f.
206 Apologetica 1, 213b
207 BCr 127
208 Bataillon, 208f.
209 Streit 2, Nr. 553
210 Opusculos, 68f.
211 Anfänge, 34
212 Menschenrechte, 181
213 Hanke, 64f.
214 Ebd., 65
215 Quellen, 83f.
216 Opusculos, 141a
217 Ebd., 143b
218 Ebd., 175f.
219 Ebd., 176
220 Ebd., 120a
221 Ebd., 121b
222 Ebd., 128f.
223 Ebd., 128f.
224 Ebd., 80a
225 Historia 2, 38a
226 Opusculos, 77b

227 Ebd., 76a/b
228 Ebd., 71f.
229 Ebd., 120a
230 Ebd., 95 + 98
231 Ebd., 112b
232 Ebd., 130f.
233 Quellen 91
234 Ebd., 92
235 Opusculos, 176a/b
236 BCr 169
237 Ebd., 187
238 Biermann/Sdg, 30
239 Höffner, 205
240 Opusculos, 201f.
241 Ebd., 184f.
242 Ebd., 202a
243 Bataillon, 221
244 BCr, 183
245 Ebd., 185
246 Opusculos, 232a
247 Bataillon, 223
248 BCr 176
249 Ebd., 177
250 Galmés, 135
251 BCr 230
252 Galmés, 136
253 Ebd., 135
254 Konetzke, 222
255 Historia 1, CLII
256 Opusculos, 204b
257 Ebd., 206a/b
258 Ebd., 215a/b
259 Remesal 1, 340ff.
260 Opusculos, 217ff.
261 Fabié 2, 129
262 Ebd., 2, 93ff.
263 Opusculos, 215a
264 Remesal 1, 410ff.
265 Verapaz, 174
266 BCr 243
267 Ebd., 274
268 Ebd., 273
269 Ebd., 262
270 Ebd., 277
271 Ebd., 259
272 Fabié 2, 150
273 Opusculos, 222b
274 Fabié 2, 145
275 Opusculos, 233b
276 BCr 247
277 Ebd., 241
278 Biermann/Sdg, 34f.
279 Opusculos, 234b
280 Ebd., 231f.
281 Ebd., 234a
282 Ebd., 176a
283 Ebd., 177a
284 Ebd., 176f.
285 Bataillon, 111
286 Opusculos, 351a
287 Ebd., 253a/b
288 Ebd., 357b
289 Ebd., 279a/b
290 Ebd., 281b
291 Ebd., 280f.
292 Hanke, 310
293 Opusculos, 295a/b
294 Ebd., 294a
295 Goldschmit, 195
296 Opusculos, 295b
297 Ebd., 295f.
298 Ebd., 471a
299 Ebd., 336a
300 Arriaga, 119
301 Opusculos, 348f.
302 Historia 1, 15b
303 Ebd., 1, 17a
304 Opusculos, 431a
305 Ebd., 431b
306 Ebd., 433a

307 Ebd., 434b
308 Ebd., 432b
309 Ebd., 437a
310 Ebd., 435b
311 Ebd., 443a/b
312 Regia IX
313 Ebd., 34
314 Ebd., 35
315 Ebd., 40
316 Regia 58
317 Ebd., CXIX
318 Ebd., 4f.
319 Díaz, 617f.
320 Opusculos, 459f.
321 Ebd., 468b
322 Ferdinandy, 298
323 Ebd., 298
324 Carranza, 342
325 Fabié 2, 141f.
326 Remesal 2, 196b
327 Ebd., 2, 308a/b
328 Ebd., 2, 308/09
329 Ebd., 2, 302b
330 Peru, 354/55
331 Opusculos, 61b
332 Ebd., 484a/b
333 Ebd., 522/23
334 Ebd., 531b
335 Ebd., 532b
336 Ebd., 516b
337 Ebd., 519a
338 Ebd., 519b
339 Ebd., 542a/b
340 Fabié 1, 240
341 Ebd., 1, 225
342 Remesal 2, 368
343 Fabié 1, 239
344 Schneider, 368
345 Opusculos, 540b
346 Ebd., 540a/b
347 Hanke/Hist. LII
348 Opusculos, 540a
349 Todorov, 207
350 Apologetica 2, 112b
351 Historia 2, 387a
352 Historia 1, 91f.
353 Ebd., 93f.
354 Ebd., 92f.
355 Gutierrez, 164f.
356 Fausel, 298
357 Ebd., 303

Weitere Literatur zu Las Casas (Auswahl)

Las Casas, Historia de las Indias, 3 Bde., Edi. André Saint-Lu, Caracas 1986.

Tratados, 2 Bde., Prologos de L. Hanke y M. Giménez Fernandez, Mexico 1974.

Obra Indigenista, Edición de José Alcina Franch, Madrid 1985.

Brevisima Relación. Edición de André Saint-Lu, Madrid 1982.

Brevisima Relación de la Destrucción de Africa (= Historia de las Indias, Bd. 1, cap. XVII – XXVII), Estudio preliminar y Edición Isacio Perez Fernandez, Salamanca 1989.

Manuel de Jesus Galvan, Enriquillo.

Juan Ginés de Sepúlveda, Tratado sobre las justas causas de la guerra contra los Indios, Mexico 1979.

Francisco de Vitoria, Relecciones sobre los Indios, Madrid 1975.

M. Bataillon/A. Saint-Lu, El Padre Las Casas y la Defensa de los indios, Barcelona 1976.

Giancarlo Collet (Hrsg.), Der Christus der Armen, Freiburg i. Br. 1988

Jaime Diaz-Rozzotto, Lateinamerika – ein Kontinent wird geschmiedet, 1973.

José Alcina Franch, Bartolomé de las Casas, Historia 16, Quorum, Madrid 1987.

M. Gimenez Fernandez, Bartolomé de las Casas, Bd. 1: Delegado de Cisneros, Bd. 2: Capellan de S.M. Carlos I., Sevilla 1953/60.

Manuel Gonzalez Calzada, Las Casas – el Procurador de los Indios, Mexico 1948.

Julián Juderías, La Leyenda Negra, Madrid 1986.

Marianne Mahn-Lot, Bartolomé de las Casas, Paris 1982.

José Antonio Maravall, Utopía y Reformismo en la España de los Austrias, Siglo XXI de España Editores, Madrid 1982.

Ramón Menéndez Pidal, El padre Las Casas – su doble personalidad, Madrid 1963.

José Martí, la Edad de Oro, la Habana 1985.

José María Muría, ›Bartolomé de las Casas ante la Historiografia Mexicana‹, Mexico 1974.

Carmelo Sáenz de Santa Maria, Remesal, La Verapaz y Fray Bartolomé de las Casas, Estudios Lascasianos, Sevilla 1966.

Agustin Yañez, Fray Bartolomé de las Casas – el Conquistador conquistado, Mexico 1974.
Agustin Yañez, Doctrina, Mexico 1972.
Gustavo Gutierrez, Gott oder das Gold. Der befreiende Weg des Bartolomé de las Casas, Freiburg i. Br. 1990.

Las Casas in Deutschland

1571 Erstausgabe »De Regia Potestate«, Frankfurt am Main.

1597 Erste deutsche Ausgabe der »Brevísima«.

1665 Deutsche Übersetzung der »Brevísima«, Faksimile-Ausgabe, Wien 1970.

1789 »Kurzgefaßter Bericht«, übers. v. D. W. Andreä, neu hrsg. von H. M. Enzensberger, 1966.

1879 Reinhold Baumstark, Bartholomäus de las Casas, Freiburg i. Br. 1879.

1915 Don Fray Bartolomé de las Casas, Inaugural-Dissertation von Anton Freitag, Steyl 1915.

1936 Alfred Miller, Im Zeichen des Kreuzes (enthält die »Brevísima«), Leipzig 1936.

1938 Reinhold Schneider, Las Casas vor Karl V., Wiesbaden 1938.

1940 Columbus und Las Casas, Nachwort zum Bordbuch, nicht veröff.

1940 Macht und Gnade, darin: »Die Rechtfertigung der Macht«, »Schuld und Sühne der Conquistadoren«, und »Das Ethos Spaniens«, 1940.

1953 Der christliche Protest, darin: »Bartolomé de las Casas« und »Die Weltsendung Spaniens«, 1953.

1958 Frantisek Gel, Las Casas – Leben und Werk, Leipzig 1958.

1968 Günter Kahle, Bartolomé de las Casas, Köln/Opladen, 1968.

1988 Fiechtner/Vesely, Erwachen in der Neuen Welt, Die Geschichte von Bartolomé de las Casas, Baden-Baden, 1988.

1990 Johannes Meier, Bartolomé de las Casas, Zeuge einer befreienden Kirche, Johannes KSM,

Befreiende Impulse aus Lateinamerika

Gustavo Gutiérrez *Gott oder das Gold*
Der befreiende Weg des Bartolomé de Las Casas
220 Seiten, gebunden mit Schutzumschlag. ISBN 3-451-21994-8

Das leidenschaftliche Plädoyer eines der bedeutendsten lateinamerikanischen Befreiungstheologen gegen die gefährliche Gemeinschaft von Glaube und Gold.

Gott kommt aus der Dritten Welt
Erfahrungen und Zeugnisse
Herausgegeben von Johannes Röser
240 Seiten, Paperback. ISBN 3-451-21042-8

»Das Buch ist spannend zu lesen, die Beiträge beteiligen die Leser am eigenen Umkehrungsprozeß zum Engagement für die Armen« *(Publik-forum)*.

Jon Sobrino *Geist, der befreit*
Lateinamerikanische Spiritualität
192 Seiten, Paperback. ISBN 3-451-21091-6

»Jon Sobrino gelingt eine eindrucksvolle, unruhig machende und zum Tun drängende Darstellung zentraler Anliegen einer christlichen Spiritualität« *(Entschluß)*.

Der Christus der Armen
Das Christuszeugnis der lateinamerikanischen Befreiungstheologen
Herausgegeben von Giancarlo Collet
232 Seiten, Paperback. ISBN 3-451-21149-1

»Welche Vielfalt an Themen und methodischen Ansätzen die Theologie der Befreiung bietet, wie spannend und lebendig sie ist, das belegen ihre wichtigsten Vertreter in diesem Buch« *(Radio Bozen)*.